国学经典双栏对照丛书

（文白双栏对照）

左传

陈书良·译

左丘明·著

中南大学出版社

www.csupress.com.cn

图书在版编目（CIP）数据

左传：文白双栏对照/陈书良译. —长沙：中南大学出版社，
2017.3

ISBN 978 - 7 - 5487 - 2533 - 6

Ⅰ.左... Ⅱ.陈... Ⅲ.中国历史 - 春秋时代 - 编年体
Ⅳ.K225.04

中国版本图书馆 CIP 数据核字（2016）第 258610 号

左传（文白双栏对照）

ZUOZHUAN（WEN BAI SHUANGLAN DUIZHAO）

陈书良　译

□责任编辑	郑　伟
□责任印制	易红卫
□出版发行	中南大学出版社
	社址：长沙市麓山南路　　　　邮编：410083
	发行科电话：0731 - 88876770　　传真：0731 - 88710482
□印　　装	长沙市宏发印刷有限公司

□开　　本	850×1168　1/32　□印张 11.25　□字数 281 千字　□插页
□版　　次	2017 年 3 月第 1 版　□2017 年 3 月第 1 次印刷
□书　　号	**ISBN 978 - 7 - 5487 - 2533 - 6**
□定　　价	**28.00 元**

出版说明

自春秋末年至战国时代，将近三百年，是中国古代散文发展的黄金时期。《左传》与《国语》《战国策》堪称此一时期史传散文的代表性著作。

《左传》是采用鲁国历史纪年而传周、晋、宋、齐、楚、郑、秦等国之事的著作。后世虽以为《左传》是解释《春秋》的，并与公羊高、谷梁赤所作的《传》合称"春秋三传"，其实《春秋》和《左传》各言其事，互不相关。这些问题，早在唐代，即有学者作了论证，恕不赘言。

至于《左传》的作者，相传为鲁国史官左丘明。然而，近年有学者旁征博引，说明《左传》成书年代及其所反映的意识形态都与左丘明的年辈不合，怀疑非左丘明所作。这当然聊备一说。不过《左传》毕竟姓左，与鲁国史官左丘明关系密切是无可置疑的。

《左传》作为一部巨著，较之《春秋》，其思想观点、政治倾向有明显进步，艺术水平更是大为提高。作者歌颂和赞美了春秋时代的一些有名的政治家，如子产、叔向、晏婴等，也尽情鞭挞了一些暴君如晋灵公、楚灵王等，这些无疑体现了时代精神，比尊孔文化进了一步，具有推动历史前进的巨大作用。在文学上，《左传》叙事生动精炼，富有文采，成为后世散文家叙事和议论的楷模。作者特别善于写战争，如"秦晋殽之战""城濮之战""鄢陵之战""鞍之战"等著名战役，都叙述得有条不紊，精采动人。《左传》写人，重在传神，绘声绘色，故晋文公重耳、郑庄公、赵盾、子产等，都是至今活跃在人们心目中的人物。书中大大小小的人物有三千多个，构成了一座人物形象系列的画廊。总之，《左传》一书，记事、记言、记行、记人，精采之笔，不胜枚举。诚如梁启超在《要籍解题及其读法》中所指出的："《左传》

文章优美，其记事文，对于极复杂之事项，如五大战役等，纲领提挈得严谨而分明，情节叙述得极委曲而简洁，可谓极技术之能事。其记言文，渊懿美妙而生气勃勃，后此亦殆未有其比。又其文虽时代甚古，然无佶屈聱牙之病，故易颂习。故专以学文为目的，《左传》亦应在精读之列也。"《左传》以其形象的历史、历史的文学，奠定了史传散文的基石，树立了中国传统散文的丰碑。

然而，对于《左传》这样一部首尾完具、详备富赡的古典著作，年青朋友及一般读者要通读，还是很不容易的。因此，选读其中具有代表性的部分，那就有十分必要了。

我们这次据《四部丛刊》影印晋杜预《春秋经传集解》本为底本，选出五十六篇，为体现原貌，每篇题目保持完整的原有的鲁国纪年，而以括号标明其中精采之要点；希冀读者查找方便，又收钩玄提要之妙。在编排方面，我们略去了注释，采用双栏文白对照 的形式。这种形式类似"直读"，读者可以"不求甚解"地欣赏左氏典雅美妙的文章。以上，都是整理者的惨淡用心之处，敬希读者诸君明鉴。

最后，整理者学养陋劣，错舛荒漏之处，恳请读者不吝指教。

目 录

一、隐公元年
（郑伯克段于鄢）

元年春，王周正月。不书即位，摄也。

三月，公及邾仪父盟于蔑，邾子克也。未王命，故不书爵。曰仪父，贵之也。公摄位而欲求好于邾，故为蔑之盟。

夏四月，费伯帅师城郎。不书，非公命也。

初，郑武公娶于申，曰武姜，生庄公及共叔段。庄公寤生，惊姜氏，故名曰寤生，遂恶之。爱共叔段，欲立之。亟请于武公，公弗许。

及庄公即位，为之请制。公曰："制，岩邑也，虢叔死焉。佗邑唯命。"请京，使居之，谓之京城大叔。祭仲曰：

元年春，周历正月，《春秋》没有记载隐公即位，这是由于他只是代理国政。

三月，隐公和邾仪父在蔑会见，邾仪父就是邾子克。由于邾仪父还没有受周朝正式册封，所以《春秋》没有记载他的爵位；称他为"仪父"，是尊重他。隐公摄政想要和邾国友好，所以在蔑地举行了盟会。

夏季四月，费伯率领军队在郎地筑城。《春秋》没有记载，因为不是奉隐公的命令。

当初，郑武公在申国娶妻，名叫武姜，生了庄公和共叔段，庄公降生时是脚先头后出生的，这是难产，使姜氏很受惊吓，因此给他取名叫寤生，并且很讨厌他。姜氏喜爱共叔段，想立他为太子，屡次向武公请求，武公不肯答应。

等到庄公继位为郑国国君，姜氏请求将制地作为共叔段的封邑，庄公说："制地是形势险峻的地方，虢叔曾经死在那里。其他地方都可以听命。"姜氏又改请求封京城，让共叔段住在那里，就称他为京城太叔。祭仲说："凡属国都，

"都城过百雉，国之害也。先王之制：大都不过参国之一，中五之一，小九之一。今京不度，非制也，君将不堪。"公曰："姜氏欲之，焉辟害？"对曰："姜氏何厌之有？不如早为之所，无使滋蔓！蔓难图也。蔓草犹不可除，况君之宠弟乎？"公曰："多行不义必自毙，子姑待之。"

既而大叔命西鄙、北鄙贰于己。公子吕曰："国不堪贰，君将若之何？欲与大叔，臣请事之；若弗与，则请除之。无生民心。"公曰："无庸，将自及。"

大叔又收贰以为己邑，至于廪延。子封曰："可矣，厚将得众。"公曰："不义不昵，厚将崩。"

大叔完聚，缮甲兵，具卒乘，将袭郑。夫人将启之。公闻其期，曰：

城墙周围的长度超过三百丈，就给国家带来祸害。先王制定的制度：大的地方的城墙，不超过国都的三分之一；中等的，不超过五分之一；小的，不超过九分之一。现在京城的城墙不合制度，这不是该有的，您会忍受不了。"庄公说："姜氏要这样，怎么能避免祸害呢？"祭仲回答说："姜氏怎么会得到满足？不如及早作安排，不要让她滋生事端，一旦蔓延就难得对付了。蔓延的野草尚且不能铲除掉，何况是您宠爱的弟弟呢？"庄公说："多行不义，必然自取灭亡。您姑且等着吧！"

不久，太叔命令西部和北部边境既听庄公的命令，又听自己的命令。公子吕说："国家不能忍受这种两面听命的情况，您打算怎么办？您要把君位让给太叔，下臣就去事奉他；如果不给，那就请除掉他，不要让老百姓产生其他想法。"庄公说："用不着，他会自取其祸。"

太叔又收取原来两属的地方作为自己的封邑，并扩大到廪延地方。子封（即公子吕）说："可以动手了。势力一大，将会争得民心。"庄公说："没有正义就不能号召人，势力虽大，反而会崩离析。"

太叔整治城郭，储备粮草，补充武器装备，充实步兵车兵，准备袭击郑国都城，姜氏则打算作为内应打开城门。

"可矣！"命子封帅车二百乘以伐京。京叛大叔段，段入于鄢，公伐诸鄢。五月辛丑，大叔出奔共。

书曰："郑伯克段于鄢。"段不弟，故不言弟；如二君，故曰克；称郑伯，讥失教也：谓之郑志。不言出奔，难之也。

遂置姜氏于城颍，而誓之曰："不及黄泉，无相见也。"既而悔之。

颍考叔为颍谷封人，闻之，有献于公，公赐之食，食舍肉。公问之，对曰："小人有母，皆尝小人之食矣，未尝君之羹，请以遗之。"公曰："尔有母遗，繄我独无！"颍考叔曰："敢问何谓也？"公语之故，且告之悔。对曰："君何患焉？若阙地及泉，隧而相见，其谁曰不然？"公从之。公入而赋："大隧之中，

庄公听到太叔起兵的日期，说："可以了。"就命令子封率领二百辆战车进攻京城。京城的人反对太叔。太叔逃到鄢地。庄公又赶到鄢地进攻他。五月二十三日太叔又逃到共国。

《春秋》说："郑伯克段于鄢。"太叔所作所为不像兄弟，所以不说"弟"字；兄弟相争，好像两个国君打仗一样，所以用个"克"字；把庄公称为"郑伯"是讥刺他没有尽教诲之责；《春秋》这样记载就表明了庄公的本来的意思。不说"出奔"，是因为史官下笔有困难。

于是庄公就把姜氏安置在城颍，发誓说："不到黄泉不再相见。"不久以后又后悔起来。

颍考叔当时在颍谷做边疆护卫长官，听到这事，就献给庄公一些东西。庄公赏赐他食物。在吃的时候，他把肉留下不吃。庄公问他为什么，他说："我有母亲，我孝敬她的食物她都已尝过了，就是没有尝过您的肉汤，请求让我带给她吃。"庄公说："您有母亲可送，唉！我却没有！"颍考叔说："请问这是什么意思？"庄公就对他说明了原因，并且告诉他自己很后悔。颍考叔回答说："您有什么可忧虑的呢？如果挖地见到泉水，在隧道里相见，那有谁说不对？"庄公听了颍考叔的意见。庄公进了隧道，

其乐也融融！"姜出而赋："大隧之外，其乐也泄泄！"遂为母子如初。

君子曰："颖考叔，纯孝也，爱其母，施及庄公。《诗》曰'孝子不匮，永锡尔类。'其是之谓乎"。

秋七月，天王使宰咺来归惠公、仲子之赗。缓，且子氏未薨，故名。天子七月而葬，同轨毕至。诸侯五月，同盟至。大夫三月，同位至。士逾月，外姻至。赠死不及尸，吊生不及哀。豫凶事，非礼也。

八月，纪人伐夷。夷不告，故不书。

有蜚。不为灾，亦不书。

惠公之季年，败宋师于黄。公立，而求成焉。九月，及宋人盟于宿，

赋说："在大隧中相见，多么快乐啊！"姜氏走出隧道，赋诗说："走出大隧外，多么舒畅啊。"于是作为母子像从前一样。

君子说："颖考叔可算是真正的孝子，爱他的母亲，扩大影响到庄公。《诗》说：'孝子的孝心没有穷尽，永远可以影响给你的同类。'说的就是这样的事情吧！"

秋季，七月，周平王派遣宰咺来赠送鲁惠公和仲子的吊丧礼品。惠公已经下葬，这是晚了，而仲子还没有死，所以《春秋》直书宰咺的名字。

天子死了七个月后才下葬，诸侯都来参加葬礼；诸侯五个月后下葬，同盟的诸侯参加葬礼；大夫三个月后下葬，官位相同的来参加葬礼；士一个月以后下葬，亲戚参加葬礼。向死者赠送东西没有赶上下葬，向生者吊丧没有赶上举哀的时间，预先赠送有关丧事的东西，这都不合于礼。

八月，纪国人讨伐夷国。夷国没有前来报告鲁国，所以《春秋》不加记载。

发现蜚盘虫。没有造成灾害，《春秋》也不加记载。

鲁惠公的晚年，在黄地打败了宋国。隐公即位，要求和宋人讲和。九月，和宋人在宿地结盟，两国开始通好。

始通也。

冬十月庚申，改葬惠公。公弗临，故不书。惠公之薨也，有宋师，大子少，葬故有阙，是以改葬。卫侯来会葬，不见公，亦不书。

郑共叔之乱，公孙滑出奔卫。卫人为之伐郑，取廪延。郑人以王师、虢师伐卫南鄙。请师于邾。邾子使私于公子豫，豫请往，公弗许，遂行。及邾人、郑人盟于翼。不书，非公命也。

新作南门。不书，亦非公命也。

十二月，祭伯来，非王命也。

众父卒。公不与小敛，故不书日。

冬，十月十四日，改葬惠公。隐公不敢以丧主的身份到场哭泣，所以《春秋》不加记载。惠公死的时候，正好遇上和宋国打仗，太子又年幼，葬礼不完备，所以改葬。卫桓公来鲁国参加葬礼，没有见到隐公，《春秋》也不加记载。

郑国共叔段叛乱，滑逃到卫国。卫国人为他进攻郑国，占取廪延。郑国人率领周天子的军队、虢国的军队进攻卫国南部边境，同时又请求邾国出兵。邾子派人私下和公子豫商量，公子豫请求出兵援救，隐公不允许，公子豫就自己走了，和邾国、郑国在翼地会盟。《春秋》不加记载，因为不是出于隐公的命令。

新建南门，《春秋》不加记载，也由于不是出于隐公的命令。

十二月，祭伯来，并不是奉了周王的命令。

众父去世，隐公没有参加以衣衾加于死者之身的小敛，所以《春秋》不记载死亡的日子。

二、隐公三年
（卫庄公娶庄姜）

三年春，王三月壬戌，平王崩，赴以庚戌，故书之。

夏，君氏卒。声子也。不赴于诸侯，不反哭于寝，不祔于姑，故不曰薨。不称夫人，故不言葬，不书姓。为公故，曰君氏。

郑武公、庄公为平王卿士。王贰于虢，郑伯怨王，王曰"无之"。故周、郑交质。王子狐为质于郑，郑公子忽为质于周。王崩，周人将畀虢公政。四月，郑祭足帅师取温之麦。秋，又取成周之禾。周、郑交恶。

君子曰："信不由中，质无益也。明恕而行，要之以礼，虽无有质，

三年春，周历三月二十四日，周平王死。讣告上写的是庚戌日，所以《春秋》也记载死日为庚戌，即十二日。

夏季，君氏死。君氏就是声子，没有发讣告给诸侯，安葬后没有回到祖庙哭祭，没有把神主放在婆婆神主的旁边，所以《春秋》不称"薨"。又由于没有称她为"夫人"，所以不记载下葬的情况，也没有记载她的姓氏。只是因为她是隐公的生母，所以才称她为"君氏"。

郑武公、郑庄公先后担任周平王的卿士，平王暗中又将朝政分托给虢公，郑庄公埋怨周平王，平王说："没有这回事。"所以周、郑交换人质。王子狐在郑国作为人质，郑国的公子忽在周朝作为人质。平王死后，周王室的人想把政权交给虢公。四月，郑国的祭足带兵割取了温地的麦子。秋天，又割取了成周的穀子。周朝和郑国彼此怀恨。

君子说："言语不发自内心，即使交换人质也没有益处。设身处地将心比心来办事，又用礼仪加以约束，虽然没

谁能间之？苟有明信，涧溪沼沚之毛，苹蘩蕴藻之菜，筐筥锜釜之器，潢污行潦之水，可荐于鬼神，可羞于王公，而况君子结二国之信。行之以礼，又焉用质？《风》有《采蘩》《采苹》，《雅》有《行苇》《泂酌》，昭忠信也。"

武氏子来求赙，王未葬也。

宋穆公疾，召大司马孔父而属殇公焉，曰："先君舍与夷而立寡人，寡人弗敢忘。若以大夫之灵，得保首领以没，先君若问与夷，其将何辞以对？请子奉之，以主社稷，寡人虽死，亦无悔焉。"对曰："群臣愿奉冯也。"公曰："不可。先君以寡人为贤，使主社稷，若弃德不让，是废先君之举也。岂曰能贤？光昭先君之令德，可不务乎？吾子其无废先君之功。"使公子冯

有人质，又有谁能离间他们？假如确有诚意，即使是山沟、池塘里生长的野草，蘋、蘩、蕴、藻这一类的野菜，一般的竹器和金属器皿，大小道上的积水，都可以献给鬼神，进给王公，何况君子建立了两国的信任，按照礼仪办事，又哪里还用得着人质？《国风》有《采蘩》《采苹》，《大雅》有《行苇》《泂酌》这些诗篇，就是为了表明忠信的。"

武氏子来求取助丧的财物，这是由于周平王还没有下葬。

宋穆公病重了，召见大司马孔父而把殇公嘱托给他，说："先君抛弃了他的儿子与夷而立我为国君，我不敢忘记。如果托大夫的福，我能得以保全脑袋，先君如果问起与夷，将用什么话回答呢？请您事奉与夷来主持国家事务，我虽然死去，也不后悔什么了。"孔父回答说："群臣愿意事奉您的儿子冯啊！"穆公说："不行，先君认为我有德行，才让我主持国事。如果丢掉道德而不让位，这就是废弃了先君的提拔，哪里还能说有什么德行？发扬光大先君的美德，难道能不急于办理吗？您不要废弃先君的功业！"于是命令公子冯到郑国

出居于郑。八月庚辰，宋穆公卒。殇公即位。

君子曰："宋宣公可谓知人矣。立穆公，其子飨之，命以义夫。《商颂》曰：'殷受命咸宜，百禄是荷。'其是之谓乎！"

冬，齐、郑盟于石门，寻庐之盟也。庚戌，郑伯之车偾于济。

卫庄公娶于齐东宫得臣之妹，曰庄姜，美而无子，卫人所为赋《硕人》也。又娶于陈，曰厉妫，生孝伯，早死。其娣戴妫生桓公，庄姜以为己子。公子州吁，嬖人之子也，有宠而好兵，公弗禁，庄姜恶之。石碏谏曰："臣闻爱子，教之以义方，弗纳于邪。骄、奢、淫、泆，所自邪也。四者之来，宠禄过也。将立州吁，乃定之矣，若犹未也，阶之为祸。夫宠而不骄，骄

去住。八月初五，宋穆公死，殇公即位。

君子说："宋宣公可以说是能了解人了。立了兄弟穆公，他的儿子却仍然享受了君位，这是他的遗命出于道义。《诗经·商颂》说：'殷王传授天命都合于道义，所以承受了各种福禄。'就是说的这种情况。"

冬季，齐国和郑国在石门会盟，这是为了重温在庐地结盟的友好关系。冬季某一天，郑伯的车翻在济水里。

卫庄公娶了齐国太子得臣的妹妹，称为庄姜。庄姜漂亮却没有生孩子，卫国人因此为她创作了《硕人》这篇诗。卫庄公又在陈国娶了一个妻子，名叫厉妫，生了孝伯，很早就死了。跟厉妫陪嫁来的妹妹戴妫生了桓公，庄姜就把他作为自己的儿子。公子州吁，是卫庄公宠妾的儿子，得到庄公的宠爱，而喜欢武事，庄公不加禁止。庄姜很讨厌他。石碏规劝庄公说："我听说喜欢自己的儿子，应当以道义去教育他，不要使他走上邪路。骄傲、奢侈、放荡、逸乐，这是走上邪路的开始。这四种恶习之所以发生，是由于宠爱太过分。如果准备立州吁做太子，那就应该定下来；如果还不定下来，会逐渐酿成祸乱。那种受宠而不骄傲，骄傲而能安于地位下降，

而能降，降而不憾，憾
而能珍者鲜矣。且夫贱
妨贵，少陵长，远间亲，
新间旧，小加大，淫破义，
所谓六逆也。君义，臣行，
父慈，子孝，兄爱，弟敬，
所谓六顺也。去顺效逆，
所以速祸也。君人者将
祸是务去，而速之，无
乃不可乎？"弗听，其
子厚与州吁游，禁之，
不可。桓公立，乃老。

地位下降而不怨恨，怨恨而能克制的人，
是很少的。而且低贱妨害尊贵，年少的
驾凌年长，疏远离间亲近，新人离间旧
人，弱小的欺侮强大，淫欲破坏道义，
这就是六种反常现象。国君行事得宜，
臣子服从命令，父亲慈爱，儿子孝顺，
兄爱弟、弟敬兄，这就是六种正常现象。
去掉正常而效法反常，这就会很快地招
致祸害。作为君主，应该尽力于去掉祸
害，现在却加速它的到来，恐怕不可以
吧！"庄公不听。石碏的儿子石厚和州
吁交往，石碏禁止没有用。卫桓公即位，
石碏就退休了。

三、隐公五年
（卫人以燕师伐郑）

五年春，公将如棠观鱼者。臧僖伯谏曰："凡物不足以讲大事，其材不足以备器用，则君不举焉。君将纳民于轨物者也。故讲事以度轨量谓之轨，取材以章物采谓之物，不轨不物谓之乱政。乱政亟行，所以败也。故春蒐夏苗，秋狝冬狩，皆于农隙以讲事也。三年而治兵，入而振旅，归而饮至，以数军实。昭文章，明贵贱，辨等列，顺少长，习威仪也。鸟兽之肉不登于俎，皮革齿牙、骨角毛羽不登于器，则公不射，古之制也。若夫山林川泽之实，器用之资，皂隶之事，官司之守，非君所及也。"公曰："吾将略地焉。"遂往，

五年春，鲁隐公准备到棠地观看捕鱼。臧僖伯劝阻说："凡是一种物品不能用到讲习祭祀和兵戎的大事上，它的材料不能制作礼器和兵器，国君对它就不会有所举动。国君是要把百姓引入正'轨'、善于取材的人。所以演习大事以端正法度叫作'轨'，先取材料以制作重要器物叫作'物'。事情不合于'轨''物'，叫作乱政。乱政屡次执行，国家将由此败亡。所以春蒐、夏苗、秋狝、冬狩这四种打猎的举动，都是在农业空闲时讲习。每三年大演习一次，进入国都整顿军队，回来祭祖告宗庙，宴请臣下，犒赏随员，以计算俘获的东西。要车服文采鲜明，贵贱有别，辨别等级，少长有序，这是讲习威仪。鸟兽的肉不摆上宗庙的祭器里，它的皮革、牙齿、骨角、毛羽不用到礼器上，国君就不去射它，这是古代的规定。至于山林河泽的产品，一般器物的材料，这是下等人的事情，有关官吏的职责，不是国君所应涉及的。"隐公说："我是打算视察边境呀！"于是就动身前往棠邑，让捕

陈鱼而观之。僖伯称疾，不从。书曰"公矢鱼于棠"，非礼也，且言远地也。

曲沃庄伯以郑人、邢人伐翼，王使尹氏、武氏助之。翼侯奔随。

夏，葬卫桓公。卫乱，是以缓。

四月，郑人侵卫牧，以报东门之役。卫人以燕师伐郑。郑祭足、原繁、泄驾以三军军其前，使曼伯与子元潜军军其后。燕人畏郑三军而不虞制人。六月，郑二公子以制人败燕师于北制。君子曰：不备不虞，不可以师。

曲沃叛王。秋，王命虢公伐曲沃而立哀侯于翼。

卫之乱也，郕人侵卫，故卫师入郕。

九月，考仲子之宫，将万焉。公问羽数于众仲。对曰："天子用八，诸侯用六，大夫四，士

鱼者摆出捕鱼场面来观看。臧僖伯推说有病，没有跟随前去。《春秋》说："公矢鱼于棠"，这是由于隐公的行为不合于礼制，而且棠地离国都较远。

曲沃庄伯带领郑军、邢军进攻翼地，周桓王派尹氏、武氏帮助他。在翼地的晋鄂侯逃到随地。

夏季，安葬卫桓公。由于卫国发生动乱，所以迟缓了。

四月，郑国人入侵卫国郊外，来报复去年东门这一战役。卫国人带领南燕军队进攻郑国，郑国的祭足、原繁、泄驾带领三军进攻燕军的前面，派曼伯和子元偷偷率领制地的军队袭击燕军的后面。燕国人害怕郑国的三军，而没有防备从制地来军队。六月，郑国的两个公子曼伯和子元在虎牢关击败了燕军。君子说："不防备意外，就不可以带兵作战。"

曲沃背叛周天子。秋季，周天子命令虢公进攻曲沃，而在翼地立哀侯为晋君。

当卫国动乱的时候，郕国人入侵卫国，所以卫国的军队进入郕国。

九月，祭仲子庙，又准备在庙里献演万舞。隐公向众仲询问执羽舞的人数。众仲回答说："天子用八行，诸侯用六行，大夫四行，士二行。舞，用来调节八种

二。夫舞所以节八音而行八风，故自八以下。"公从之。于是初献六羽，始用六佾也。

宋人取邾田。邾人告于郑曰："请君释憾于宋，敝邑为道。"郑人以王师会之。伐宋，入其郛，以报东门之役。宋人使来告命。公闻其入郛也，将救之，问于使者曰："师何及？"对曰："未及国。"公怒，乃止，辞使者曰："君命寡人同恤社稷之难，今问诸使者，曰'师未及国'，非寡人之所敢知也。"

冬十二月辛巳，臧僖伯卒。公曰："叔父有憾于寡人，寡人弗敢忘。葬之加一等。"

宋人伐郑，围长葛，以报入郛之役也。

材料所制乐器的乐音而传播八方之风。所以人数在八行以下。"隐公听从了。从此以后献演六羽乐舞，开始使用六行舞人。

宋国人掠取邾国的土地，邾国人告诉郑国说："请君王攻打宋国，报仇雪恨，敝邑愿意做向导。"郑国人带领周天子的军队和邾军会合，进攻宋国，进入了外城，以报复去年东门这一战役。宋国人派人前来用国君的名义告急请救。隐公听说军队已经进入外城，打算出兵救援宋国，询问使者说："军队到了什么地方？"使者欺骗他说："还没有到国都。"隐公发怒，不去救援。他辞谢使者说："君王命令我一起为宋国的危难忧虑，现在询问使者，回答说'军队还没有到国都'，这就不是我所敢知道的了。"

冬季，十二月二十九日，臧僖伯死了。隐公说："叔父对我有怨恨，我不敢忘记。"于是按照原等级加一级的葬仪安葬他。

宋国人进攻郑国，包围长葛，以报复攻进外城这一战役。

四、隐公八年
（众仲论谥与族）

八年春，齐侯将平宋、卫，有会期。宋公以币请于卫，请先相见，卫侯许之，故遇于犬丘。

郑伯请释泰山之祀而祀周公，以泰山之祊易许田。三月，郑伯使宛来归祊，不祀泰山也。

夏，虢公忌父始作卿士于周。

四月甲辰，郑公子忽如陈逆妇妫。辛亥，以妫氏归。甲寅，入于郑。陈鍼子送女。先配而后祖。鍼子曰："是不为夫妇。诬其祖矣，非礼也，何以能育？"

齐人卒平宋、卫于郑。秋，会于温，盟于瓦屋，以释东门之役，礼也。

八月丙戌，郑伯以

八年春，齐侯打算让宋、卫两国和郑国讲和，已经有了结盟的日期。宋殇公用财币向卫国请求，希望先见面。卫侯同意，所以在犬丘举行非正式会见的仪式。

郑伯请求免除对泰山的祭祀而祭祀周公，用泰山旁边的祊地交换鲁国在许地的土田。三月，郑庄公派遣宛来致送祊地，表示不再祭祀泰山了。

夏季，虢公忌父开始在成周做卿士。

四月初六郑公子忽到陈国迎娶妻子妫氏。十三日，带着妫氏回来。十六日，进入郑国。陈鍼子送妫氏到郑国。他们先同居而后告祭祖庙。鍼子说："这不能算夫妇，欺骗了他的祖先，这不合于礼，怎么能够生育呢？"

齐国人终于让宋、卫两国和郑国讲和。秋季，在温地会见，在瓦屋结盟，丢弃东门这一役的旧怨，这是合于礼的。

八月某一天，郑庄公带着齐国人朝

齐人朝王，礼也。

公及莒人盟于浮来，以成纪好也。

冬，齐侯使来告成三国。公使众仲对曰："君释三国之图以鸠其民，君之惠也。寡君闻命矣，敢不承受君之明德。"

无骇卒，羽父请谥与族。公问族于众仲。众仲对曰："天子建德，因生以赐姓，胙之土而命之氏。诸侯以字为谥，因以为族。官有世功，则有官族，邑亦如之。"公命以字为展氏。

觐周天子，这是合于礼的。

隐公和莒子在浮来结盟，以达成对纪国的友好。

冬季，齐侯派人来报告宋、卫、郑三国讲和的事。隐公派众仲回答说："君王使三国舍弃相互仇敌的图谋，安定他们的百姓，这都是君王的恩惠。寡君听到了，岂敢不承受君王的明德！"

无骇死，羽父为他请求谥号和族氏。隐公向众仲询问关于族氏的事。众仲回答说："天子建立有德之人以做诸侯，根据他的生地而赐姓，分封土地而又赐给他族氏。诸侯以字作为谥号，他的后人又以这作为族氏。先代做官而世代有功绩，就可以用官名作为族氏。也有以封邑为族氏的。"隐公命令以无骇的字作为族氏，即展氏。

五、隐公十一年
（郑伯入许）

十一年春，滕侯、薛侯来朝，争长。薛侯曰："我先封。"滕侯曰："我，周之卜正也。薛，庶姓也，我不可以后之。"公使羽父请于薛侯曰："君与滕君辱在寡人。周谚有之曰：'山有木，工则度之；宾有礼，主则择之。'周之宗盟，异姓为后。寡人若朝于薛，不敢与诸任齿。君若辱贶寡人，则愿以滕君为请。"薛侯许之，乃长滕侯。

夏，公会郑伯于郲，谋伐许也。郑伯将伐许，五月甲辰，授兵于大宫。公孙阏与颖考叔争车，颖考叔挟辀以走，子都拔棘以逐之，及大逵，弗及，子都怒。

秋七月，公会齐侯、

十一年春季，滕侯和薛侯前来朝见，争执行礼的先后。薛侯说："我先受封。"滕侯说："我是成周的卜正官，薛国是外姓，我不能落后于他。"鲁隐公派羽父向薛侯商量说："承君王和滕侯问候寡君，成周的俗话说：'山上有树木，工匠就加以量测；宾客有礼貌，主人就加以选择。'成周的会盟，异姓在后面。寡人如果到薛国朝见，就不敢和任姓诸国并列，如果承君王加惠于我，那就希望君王同意滕侯的请求。"薛侯同意，就让滕侯先行朝礼。

夏季，隐公和郑庄公在郲地会见，策划进攻许国。郑庄公准备进攻许国时，五月十四日，在太祖庙内颁发武器。公孙阏（子都）和颖考叔争夺兵车，颖考叔挟起车辕奔跑，子都拔出戟追上去。追到大路上，没有追上，子都很愤怒。

秋季，七月，隐公会合齐侯、郑伯

郑伯伐许。庚辰，傅于许，颖考叔取郑伯之旗蝥弧以先登。子都自下射之，颠。瑕叔盈又以蝥弧登，周麾而呼曰："君登矣！"郑师毕登。壬午，遂入许。许庄公奔卫。

齐侯以许让公。公曰："君谓许不共，故从君讨之。许既伏其罪矣，虽君有命，寡人弗敢与闻。"乃与郑人。

郑伯使许大夫百里奉许叔以居许东偏，曰："天祸许国，鬼神实不逞于许君，而假手于我寡人。寡人唯是一二父兄不能共亿，其敢以许自为功乎？寡人有弟，不能和协，而使糊其口于四方，其况能久有许乎？吾子其奉许叔以抚柔此民也，吾将使获也佐吾子。若寡人得没于地，天其以礼悔祸于许？无宁兹许公复奉其社稷。唯我郑国之有请谒焉，

进攻许国。初一日，军队汇合攻打许城。颖考叔拿着郑庄公的旗帜"蝥弧"争先登上城墙，子都从下面用箭射他，颖考叔摔下来死了。瑕叔盈又举着"蝥弧"冲上城，向四周挥动旗帜，大喊说："国君登城了！"于是郑国的军队全部登上了城墙。初三日，便占领了许国。许庄公逃亡到卫国。

齐侯把许国让给隐公。隐公说："君王说许国不交纳贡品，所以寡人才跟随君王讨伐它。许国既然已经认罪了，虽然君王有这样的好意，我也不敢参与这件事。"于是就把许国领土送给了郑庄公。

郑庄公让许国大夫百里事奉许叔住在许都的东部边邑，说："上天降祸于许国，鬼神确实对许君不满意，而借我的手惩罚他。我这儿连一两个父老兄弟都不能安，难道敢把讨伐许国作为自己的功劳？我有个兄弟，不能和睦相处，而使他四方求食，我难道还能长久占许国？您应当事奉许叔来安抚这里的百姓，我准备让公孙获来帮助您。假如我得以善终，上天可能又依礼而撤回加于许国的祸害，让许公再来治理他的国家。那时候只要我郑国对许国有所请求，可能还是会像对待老亲戚一样，降格而同意的。不要让别国逼近我们住的这里，来同我郑国争夺这块土地。我的子孙挽

如旧昏媾，其能降以相从也。无滋他族，实逼处此，以与我郑国争此土也。吾子孙其覆亡之不暇，而况能禋祀许乎？寡人之使吾子处此，不唯许国之为，亦聊以固吾圉也。"

乃使公孙获处许西偏，曰："凡而器用财贿，无置于许。我死，乃亟去之。吾先君新邑于此，王室而既卑矣，周之子孙日失其序。夫许，大岳之胤也，天而既厌周德矣，吾其能与许争乎？"

君子谓："郑庄公于是乎有礼。礼，经国家，定社稷，序民人，利后嗣者也。许无刑而伐之，服而舍之，度德而处之，量力而行之，相时而动，无累后人，可谓知礼矣。"

郑伯使卒出豭，行出犬鸡，以诅射颍考叔者。君子谓："郑庄公失政刑矣。政以治民，

救危亡还来不及，难道还能替许国敬祭祖先吗？我让您留在这里，不仅为了许国，也是姑且巩固我的边疆。"

于是就让公孙获住在许城的西部边境，对他说："凡是你的器用财货，不要放在许国。我死后就赶紧离开这里。我祖先在这里新建城邑，眼看到周王室已经逐渐衰微，我们这些周朝的子孙一天天丢掉自己的事业。而许国，是四岳的后代，上天既然已经厌弃了成周，我哪里还能和许国争夺呢？"

君子认为："郑庄公在这件事情上合乎礼。礼，是治理国家、安定社稷、使百姓有序、使后代有利的工具。许国违背法度而庄公讨伐他们，服罪了就宽恕他们，揣度自己德行而处事，衡量自己的力量而办事，看准了时机而行动，不要让忧虑连累后人，可以说是懂得礼了。"

郑庄公让一百名士兵拿出一头公猪，二十五人拿出一条狗和一只鸡，来诅咒射死颍考叔的凶手。君子说："郑庄公失掉了政和刑。政用来治理百姓，刑用

刑以正邪，既无德政，又无威刑，是以及邪。邪而诅之，将何益矣！"

王取邬、刘、蒍、邘之田于郑，而与郑人苏忿生之田：温、原、絺、樊、隰郕、攒茅、向、盟、州、陉、隤、怀。君子是以知桓王之失郑也。恕而行之，德之则也，礼之经也。己弗能有而以与人，人之不至，不亦宜乎？

郑、息有违言，息侯伐郑。郑伯与战于竟，息师大败而还。君子是以知息之将亡也。不度德，不量力，不亲亲，不征辞，不察有罪，犯五不韪而以伐人，其丧师也，不亦宜乎！

冬十月，郑伯以虢师伐宋。壬戌，大败宋师，以报其入郑也。宋不告命，故不书。凡诸侯有命，告则书，不然则否。师出臧否，亦如之。虽及灭国，灭不告败，胜

来纠正邪恶。既缺乏清明的政治，又没有威严的刑法，所以才发生邪恶。已经发生邪恶而加以诅咒，有什么好处！"

周天子在郑国取得邬、刘、蒍、邘的土田，却给了郑国人原来属于苏忿生的土田：温、原、絺、樊、隰郕、攒茅、向、盟、州、陉、隤、怀。君子因此而知道桓王会失去郑国了，按照恕道办事，是德的准则，礼的常规。自己不能保有，就拿来送给别人。别人不再来朝见，不也应该吗？

郑国和息国之间有了口舌，息侯就进攻郑国。郑庄公和息侯在国境内作战，息国的军队大败而回。君子因此而知道息国将要灭亡了，不揣度德行，不考虑力量，不亲近亲邻，不分辨是非，不查察有罪，犯了这五条过错，而还去讨伐别人，他的丧失军队，不也是活该吗！

冬十月，郑伯带着虢国的军队攻打宋国。十四日，把宋国的军队打得大败，以报复宋国攻入郑国的那次战役。宋国没有前来报告这件事，所以《春秋》没有记载。凡是诸侯发生大事，前来报告就记载，不然就不记载。出兵顺利或者不顺利，也是一样。即使国家被灭亡，

不告克，不书于策。

羽父请杀桓公，将以求大宰。公曰："为其少故也，吾将授之矣。使营菟裘，吾将老焉。"羽父惧，反谮公于桓公而请弑之。

公之为公子也，与郑人战于狐壤，止焉。郑人囚诸尹氏，赂尹氏而祷于其主钟巫，遂与尹氏归而立其主。十一月，公祭钟巫，齐于社圃，馆于寪氏。壬辰，羽父使贼弑公于寪氏，立桓公而讨寪氏，有死者。不书葬，不成丧也。

被灭的不报告战败，胜利的不报告战胜，也不记载在简册上。

鲁国大夫羽父请求杀掉桓公，想借此求得宰相的官职。隐公说："从前由于他年轻的缘故，所以我代为摄政，现在我打算把国君的位子交还给他。已经派人在菟裘建筑房屋，我已经打算退休养老了。"羽父害怕了，反而在桓公那里诬陷隐公而请求桓公杀死隐公。

隐公还是公子的时候，曾率兵同郑国人在狐壤打仗，被俘获。郑国人把他囚禁在尹氏那里。隐公贿赂尹氏，并在尹氏所祭神主钟巫之前祷告，于是就和尹氏一起回国而在鲁国立了钟巫的神主。十一月，隐公将要祭祀钟巫，在社圃斋戒，住在寪氏那里。十五日，羽父让坏人在寪家刺杀隐公，立桓公为国君，并且讨伐寪氏，寪氏有人被枉杀。《春秋》不记载安葬隐公，是由于没有按国君的规格正式为隐公举行丧礼。

六、桓公二年
（臧哀伯阻桓公安郜鼎）

二年春，宋督攻孔氏，杀孔父而取其妻。公怒，督惧，遂弑殇公。君子以督为有无君之心而后动于恶，故先书弑其君。会于稷以成宋乱，为赂故，立华氏也。

宋殇公立，十年十一战，民不堪命。孔父嘉为司马，督为大宰，故因民之不堪命，先宣言曰："司马则然。"已杀孔父而弑殇公，召庄公于郑而立之，以亲郑。以郜大鼎赂公，齐、陈、郑皆有赂，故遂相宋公。

夏四月，取郜大鼎于宋。戊申，纳于大庙。非礼也。臧哀伯谏曰："君人者将昭德塞违，以临照百官，犹惧或失之。

二年春，宋卿华父督攻打孔氏，杀死了孔父而占有他的妻子。宋殇公发怒，华父督害怕，就把殇公也杀死了。君子认为华父督心里早已没有国君，然后才产生这种罪恶行动，所以《春秋》先记载"弑其君"。桓公和齐侯、陈侯、郑伯在稷地会见，商讨平定宋国的内乱。由于接受了贿赂的缘故，便立华氏当政。

宋殇公即位以后，十年里发生了十一次战争，百姓不能忍受。孔父嘉做司马，华父督做太宰。华父督由于百姓不能忍受，先就宣传说："这都是司马所造成的。"不久就杀了孔父和殇公，把庄公从郑国召回而立他为国君，以此亲近郑国。同时又把郜国的大鼎送给桓公，对齐、陈、郑诸国也都馈送财礼，所以华父督就当了宋公的宰相。

夏四月，桓公从宋国取来了郜国的大鼎。初九日，把大鼎安放在太庙里。这件事不符合礼制。臧哀伯劝阻说："作为人君，要发扬道德而阻塞邪恶，以为百官的表率，即使这样，仍然担心有所

故昭令德以示子孙：是以清庙茅屋，大路越席，大羹不致，粢食不凿，昭其俭也。衮、冕、黻、珽，带、裳、幅、舄，衡、纮、紞、綖，昭其度也。藻、率、鞸、鞛，鞶、厉、游、缨，昭其数也。火、龙、黼、黻，昭其文也。五色比象，昭其物也。钖、鸾、和、铃，昭其声也。三辰旂旗，昭其明也。夫德，俭而有度，登降有数。文、物以纪之，声、明以发之，以临照百官，百官于是乎戒惧，而不敢易纪律。今灭德立违，而置其赂器于大庙，以明示百官，百官象之，其又何诛焉？国家之败，由官邪也。官之失德，宠赂章也。郜鼎在庙，章孰甚焉？武王克商，迁九鼎于雒邑，义士犹或非之，而况将昭违乱之赂器于大庙，其若之何？"公不

失误，所以显扬美德以示范于子孙。因此太庙用茅草盖屋顶，祭天之车用蒲草席铺垫，肉汁不加调料，主食不吃舂过两次的米，这是为了表示节俭。礼服、礼帽、蔽膝、大圭、腰带、裙子、绑腿、鞋子、横簪、瑱绳、冠系、冠布，都各有规定，用来表示衣冠制度。玉垫、佩巾、刀鞘、鞘饰、革带、带饰、飘带、马鞅，各级多少不同，用来表示各个等级规定的数量。画火、画龙、绣黼、绣黻，这都是为了表示文饰。五种颜色绘出各种形象，这都是为了表示色彩。钖铃、鸾铃、衡铃、旗铃，这都是为了表示声音。画有日、月、星的旌旗，这是为了表示明亮。行为的准则应当节俭而有制度，增减也有一定的数量，用文饰、色彩来记录它，用声音、明亮来发扬它，以此向文武百官作明显的表示。百官才有警戒和畏惧，不敢违反纪律。现在废除道德而树立邪恶，把人家贿赂的器物放在太庙里，公然展示给百官看，百官也模仿这种行为，还能惩罚谁呢？国家的衰败，由于官吏的邪恶。官吏的失德，由于受宠又公开贿赂。郜鼎放在太庙里，彰明昭著地受纳贿赂，还有更甚的吗？周武王打败商朝，把九鼎运到王城，当时的义士还有人认为他不对，更何况把显然违法叛乱的贿赂器物放在太庙里，这又

听。周内史闻之曰："臧孙达其有后于鲁乎！君违不忘谏之以德。"

秋七月，杞侯来朝，不敬，杞侯归，乃谋伐之。

蔡侯、郑伯会于邓，始惧楚也。

九月，入杞，讨不敬也。公及戎盟于唐，修旧好也。

冬，公至自唐，告于庙也。凡公行，告于宗庙；反行，饮至、舍爵，策勋焉，礼也。特相会，往来称地，让事也。自参以上，则往称地，来称会，成事也。

初，晋穆侯之夫人姜氏以条之役生大子，命之曰仇。其弟以千亩之战生，命之曰成师。师服曰："异哉，君之

该如何办？"桓公不听。周朝的内史听说了这件事，说："臧孙达的后代在鲁国可能长享禄位吧！国君违背礼制，他没有忘记以道德来劝阻。"

秋季，七月，杞侯来鲁国朝见，态度不够恭敬。杞侯回国，桓公就策划讨伐他。

蔡桓侯、郑庄公在邓地会见，从这时起两国开始惧怕楚国。

九月，攻入杞国，这是讨伐杞侯的不恭敬。桓公和戎在唐地结盟，这是为了重修过去的友好邦交。

冬季，桓公从唐地回来，《春秋》所以记载，是由于回来后祭告了宗庙。凡是国君出国之前，要祭告宗庙。回来，还要宴请臣下，互相劝酒，把功劳记载在档案里，这是合于礼的。两国国君单独相会见，来回都只记载会见的地点，这是互相谦让谁为会首的会见。会见的国君在三个以上，那就在去他国时记载会见的地点，他国国君前来就不记载会见地点而仅仅记载会见，这是盟主已定，完成手续的会见。

当初，晋穆侯的夫人姜氏在条地战役的时候生了太子，取名叫仇。仇的兄弟是在千亩战役时生的，因此取名叫成师。师服说："奇怪呀，国君替儿子取这样的名字！取名表示一定的道义，道

名子也！夫名以制义，
义以出礼，礼以体政，
政以正民。是以政成而
民听，易则生乱。嘉耦
曰妃。怨耦曰仇，古之
命也。今君命大子曰仇，
弟曰成师，始兆乱矣，
兄其替乎？"

惠之二十四年，晋
始乱，故封桓叔于曲沃，
靖侯之孙栾宾傅之。师
服曰："吾闻国家之立也，
本大而末小，是以能固。
故天子建国，诸侯立家，
卿置侧室，大夫有贰宗，
士有隶子弟，庶人、工、
商，各有分亲，皆有等
衰。是以民服事其上而
下无觊觎。今晋，甸侯
也，而建国。本既弱矣，
其能久乎？"

惠之三十年，晋潘
父弑昭侯而立桓叔，不
克。晋人立孝侯。

惠之四十五年，曲
沃庄伯伐翼，弑孝侯。
翼人立其弟鄂侯。鄂侯
生哀侯。哀侯侵陉庭之

义产生礼仪，礼仪体现政事，政事端正
百姓，所以政事没有失误，百姓就服从；
相反就发生动乱。相爱的夫妻叫妃，相
怨的夫妻叫仇，这是古代人所命名的方
法。现在国君给太子取名叫仇，他的兄
弟叫成师，这就开始预示祸乱了。做哥
哥的恐怕要被废黜了吧！"

鲁惠公二十四年，晋国开始发生动
乱，所以把桓叔封在曲沃，靖侯的孙子
栾叔做他的宰相。师服说："我听说国
家的建立，根本大而枝节小，这样才能
稳固。所以天子建立侯国，诸侯建立采
邑，卿设置侧室，大夫又有贰宗，士有
隶子弟，庶人、工、商各有亲疏，都有
大小不同的等级。所以百姓才肯事奉长
上，身居下位的人也没有什么非分的念
头。现在晋国是王之内的甸服侯国，而
又另外建立侯国，它的根本既已衰弱，
还能够长久吗？"

鲁惠公三十年，晋国的潘父杀了昭
侯而接纳桓叔，没有成功。晋国人立了
孝侯。

鲁惠公四十五年，曲沃庄伯攻打
翼城，杀了孝侯，翼城人立他的兄弟
鄂侯。鄂侯生了哀侯。哀侯侵占陉庭
地方的田土。陉庭南部边境的人引导

田。陉庭南鄙启曲沃　　曲沃攻打翼城。
伐翼。

七、桓公六年
（申缥论命名）

六年春，自曹来朝。书"实来"，不复其国也。

楚武王侵随，使薳章求成焉。军于瑕以待之。随人使少师董成。斗伯比言于楚子曰："吾不得志于汉东也，我则使然。我张吾三军而被吾甲兵，以武临之，彼则惧而协以谋我，故难间也。汉东之国随为大，随张必弃小国，小国离，楚之利也。少师侈，请羸师以张之。"熊率且比曰："季梁在，何益？"斗伯比曰："以为后图，少师得其君。"王毁军而纳少师。

少师归，请追楚师，随侯将许之。季梁止之曰："天方授楚，楚之羸，其诱我也，君何急

六年春，（淳于公）从曹国前来朝见。《春秋》记载作"来"，是由于他不再回国。

楚武王入侵随国，先派薳章去求和，把军队驻在瑕地以等待结果。随国人派少师主持和谈。伯比对楚武王说："我国在汉水东边不能得志，是我们自己造成的。我们扩大军队，整顿装备，用武力逼迫别国，他们害怕因而共同来对付我们，所以就难于离间了。在汉水东边的国家中，随国最大。随国要是自高自大，就必然抛弃小国。小国离心，对楚国有利。少师这个人很骄傲，请君王隐藏我军的精锐，而让他看到疲弱的士卒，使他更加自满。"熊率且比说："有季梁在，这样做有什么好处？"伯比说："这是为以后打算，因为少师可以得到他们国君的信任。"楚武王故意把军容弄得乱七八糟来接待少师。

少师回去，请求追逐楚军。随侯将要答应，季梁劝阻说："上天正在帮助楚国，楚国军队显得疲沓的样子，是引诱我们。君王何必急于从事？下臣听说

焉？臣闻小之能敌大也，小道大淫。所谓道，忠于民而信于神也。上思利民，忠也；祝史正辞，信也。今民馁而君逞欲，祝史矫举以祭，臣不知其可也。"公曰："吾牲牷肥腯，粢盛丰备，何则不信？"对曰："夫民，神之主也。是以圣王先成民而后致力于神。故奉牲以告曰'博硕肥腯'，谓民力之普存也，谓其畜之硕大蕃滋也，谓其不疾瘯蠡也，谓其备腯咸有也。奉盛以告曰'絜粢丰盛'，谓其三时不害而民和年丰也。奉酒醴以告曰'嘉栗旨酒'，谓其上下皆有嘉德而无违心也。所谓馨香，无谗慝也。故务其三时，修其五教，亲其九族，以致其禋祀。于是乎民和而神降之福，故动则有成。今民各有心，而鬼神乏主，君虽独丰，其何福之有！君

小国之所以能够抵抗大国，是小国有道，而大国无度。所谓道，就是忠于百姓而取信于神明。上边的人想到对百姓有利，这是忠；祝史真实不欺地祝祷，这是信。现在百姓饥饿而国君放纵私欲，祝史浮夸功德来祭祀，下臣不知怎样行得通？"随侯说："我祭礼用的牲口都既无杂色，又很肥大，黍稷也都丰盛完备，为什么不能取信于神明？"季梁回答说："百姓，是神明的主人。因此圣王先团结百姓，而后才致力于神明，所以在奉献牺牲的时候祝告说：'牲口又大又肥。'这是说百姓的财力普遍富足，牲畜肥大而繁殖生长，并没有得病而瘦弱，又有各种优良品种。在奉献黍稷的时候祷告说：'洁净的粮食盛得满满的。'这是说春、夏、秋三季没有天灾，百姓和睦而收成很好。在奉献甜酒的时候祝告说：'又好又清的美酒。'这是说上上下下都有美德而没有坏心眼。所谓的祭品芳香，就是人心没有邪念。因为春、夏、秋三季都努力于农耕，修明五教，敦睦九族，用这些行为来致祭神明，百姓便和睦，神灵也降福，所以做任何事情都能成功。现在百姓各有异心，鬼神没有主人，君王一个人祭祀丰富，又能求得什么福气呢？君王姑且修明政事，亲近兄弟国家，就可能免于祸难。"随侯害怕了，从而

姑修政而亲兄弟之国，
庶免于难。"随侯惧而
修政，楚不敢伐。

夏，会于成，纪来
咨谋齐难也。

北戎伐齐，齐侯使
乞师于郑。郑大子忽帅
师救齐。六月，大败戎
师，获其二帅大良、少良，
甲首三百，以献于齐。
于是，诸侯之大夫戍齐，
齐人馈之饩，使鲁为其
班，后郑。郑忽以其有
功也，怒，故有郎之师。

公之未昏于齐也，
齐侯欲以文姜妻郑大子
忽。大子忽辞，人问其
故，大子曰："人各有耦，
齐大，非吾耦也。《诗》云:
'自求多福。'在我而已，
大国何为？"君子曰："善
自为谋。"及其败戎师
也，齐侯又请妻之，固
辞。人问其故，大子曰:
"无事于齐，吾犹不敢。
今以君命奔齐之急，而

修明政治，楚国就没有敢来攻打。

夏季，鲁桓公和纪侯在成地相会。
这是由于纪侯前来商谈如何对付齐国灭
纪的企图。

北戎进攻齐国，齐国派人到郑国求
援。郑国的太子忽率领军队救援齐国。
六月，大败戎军，俘虏了它的两个主帅
大良、少良，砍了带甲戎军三百人的脑
袋，献给齐国。当时，诸侯的大夫在齐
国防守边境，齐人馈送他们食物，让鲁
国来确定致送各国军队的先后次序。鲁
国依周王朝所定次序，把郑国排在后面。
郑太子忽认为自己有功劳，很恼怒，所
以后来就有郎地的战役。

桓公在没有向齐国求婚以前，齐僖
公想把文姜嫁给太子忽。太子忽辞谢，
别人问为什么，太子忽说："人人都有
合适的配偶，齐国强大，不是我的配偶。
《诗》说：'求于自己，多受福德。'
靠我自己就是了，要大国干什么？"君
子说："太子忽善于为自己打算。"等
到他打败了戎军，齐僖公又请求把别的
女子嫁给他。太子忽坚决辞谢，别人问
为什么，太子忽说："我为齐国没有做
什么事情，尚且不敢娶妻。现在由于国
君的命令急忙地到齐国解救危急，反而

受室以归，是以师昏也。民其谓我何？"遂辞诸郑伯。

秋，大阅，简车马也。

九月丁卯，子同生，以大子生之礼举之，接以大牢，卜士负之，士妻食之。公与文姜、宗妇命之。公问名于申繻。对曰："名有五，有信，有义，有象，有假，有类。以名生为信，以德命为义，以类命为象，取于物为假，取于父为类。不以国，不以官，不以山川，不以隐疾，不以畜牲，不以器币。周人以讳事神，名，终将讳之。故以国则废名，以官则废职，以山川则废主，以畜牲则废祀，以器币则废礼。晋以僖侯废司徒，宋以武公废司空，先君献，武废二山，是以大物不可以命。"公曰："是其生也，与吾同物，命之曰同。"

娶了妻子回国，这是利用战争而成婚，百姓将会对我有什么议论呢？"于是就用郑庄公的名义辞谢了。

秋季，举行盛大的阅兵仪式，这是为了检阅战车和马匹。

九月二十四日，儿子同出生，举行太子出生的礼仪：父亲接见儿子时用牛、羊、豕各一的太宰，用占卜选择士人背他，用占卜选择士人的妻子给他喂奶，桓公和文姜、同宗妇人为他取名字。桓公向申繻询问命名的事。申回答说："取名有五种方式，有信，有义，有象，有假，有类。用出生的情况来命名是信，用祥瑞的字眼来命名是义，用相类似的字眼来命名是象，用万物的名称来命名是假，用和父亲有关的字眼来命名是类。命名不用国名，不用官名，不用山川名，不用疾病名，不用牲畜名，不用器物礼品名。周朝人用避讳来奉事神明，名，在死了以后就要避讳。所以用国名命名，就会废除人名，用官名命名就会改变官称，用山川命名就会改变山川的神名，用牲畜命名就会废除祭祀，用器物礼品命名就会废除礼仪。晋国因为僖公而废除司徒，宋国因为武公而废除司空，我国因为先君献公、武公而废除具山、敖山二山之名，所以大的事物不可以用来命名。"桓公说："这孩子的出生，和我在同一个日子，把他命名叫作同吧。"

冬，纪侯来朝，请
王命以求成于齐，公告
不能。

　　冬季，纪侯前来朝见，请求鲁国代
纪国取得周天子的命令去向齐国求和。
桓公告诉他说不行。

八、庄公十年
（曹刿论战）

十年春，齐师伐我。公将战，曹刿请见。其乡人曰："肉食者谋之，又何间焉。"刿曰："肉食者鄙，未能远谋。"乃入见。问："何以战？"公曰："衣食所安，弗敢专也，必以分人。"对曰："小惠未遍，民弗从也。"公曰："牺牲玉帛，弗敢加也，必以信。"对曰："小信未孚，神弗福也。"公曰："小大之狱，虽不能察，必以情。"对曰："忠之属也，可以一战，战则请从。"

公与之乘。战于长勺。公将鼓之。刿曰："未可。"齐人三鼓，刿曰："可矣。"齐师败绩。公将驰之。刿曰："未可。"下，视其辙，登，轼而望之，

十年春季，齐国的军队攻打鲁国。庄公准备迎战。曹刿请求进见。他的同乡人说："那些天天吃肉的人在那里谋划，你又去掺合什么！"曹刿说："吃肉的人鄙陋不通，不能作长远考虑。"于是入宫进见。曹刿问庄公："凭什么来作战？"庄公说："暖衣饱食，不敢独自享受，一定分给别人。"曹刿回答说："小恩小惠不能周遍，百姓不会跟从的。"庄公说："祭祀用的牛羊玉帛，不敢擅自增加，祝史的祷告一定反映实情。"曹刿回答说："一念之诚也不能代表一切，神明不会降福的。"庄公说："大大小小的案件，虽然不能完全洞察，但必定合情合理去办。"曹刿回答说："这是为百姓尽力的一种心意，可以凭这个打一下。打起来，请让我跟着去吧。"

庄公和曹刿同乘一辆兵车，与齐军在长勺展开战斗。庄公准备击鼓。曹刿说："还不行。"齐人三通鼓罢，曹刿说："可以了。"齐军大败。庄公准备追上去。曹刿说："还不行。"下车，细看齐军的车辙，然后登上车前横板远望，说：

曰："可矣。"遂逐齐师。

既克，公问其故。对曰："夫战，勇气也，一鼓作气，再而衰，三而竭。彼竭我盈，故克之。夫大国难测也，惧有伏焉。吾视其辙乱，望其旗靡，故逐之。"

夏六月，齐师、宋师次于郎。公子偃曰："宋师不整，可败也。宋败，齐必还，请击之。"公弗许。自雩门窃出，蒙皋比而先犯之。公从之。大败宋师于乘丘。齐师乃还。

蔡哀侯娶于陈，息侯亦娶焉。息妫将归，过蔡。蔡侯曰："吾姨也。"止而见之，弗宾。息侯闻之，怒，使谓楚文王曰："伐我，吾求救于蔡而伐之。"楚子从之。秋九月，楚败蔡师于莘，以蔡侯献舞归。

齐侯之出也，过谭，谭不礼焉。及其入也，

"行了。"于是就追击齐军。

战胜以后，庄公问曹刿取胜的缘故。曹刿回答："作战全凭勇气。第一通鼓振奋勇气，第二通鼓勇气就少了一些，第三通鼓勇气就没有了。他们的勇气没有了，而我们的勇气刚刚振奋，所以战胜了他们。大国难以捉摸，恐有埋伏。我细看他们的车辙已经乱了，远望他们旗子已经倒下，所以才追逐他们。"

夏六月，齐国和宋国军队驻扎在郎地。公子偃说："宋军的军容不整齐，可以打败它。宋军败了，齐军必然回国。请您攻击宋军。"庄公不同意。公子偃从雩门私自出击，把马蒙上老虎皮先攻宋军。庄公领兵跟着进击，在乘丘把宋军打得大败。齐军也就回国了。

蔡哀侯在陈国娶妻，息侯也在陈国娶妻。息妫出嫁时路过蔡国。蔡侯说："她是我的小姨。"留下来见面，没有礼貌。息侯听到这件事，发怒，派人对楚文王说："请您假装进攻我国，我向蔡国求援，您就可以攻打它。"楚文王照办。秋九月，楚国在莘地击败蔡军。俘虏了蔡侯献舞回国。

齐侯逃亡在外时，经过谭国，谭国不加礼遇。等到他回国，诸侯都去祝贺，

诸侯皆贺，谭又不至。冬，齐师灭谭，谭无礼也。谭子奔莒，同盟故也。

谭国又没有去。冬，齐军灭亡了谭国，这是由于谭国没有礼貌。谭子逃亡到莒国，这是因为两国同盟的缘故。

九、闵公元年
（鲁秉周礼）

元年春，不书即位，乱故也。

狄人伐邢。管敬仲言于齐侯曰："戎狄豺狼，不可厌也。诸夏亲昵，不可弃也。宴安鸩毒，不可怀也。《诗》云：'岂不怀归，畏此简书。'简书，同恶相恤之谓也。请救邢以从简书。"齐人救邢。

夏六月，葬庄公，乱故，是以缓。

秋八月，公及齐侯盟于落姑，请复季友也。齐侯许之，使召诸陈，公次于郎以待之。"季子来归"，嘉之也。

冬，齐仲孙湫来省难。书曰"仲孙"，亦嘉之也。

仲孙归曰："不去庆父，鲁难未已。"公曰：

元年春季，《春秋》没有记载即位，是因动乱不能举行即位仪式。

狄人进攻邢国。管仲对齐桓公说："戎狄犹如豺狼，是不能满足的；中原各国互相亲近，是不能抛弃的。安逸等于毒药，是不能怀恋的。《诗》说：'难道不想着回去，怕的是这个竹简上的军令文字。'竹简上的军令文字，就是同仇敌忾而忧患与共的意思，所以请求您听从简书而救邢国。于是齐国人出兵救援邢国。

夏六月，安葬庄公。由于发生动乱，所以推迟了，过了十一个月才安葬。

秋八月，闵公和齐桓公在落姑结盟，请求齐桓公帮助季友回国。齐桓公同意，派人从陈国召回季友，闵公住在郎地等候他。《春秋》记载说"季子来归"，这是赞美季友。

冬季，齐国的仲孙湫前来对祸难表示慰问，《春秋》称之为"仲孙"，也是赞美他。

仲孙回国说："不除掉庆父，鲁国的祸难还没有完。"齐桓公说："怎么

"若之何而去之？"对曰："难不已，将自毙，君其待之。"公曰："鲁可取乎？"对曰："不可，犹秉周礼。周礼，所以本也。臣闻之，国将亡，本必先颠，而后枝叶从之。鲁不弃周礼，未可动也。君其务宁鲁难而亲之。亲有礼，因重固，间携贰，覆昏乱，霸王之器也。"

晋侯作二军，公将上军，大子申生将下军。赵夙御戎，毕万为右，以灭耿、灭霍、灭魏。

还，为大子城曲沃。赐赵夙耿，赐毕万魏，以为大夫。士蒍曰："大子不得立矣，分之都城而位以卿，先为之极，又焉得立。不如逃之，无使罪至。为吴大伯，不亦可乎？犹有令名，与其及也。且谚曰：'心苟无瑕，何恤乎无家。'天若祚大子，其无晋乎。"

卜偃曰："毕万之

样才能除掉他？"仲孙回答说："祸难不完将会自取灭亡，您就等着吧！"齐桓公说："鲁国可以取得吗？"仲孙说："不行。他们还遵行周礼。周礼，是立国的根本。下臣听说：'国家将要灭亡，如同大树，躯干必然先行仆倒；然后枝叶随着落下。'鲁国不抛弃周礼，是不能动它的。您应当从事于安定鲁国的祸难并且亲近它。亲近有礼仪的国家，依靠稳定坚固的国家，离间内部涣散的国家，灭亡昏暗动乱的国家。这是称霸称王的方法。"

晋献公建立了两个军。自己率领上军，太子申生率领下军。赵夙为晋献公驾御战车，毕万作为车右。出兵灭掉耿国、灭掉霍国、灭掉魏国。

回国，为太子在曲沃建造城墙，把耿地赐给赵夙，把魏地赐给毕万，让他们做大夫。士蒍说："太子不能做继承者了，把都城分给他，而给他以卿的地位，先让他达到顶点，又哪里能够立为国君呢？与其得到罪过，不如逃走，不要让罪过到来。做一个吴太伯，不也是可以的吗？这样还可以保有好名声。而且俗话说：'心里如果没有疵瑕，又哪怕没有家？'上天如果保佑您，您就不要在晋国了吧！"

卜偃说："毕万的后代必定昌大。

后必大。万，盈数也；魏，大名也；以是始赏，天启之矣。天子曰兆民，诸侯曰万民。今名之大，以从盈数，其必有众。"

初，毕万筮仕于晋，遇《屯》之《比》。辛廖占之，曰："吉。《屯》固《比》入，吉孰大焉？其必蕃昌。《震》为土，车从马，足居之，兄长之，母覆之，众归之，六体不易，合而能固，安而能杀。公侯之卦也。公侯之子孙，必复其始。"

万，是满数，魏，是巍巍高大的名称。开始赏赐就这样，上天已经表示预兆了。天子统治兆民，所以称为'兆民'，诸侯统治万民，所以称为'万民'。现在名称的高大跟着满数，他就必然会得到大众。"

当初，毕万占卜在晋国做官的吉凶，得到《屯》卦变成《比》卦。辛廖预测说："吉利。《屯》坚固，《比》进入，还有比这更大的吉利吗？所以他必定蕃衍昌盛。《震》卦变成了土，车跟随着马，两脚踏在这里，哥哥抚育他，母亲保护他，大众归附他，这六条不变，集合而能坚固，安定而能杀戮，这是公侯的卦象。公侯的子孙，必定能回到他开始的地位上。"

十、僖公二年
（宫之奇谏虞假道）

二年春，诸侯城楚丘而封卫焉。不书所会，后也。

晋荀息请以屈产之乘与垂棘之璧，假道于虞以伐虢。公曰：“是吾宝也。”对曰：“若得道于虞，犹外府也。”公曰：“宫之奇存焉。”对曰：“宫之奇之为人也，懦而不能强谏，且少长于君，君昵之，虽谏，将不听。”乃使荀息假道于虞，曰：“冀为不道，入自颠軨，伐鄍三门。冀之既病。则亦唯君故。今虢为不道，保于逆旅，以侵敝邑之南鄙。敢请假道以请罪于虢。”虞公许之，且请先伐虢。宫之奇谏，不听，遂起师。夏，晋里克、荀息帅师会虞师伐虢，灭下阳。

二年春季，诸侯在楚丘筑城，由周天子封给卫国。《春秋》没有记载诸侯会见，是由于僖公到会迟了。

晋国的荀息请求用屈地出产的马匹和垂棘出产的玉璧向虞国借路以进攻虢国。晋献公说：“这是我的宝贝啊！”荀息回答说：“如果向虞国借到了路，东西放在虞国。就像放在宫外的库房里一样。”晋献公说：“宫之奇还在那里。”荀息回答说：“宫之奇的为人，懦弱而不能坚决进谏，而且从小就和虞君在宫里一起长大，虞君对他亲昵，虽然进谏，虞君不会听从。”于是晋献公就派荀息到虞国去借路，说：“冀国无道，从颠軨入侵，攻打虞国鄍邑的三面城门。'敝国伐冀而使冀国受到损失，也是为了君王的缘故。现在虢国无道，在客舍里筑起堡垒，来攻打敝国的南部边境。谨敢请求贵国借路，以便到虢国去问罪。”虞公答应了，且自己请求先去攻打虢国。宫之奇劝阻，虞公不听，就起兵进攻虢国。夏季，晋国的里克、荀息领兵会合虞军，进攻虢国，灭亡了下阳。《春秋》

先书虞，贿故也。

秋，盟于贯，服江、黄也。

齐寺人貂始漏师于多鱼。

虢公败戎于桑田。晋卜偃曰："虢必亡矣。亡下阳不惧，而又有功，是天夺之鉴，而益其疾也。必易晋而不抚其民矣，不可以五稔。"

冬，楚人伐郑，斗章囚郑聃伯。

把虞国写在前面，因为虞国接受了贿赂。

秋季，齐桓公、宋桓公、江人、黄人在贯地结盟，这是为了江、黄两国归服于齐。齐国的寺人貂开始在多鱼泄漏军事机密。

虢公在桑田打败了戎人。晋国的卜偃说："虢国必将被灭亡。灭掉了下阳不知害怕，反而又建立了武功，这是上天夺去了虢国的镜子，而加重它的作恶啊！虢国必定轻视晋国又不爱抚百姓，过不了五年，必然灭亡。"

冬季，楚国人进攻郑国，斗章囚禁了郑国的聃伯。

十一、僖公四年（屈完与诸侯盟约）

四年春，齐侯以诸侯之师侵蔡。蔡溃。遂伐楚。楚子使与师言曰："君处北海，寡人处南海，唯是风马牛不相及也。不虞君之涉吾地也，何故？"管仲对曰："昔召康公命我先君大公曰：'五侯九伯，女实征之，以夹辅周室。'赐我先君履，东至于海，西至于河，南至于穆陵，北至于无棣。尔贡包茅不入，王祭不共，无以缩酒，寡人是征。昭王南征而不复，寡人是问。"对曰："贡之不入，寡君之罪也，敢不共给。昭王之不复，君其问诸水滨。"师进，次于陉。

夏，楚子使屈完如师。师退，次于召陵。齐侯陈诸侯之师，与屈

四年春季，齐桓公率鲁僖公、宋桓公、陈宣公、卫文公、郑文公、许穆公、曹昭公各诸侯的联军入侵蔡国。蔡军溃败，就接着进攻楚国。楚成王派遣使者来到军中，说："君王住在北方，我住在南方，即使是牛马发情狂奔彼此也不能到达。没有想到君王竟跋涉来到我国的土地上，这是什么缘故？"管仲回答说："以前召康公命令我们的先君太公说：'五侯九伯，你都可以征伐他们，以便辅助王室。'赐给我们的先君征伐的范围，东边到大海，西边到黄河，南边到穆陵，北边到无棣。你不进贡王室包茅，使天子的祭祀缺乏物资，不能漉酒请神，我为此问罪。昭王南征到楚国而没有回去，我为此而来责问。"使者回答说："贡品没有送来，这是我君的罪过，今后岂敢不供给？至于昭王没有回，君王还是问水边上的人去吧。"诸侯的军队前进，驻扎在陉地。

夏季，楚成王派遣屈完领兵到诸侯军驻地。诸侯军队撤退，驻扎在召陵。齐桓公把所率领的军队列成战阵，和屈

完乘而观之。齐侯曰："岂不穀是为？先君之好是继。与不穀同好，如何？"对曰："君惠徼福于敝邑之社稷，辱收寡君，寡君之愿也。"齐侯曰："以此众战，谁能御之？以此攻城，何城不克？"对曰："君若以德绥诸侯，谁敢不服？君若以力，楚国方城以为城，汉水以为池，虽众，无所用之。"屈完及诸侯盟。

陈辕涛涂谓郑申侯曰："师出于陈、郑之间，国必甚病。若出于东方，观兵于东夷，循海而归，其可也。"申侯曰："善。"涛涂以告，齐侯许之。申侯见，曰："师老矣，若出于东方而遇敌，惧不可用也。若出于陈、郑之间，共其资粮屝屦，其可也。"齐侯说，与之虎牢。执辕涛涂。秋，伐陈，讨不忠也。

许穆公卒于师，葬

完坐一辆战车检阅队伍。齐桓公说："我们出兵，难道是为了我一个人吗？为的是继续先君建立的友好关系。我们两国共同友好怎么样？"屈完回答说："君王惠临敝国求福，承蒙君王安抚我君，这正是我君的愿望！"齐桓公说："用这样的军队来作战，谁能够抵御他们？用这样的军队来攻城，哪个城攻克不了？"屈完回答说："君王如果用德行安抚诸侯，谁敢不服？君王如果用武力，楚国有方城山作为城墙，汉水作为护城河，君王的军队虽然众多，也没有用得上的地方。"屈完与各诸侯订立了盟约。

陈国的辕涛涂对郑国的申侯说："军队取道陈国和郑国之间，两国供给这么多军队的粮草物质，必然发生困难。如果向东走，向东夷炫耀武力，沿着海边回国，这就很好了。"申侯说："好。"辕涛涂就把这个意见告诉齐桓公，齐桓公同意了。申侯进见齐桓公说："军队在外头久了，如果往东走而遇到敌人，恐怕是不能打硬仗了。如果取道陈国和郑国之间，由两国供给军队的粮食、军鞋，这就可以了。"齐桓公很高兴，将虎牢赏给他，把辕涛涂抓了起来。秋季，齐国和江国、黄国进攻陈国，这是为了讨伐陈国对齐国的不忠。

许穆公死在军中，用安葬侯的制度

之以侯，礼也。凡诸侯薨于朝会，加一等；死王事，加二等。于是有以衮敛。

冬，叔孙戴伯帅师，会诸侯之师侵陈。陈成，归辕涛涂。

初，晋献公欲以骊姬为夫人，卜之，不吉；筮之，吉。公曰："从筮。"卜人曰："筮短龟长，不如从长。且其繇曰：'专之渝，攘公之羭。一薰一莸，十年尚犹有臭。'必不可。"弗听，立之。生奚齐，其娣生卓子。及将立奚齐，既与中大夫成谋，姬谓大子曰："君梦齐姜，必速祭之。"大子祭于曲沃，归胙于公。公田，姬置诸宫六日。公至，毒而献之。公祭之地，地坟。与犬，犬毙。与小臣，小臣亦毙。姬泣曰："贼由大子。"大子奔新城。公杀其傅

安葬他，这是合于礼的。凡是诸侯在朝会时死去，葬礼加一等；为天子作战而死去，加二等。在这种情况下才可以用天子的礼服入殓。

冬季，叔孙戴伯带兵会合诸侯的军队攻打陈国。陈国求和便把辕涛涂放回去了。

当初，晋献公想立骊姬做夫人，用龟来占卜，不吉利；用蓍草占卜，吉利。献公说："听从蓍草所占卜的结果。"占卜的人说："蓍草之数短而龟象却长，不如按照龟卜。而且它的繇辞说：'专宠会使人心生不良，将要偷走您的公羊。香草和臭草放在一起，十年以后还会有臭气。'一定不可以。"晋献公不听，立了骊姬。骊姬生了奚齐，她的妹妹生了卓子。骊姬打算立奚齐做太子，已经和中大夫有了预谋。骊姬对太子说："国君梦见你母亲齐姜，你一定要赶快去祭祀她。"太子到曲沃祭祀，把祭酒祭肉带回来献给献公。献公刚好出外打猎，骊姬把酒肉放在宫里过了六天。献公回来，骊姬在酒肉里下了毒药而献上去。献公以酒祭地，地土突起像坟堆；把肉给狗吃，狗就死掉；给宦官吃，宦官也死了。骊姬哭着说："阴谋来自太子那里。"太子逃亡到新城，献公杀了他的保傅杜原款。

杜原款。或谓大子："子
辞，君必辩焉。"大子曰：
"君非姬氏，居不安，
食不饱。我辞，姬必有罪。
君老矣，吾又不乐。"曰：
"子其行乎！"大子曰：
"君实不察其罪，被此
名也以出，人谁纳我？"
十二月戊申，缢于新城。
姬遂谮二公子曰："皆
知之。"重耳奔蒲。夷
吾奔屈。

有人对太子说："您如果辩解，国君是
必定能弄清楚的。"太子说："国君没
有骊姬，居处不安，饮食不饱。我如果
声辩，骊姬必定有罪。国君年纪老了，
骊姬有罪会使国君不高兴，我也会忧郁
不乐的。"说："那您逃走吗？"太子说：
"国君还没有查清我的罪过，带着这个
名义出去，别人谁会接纳我？"

十二月二十七日，太子自己吊死在
新城。骊姬就诬陷两位公子说："太子
的阴谋他们都参预了。"于是重耳逃亡
到蒲城，夷吾逃亡到屈地。

十二、僖公五年
（重耳出奔）

五年春，王正月辛亥朔，日南至。公既视朔，遂登观台以望。而书，礼也。凡分、至、启、闭，必书云物，为备故也。

晋侯使以杀大子申生之故来告。初，晋侯使士蒍为二公子筑蒲与屈，不慎，置薪焉。夷吾诉之。公使让之。士蒍稽首而对曰："臣闻之，无丧而戚，忧必仇焉。无戎而城，仇必保焉。寇仇之保，又何慎焉！守官废命不敬，固仇之保不忠，失忠与敬，何以事君？《诗》云：'怀德惟宁，宗子惟城。'君其修德而固宗子，何城如之？三年将寻师焉，焉用慎？"退而赋曰："狐裘龙茸，一国三公，

五年春季，周历正月初一日，冬至。鲁僖公在太庙听政以后，就登上观台望云气，加以记载，这是合于礼的。凡是春分秋分、夏至冬至、立春立夏、立秋立冬，必定要记载云气云色，这是由于要为灾荒作准备的缘故。

晋献公派遣使者来报告杀害了太子申生的原因。当初，晋献公派士蒍为两位公子在蒲地和屈地筑城，不小心，城墙里放进了木柴。夷吾告诉晋献公。晋献公派人责备士蒍。士蒍叩头回答说："臣听说：'没有丧事而悲伤，忧愁必然跟着而来；没有兵患而筑城，国内的敌人必然据而守卫。'敌人既然可以占据，哪里用得着谨慎？在其位而不接受命令，这是不敬；巩固敌人可以占据的地方，这是不忠。没有忠和敬，怎么能奉事国君？《诗经》说：'心存德行就是安宁，宗室子弟就是城池。'君王只要修行养德行而使同宗子弟的地位巩固，哪个城池能比得上？三年以后就要用兵，哪里用得着谨慎？"退出去赋诗说："狐皮袍子蓬蓬松松，一个国家有

吾谁适从？"及难，公使寺人披伐蒲。重耳曰："君父之命不校。"乃徇曰："校者吾仇也。"逾垣而走。披斩其袪，遂出奔翟。

夏，公孙兹如牟，娶焉。

会于首止，会王大子郑，谋宁周也。

陈辕宣仲怨郑申侯之反己于召陵，故劝之城其赐邑，曰："美城之，大名也，子孙不忘。吾助子请。"乃为之请于诸侯而城之，美。遂谮诸郑伯，曰："美城其赐邑，将以叛也。"申侯由是得罪。

秋，诸侯盟。王使周公召郑伯，曰："吾抚女以从楚，辅之以晋，可以少安。"郑伯喜于王命而惧其不朝于齐也，故逃归不盟，孔叔止之曰："国君不可以轻，轻则失亲。失亲患必至，

了三公，究竟我该一心跟从谁？"等到发生祸难，晋献公派遣寺人披攻打蒲城。重耳说："国君和父亲的命令不能违抗。"就通令说："违抗的就是我的敌人。"重耳越墙逃走，寺人披砍掉了他的袖口，最后他逃亡到翟国。

夏季，公孙兹到牟国，在那里娶了亲。

鲁僖公和齐桓公、宋桓公、陈宣公、卫文公、郑文公、许僖公、曹昭公在首止相会，会见周王的太子郑，为的是安定成周。陈国的辕宣仲（涛涂）怨恨郑国的申侯在召陵出卖了他，所以故意劝申侯在所赐的封邑筑城，说："把城筑得美观，能扩大名声，子孙不会忘记。我帮助您请求。"就为申侯向诸侯请求而筑起城墙，筑得很美观。辕宣仲就在郑文公面前进谗言说："把所赐封邑的城墙筑得那么美观，是准备叛乱用的。"申侯因此而获罪。

秋季，诸侯会盟。周惠王派周公召见郑文公，说："我安抚你去跟随楚国，又让晋国辅助你，这就可以稍稍安定了。郑文公对周惠王的命令感到高兴，又对没有朝见齐国感到害怕，所以打算逃走回国而不参加盟誓。孔叔不让他走，说："国君举动不能轻率，轻率就失掉了能亲近的人；失掉了能亲近的人，祸患必

病而乞盟，所丧多矣，君必悔之。"弗听，逃其师而归。

楚斗谷于菟灭弦，弦子奔黄。于是江、黄、道、柏方睦于齐，皆弦姻也。弦子恃之而不事楚，又不设备，故亡。

晋侯复假道于虞以伐虢。宫之奇谏曰："虢，虞之表也。虢亡，虞必从之。晋不可启，寇不可玩，一之谓甚，其可再乎？谚所谓'辅车相依，唇亡齿寒'者，其虞、虢之谓也。"公曰："晋，吾宗也，岂害我哉？"对曰："大伯、虞仲，大王之昭也。大伯不从，是以不嗣。虢仲、虢叔，王季之穆也，为文王卿士，勋在王室，藏于盟府。将虢是灭，何爱于虞？且虞能亲于桓、庄乎，其爱之也？桓、庄之族何罪，而以为戮，不唯逼乎？亲以宠逼，犹尚害之，况以国乎？"

然来到。国家困难而去乞求结盟，所失掉的东西就多了。您必然后悔。"郑文公不听，丢下军队潜逃回国。

楚国的斗谷于菟灭亡弦国，弦子逃亡到黄国。这时江、黄、道、柏四国和齐国友好，这些国家都和弦国有婚姻关系。弦子仗着这些关系而不去事奉楚国，又不设置防备，所以被灭亡。

晋献公再次向虞国借路去攻打虢国。宫之奇劝阻说："虢国是虞国的外围，虢国灭亡，虞国必定跟着完蛋。不能让晋国的野心开启，引进外国军队不能玩忽。一次已经过分，难道还可以来第二次吗？俗话说的'辅车相依，唇亡齿寒'，这说的就是虞国和虢国的关系。"虞公说："晋国是我的宗族，难道会害我吗？"宫之奇回答说："太伯、虞仲，是太王的儿子。太伯没有随侍在侧，所以没有继位。虢仲、虢叔，是王季的儿子，做过文王卿士，功勋在于王室，受勋的记录还藏在盟府。晋国准备灭掉虢国，对虞国又有什么可爱惜的？况且虞国能比晋国的桓叔、庄伯更加亲近吗？如果他们爱惜桓叔、庄伯，这两个家族有什么罪过，但是却被杀戮，不就是因为使他们感到逼近的缘故吗？亲近的人由于受宠而逼近公室，尚且被无辜杀害，何况对一个国家呢？"虞公说："我祭祀

公曰："吾享祀丰洁，神必据我。"对曰："臣闻之，鬼神非人实亲，惟德是依。故《周书》曰：'皇天无亲，惟德是辅。'又曰：'黍稷非馨，明德惟馨。'又曰：'民不易物，惟德繁物。'如是，则非德，民不和，神不享矣。神所冯依，将在德矣。若晋取虞而明德以荐馨香，神其吐之乎？"弗听，许晋使。宫之奇以其族行，曰："虞不腊矣，在此行也，晋不更举矣。"

八月甲午，晋侯围上阳。问于卜偃曰："吾其济乎"？对曰："克之。"公曰："何时？"对曰："童谣云：'丙之晨，龙尾伏辰，均服振振，取虢之旂。鹑之贲贲，天策焞焞，火中成军，虢公其奔。'其九月、十月之交乎？丙子旦，日在尾，月在策，鹑火中，

的祭品丰盛又清洁，神明必定保佑我。"宫之奇回答说："下臣听说，鬼神并不是亲近哪一个人，而只是依从有德行的人，所以《周书》说：'上天没有私亲，只对有德行的才加以辅助。'又说：'祭祀的黍稷不算芳香，美德才是芳香。'又说：'百姓不能变更祭祀的物品，只有德行才可以充当祭祀的物品。'这样看来，那么不是道德，百姓就不和，神明也就不享用祭物了。神明所凭依的就是在于德行了。如果晋国占取了虞国，而发扬美德作为芳香的祭品奉献于神明，神明难道会吐出来吗？"虞公不听，答应了晋国的使者的要求。宫之奇带领了他的族人出走，说："虞国过不了今年的腊祭了。就是这一次，晋国用不着再次出兵了。"

八月某一天，晋献公包围上阳。问卜偃说："我能够成功吗？"卜偃回答说："能攻下。"晋献公说："什么时候？"卜偃回答说："童谣说：'丙子日的清早，龙尾星为日光所照；军服威武美好，夺取虢国的旗号。鹑火星像只大鸟，天策星没有光耀，鹑火星下人欢马叫，虢公将要逃跑。'这日子恐怕在九月底十月初吧！丙子日的清晨，日在尾星之上，月在天策星之上，鹑火星在日月的中间，一定是这个时候。"

必是时也。"

冬十二月丙子朔,晋灭虢,虢公丑奔京师。师还,馆于虞,遂袭虞,灭之,执虞公及其大夫井伯,以媵秦穆姬。而修虞祀,且归其职贡于王。

故书曰:"晋人执虞公。"罪虞,且言易也。

冬季,十二月初一日,晋国灭亡虢国。虢公丑逃亡到京城。晋军回国,住在虞国,乘机袭击虞国,灭亡了它。晋国人抓住了虞公和他的大夫井伯,把井伯作为秦穆姬的陪嫁随员,但并不废弃虞国的祭祀,而且把虞国的赋税归于周天子。

所以《春秋》记载说:"晋人执虞公。"这是归罪于虞国,而且说事情进行得很容易。

十三、僖公九年
（齐秦纳晋惠公）

九年春，宋桓公卒，未葬而襄公会诸侯，故曰子。凡在丧，王曰小童，公侯曰子。

夏，会于葵丘，寻盟，且修好，礼也。

王使宰孔赐齐侯胙，曰："天子有事于文武，使孔赐伯舅胙。"齐侯将下拜。孔曰："且有后命。天子使孔曰：'以伯舅耋老，加劳，赐一级，无下拜'。"对曰："天威不违颜咫尺，小白余敢贪天子之命无下拜？恐陨越于下，以遗天子羞。敢不下拜？"下，拜；登，受。

秋，齐侯盟诸侯于葵丘，曰："凡我同盟之人，既盟之后，言归

九年春季，宋桓公死。还没有安葬，宋襄公就会见诸侯，所以《春秋》称他为"子"。凡是在丧事期间，天子称为"小童"，公侯称为"子"

夏季，鲁僖公和宰周公、齐桓公、宋子、卫侯、郑文公、许僖公、曹共公在葵丘会见，重温过去的盟约，同时发展友好关系，这是合于礼的。

周天子派宰孔把祭肉赐给齐桓公，说："周天子祭祀文王、武王，派遣我把祭肉赐给伯舅。"齐桓公准备下阶拜谢。宰孔说："还有以后的命令，天子派我说'因为伯舅年纪大了，加上功劳，奖赐一级，不用下阶拜谢。'"齐桓公回答说："天子的威严不离开颜面咫尺之远，小白我岂敢受天子的命令而不下拜？不下拜，我唯恐在诸侯位上摔跤，给天子带来羞辱。岂敢不下阶跪拜？"齐桓公下阶拜谢，登上台阶接受祭肉。

秋季，齐桓公和诸侯在葵丘会盟，说："凡是我们一起结盟的人，既已盟誓之后，就该归于旧好。"

于好。"宰孔先归，遇晋侯曰："可无会也。齐侯不务德而勤远略，故北伐山戎，南伐楚，西为此会也。东略之不知，西则否矣。其在乱乎。君务靖乱，无勤于行。"晋侯乃还。

九月，晋献公卒，里克、丕郑欲纳文公，故以三公子之徒作乱。

初，献公使荀息傅奚齐，公疾，召之，曰："以是藐诸孤，辱在大夫，其若之何？"稽首而对曰："臣竭其股肱之力，加之以忠贞。其济，君之灵也；不济，则以死继之。"公曰："何谓忠贞？"对曰："公家之利，知无不为，忠也。送往事居，耦俱无猜。贞也。"及里克将杀奚齐，先告荀息曰："三怨将作，秦、晋辅之，子将何如？"荀息曰："将死之。"里克曰："无益也。"

宰孔先行回国，遇到晋献公，说："可以不去参加会盟了。齐桓公不致力于德行，而忙于远征，所以向北边攻打山戎，向南边攻打楚国，在西边就举行了这次会盟，是否要向东边有所举动，还不知道，攻打西边是不会了。晋国恐怕会有祸乱吧！君王应该从事于安定国内的祸乱，不要急于前去。"晋献公听了这话，就回国了。

九月，晋献公死。里克、丕郑想要接纳文公为国君，所以就发动三位公子的党羽起来作乱。

当初，晋献公曾让荀息辅助奚齐。当献公重病时，召见荀息说："把这个弱小的孤儿付托给您，怎么样？"荀息叩头说："下臣愿意竭尽辅助的力量，再加上忠贞。事情成功，那是君王在天的威灵；不成功，我就继之以死。"献公说："什么叫忠贞？"荀息回答说："国家的利益，知道了没有不做的，这是忠；送走过去的，奉事活着的，两方面都没有猜疑，这是贞。"等到里克将要杀掉奚齐，先期告诉荀息说："三方面的怨恨都要发作了，秦国和晋国人都帮助他们，您打算怎么办？"荀息说："打算死。"里克说："没有用处啊！"荀息说："我

荀叔曰："吾与先君言矣，不可以贰。能欲复言而爱身乎？虽无益也，将焉辟之？且人之欲善，谁不如我？我欲无贰而能谓人已乎？"

冬十月，里克杀奚齐于次。书曰："杀其君之子。"未葬也。荀息将死之，人曰："不如立卓子而辅之。"荀息立公子卓以葬。十一月，里克杀公子卓于朝，荀息死之。君子曰："诗所谓'白圭之玷，尚可磨也；斯言之玷，不可为也，'荀息有焉。"

齐侯以诸侯之师伐晋，及高梁而还，讨晋乱也。令不及鲁，故不书。

晋郤芮使夷吾重赂秦以求入，曰："人实有国，我何爱焉。入而能民，土于何有。"从之。齐隰朋帅师会秦师，纳晋惠公。秦伯谓郤芮曰："公子谁恃？"对曰："臣

和先君说过了，不能改变。难道想要实践诺言而又要爱惜己身吗？虽然没有用处，又能躲到哪里去呢？而且人们要求上进，谁不像我一样？我不想改变诺言，难道能够对别人说不要这样做吗？"

冬十月，里克在居丧的茅屋里杀了奚齐。《春秋》记载说："杀其君之子。"这是由于晋献公还没有下葬。荀息准备自杀，有人说："不如立卓子为国君而辅助他。"荀息立了公子卓为国君而安葬了献公。十一月，里克又在朝廷上杀了公子卓。荀息就自杀了。君子说："《诗》所说的'白玉圭上的毛病，还可以磨掉；说话有了毛病，就不可以追回了。'荀息就这样的啊！"

齐桓公带领诸侯的军队攻打晋国，到达高梁就回国。这是为了讨伐晋国发生的祸乱。命令没有到达鲁国，所以《春秋》没有记载。

晋国的郤芮要夷吾给秦国馈送重礼，以请求秦国帮助他回国，并对夷吾说："真要使别人占据了国家，我们有什么可爱惜的？回国而得到百姓，土地有什么了不起？"夷吾听从了。齐国的隰朋率领军队会合秦军而使晋惠公回国即位。秦穆公对郤芮说："公子依靠谁？"

闻亡人无党，有党必有仇。夷吾弱不好弄，能斗不过，长亦不改，不识其他。"公谓公孙枝曰："夷吾其定乎？"对曰："臣闻之，唯则定国。《诗》曰：'不识不知，顺帝之则。'文王之谓也。又曰：'不僭不贼，鲜不为则。'无好无恶，不忌不克之谓也。今其言多忌克，难哉！"公曰："忌则多怨，又焉能克？是吾利也。"

宋襄公即位，以公子目夷为仁，使为左师以听政，于是宋治。故鱼氏世为左师。

回答说："臣听说逃亡在外的人没有党羽，有了党羽必定就有仇敌。夷吾小时候不喜欢玩耍，能够争斗而不过分，年纪大了也不改变，其他我就不了解了。"秦穆公对公孙枝说："夷吾可以安定国家吗？"公孙枝说："臣听说：只有行为合乎准则，才能安定国家。《诗》说'无知无识，适应了天帝的准则'，这说的就是文王啊。又说，'不弄假，不伤残，很少不能做典范'，没有爱好，也没有厌恶，这就是说既不猜忌也不好强。现在他的话里边既猜忌又好强，要夷吾安定晋国，恐怕困难吧！"秦穆公说："猜忌就多怨恨，又哪里能够取胜？这是我国的利益啊。"

宋襄公做了国君，认为公子目夷仁爱，让他做左师来处理政事，宋国由于这样而大治。所以目夷的后人鱼氏世世代代承袭左师之官。

十四、僖公十五年
（韩之战）

十五年春，楚人伐徐，徐即诸夏故也。三月，盟于牡丘，寻蔡丘之盟，且救徐也。孟穆伯帅师及诸侯之师救徐，诸侯次于匡以待之。

夏五月，日有食之。不书朔与日，官失之也。

秋，伐厉，以救徐也。

晋侯之入也，秦穆姬属贾君焉，且曰："尽纳群公子。"晋侯烝于贾君，又不纳群公子，是以穆姬怨之。晋侯许赂中大夫，既而皆背之。赂秦伯以河外列城五，东尽虢略，南及华山，内及解梁城，既而不与。晋饥，秦输之粟；秦饥，晋闭之籴，故秦伯伐晋。

卜徒父筮之，吉。涉河，侯车败。诘之，

十五年春季，楚国人进攻徐国，由于徐国靠拢中原诸国的缘故。三月，鲁僖公和齐桓公、宋襄公、陈穆公、卫文公、郑文公、许僖公、曹共公在牡丘结盟，重温葵丘的盟约，同时为了救援徐国。孟穆伯率领鲁军和诸侯的军队救援徐国，诸侯驻扎在匡地等待他。

夏五月，发生日食。《春秋》没有记载朔日和日期，这是史官漏记了。

秋季，进攻厉国，以此来救援徐国。

晋惠公回国继承君位的时候，秦穆姬把贾君嘱托给他，而且说："把公子们都接纳回国来。"晋惠公和贾君通奸，又不接纳公子们回国，由此穆姬就怨恨他。晋惠公曾经答应给中大夫送礼，后来也都背弃了诺言。还答应给秦穆公黄河以西和以南的五座城，东边到虢略镇，南边到华山，还有黄河之内的解梁城，而后来又不给了。晋国有饥荒，秦国给它运送粟米；秦国有饥荒，晋国却拒绝秦国买粮，所以秦穆公攻打晋国。

卜徒父用筮草占卜，吉利。渡过黄河，毁坏侯的车子。秦穆公仔细追问，

对曰："乃大吉也，三败必获晋君。其卦遇《蛊》，曰：'千乘三去，三去之余，获其雄狐。'夫狐蛊，必其君也。《蛊》之贞，风也；其悔，山也。岁云秋矣，我落其实而取其材，所以克也。实落材亡，不败何待？"

三败及韩。晋侯谓庆郑曰："寇深矣，若之何？"对曰："君实深之，可若何？"公曰："不孙。"卜右，庆郑吉，弗使。步扬御戎，家仆徒为右，乘小驷，郑入也。庆郑曰："古者大事，必乘其产，生其水土而知其人心，安其教训而服习其道，唯所纳之，无不如志。今乘异产，以从戎事，及惧而变，将与人易。乱气狡愤，阴血周作，张脉偾兴，外强中干。进退不可，周旋不能，君必悔之。"弗听。

卜徒父回答说："这是大吉大利。晋军连败三次，晋国国君必然被俘获。这一卦得到《蛊》繇辞说：'三次驱除一千辆兵车，三次驱除之余，获得了那条雄狐。'雄狐指的一定是他们的国君。《蛊》的内卦是风，外卦是山。时令到了秋天了，我们的风吹过他们山上，吹落了他们的果实，还取得他们的木材，所以能战胜。果实落地而木材丢失，不败还等待什么？"

晋军三次战败，退到韩地。晋惠公对庆郑说："敌人深入了，怎么办？"庆郑回答说："君王让他们深入的，能够怎么办？"晋惠公说："答话放肆无礼。"占卜车右的人选，庆郑得吉卦。但是晋惠公不用他，让步扬驾御战车，家仆徒作为车右。以小驷马驾车，是从郑国来的。庆郑说："古代发生战争，一定要用本国的马驾车。出生在自己的水土上，知道主人的心意；安于受主人的调教，熟悉这里的道路；随你放在哪里，没有不如意的。现在用外国出产的马来驾车，从事战斗，等到一害怕而失去常态，就会不听指挥了。鼻子里乱喷粗气表示狡猾和愤怒，血液在全身奔流，使血管扩张突起，外表强壮而内部枯竭。进也不能，退也不能，旋转也不能，君王必然要后悔的。"晋惠公不听。

　　九月，晋侯逆秦师，使韩简视师，复曰："师少于我，斗士倍我。"公曰："何故？"对曰："出因其资，入用其宠，饥食其粟，三施而无报，是以来也。今又击之，我怠秦奋，倍犹未也。"公曰："一夫不可狃，况国乎。"遂使请战，曰："寡人不佞，能合其众而不能离也，君若不还，无所逃命。"秦伯使公孙枝对曰："君之未入，寡人惧之，入而未定列，犹吾忧也。苟列定矣，敢不承命。"韩简退曰："吾幸而得囚。"

　　壬戌，战于韩原，晋戎马还泞而止。公号庆郑。庆郑曰："愎谏违卜，固败是求，又何逃焉？"遂去之。梁由靡御韩简，虢射为右，辂秦伯，将止之。郑以救公误之，遂失秦伯。秦获晋侯以归。晋大夫

　　九月，晋惠公将要迎战秦军，派韩简侦察。韩简回来说："军队比我们少，能奋力作战的人却倍于我们。"晋惠公说："什么原因？"韩简回答说："君王逃离晋国是由于他的资助，回国是由于他宠信，有了饥荒吃他的粟米，三次给我们恩惠而没有报答，由于这样他们才来的。现在又将迎击他们，我方懈怠，秦国奋发，斗志相差一倍还不止啊！"晋惠公说："一个人还不能轻侮，何况是国家呢？"于是就派韩简去约战，说："寡人不才，能集合我的部下而不能让他们离散。君王如果不回去，我们将没有地方逃避命令。"秦穆公派公孙枝回答说："晋君没有回国，我为他忧惧；回国后没有安定，我还是担心。如果君位已定，寡人难道敢不接受作战的命令？"韩简退下去说："我如果能被俘囚禁就是幸运的。"

　　十四日，秦、晋两军在韩原作战。晋惠公的小驷马陷在烂泥中盘旋不出。晋惠公向庆郑呼喊求救。庆郑说："不听劝谏，违抗占卜，本来就是自取失败，又为什么要逃走呢？"于是就离开了。梁由靡驾御韩简的战车，虢射作为车右，迎战秦穆公的战车，将要俘虏他。庆郑因为救援晋惠公而耽误，就使秦穆公走脱了。秦国俘虏了晋惠公。晋国的

反首拔舍从之。秦伯使辞焉，曰："二三子何其戚也？寡人之从君而西也，亦晋之妖梦是践，岂敢以至。"晋大夫三拜稽首曰："君履后土而戴皇天，皇天后土实闻君之言，群臣敢在下风。"

穆姬闻晋侯将至，以大子罃、弘与女简、璧登台而履薪焉，使以免服衰绖逆，且告曰："上天降灾，使我两君匪以玉帛相见，而以兴戎。若晋君朝以入，则婢子夕以死；夕以入，则朝以死。唯君裁之。"乃舍诸灵台。

大夫请以入。公曰："获晋侯，以厚归也。既而丧归，焉用之？大夫其何有焉？且晋人戚忧以重我，天地以要我。不图晋忧，重其怒也；我食吾言，背天地也。重怒难任，背天不祥，必归晋君。"公子絷曰：

大夫披头散发，拔出帐篷，跟随晋惠公。秦穆公派使者辞谢说："你们几位为什么那样忧愁啊！寡人跟随晋国国君往西去，不过实现晋国的妖梦罢了，难道敢以晋君为俘，携之归国吗？"晋国的大夫三拜叩头说："君王踩着后土，而顶着皇天，皇天后土都听了您的话，下臣们谨在下边听候吩咐。"

秦穆姬听说晋惠公将要来到，领着太子罃、儿子弘和女儿简、女儿璧登上高台，踩着柴草。她派遣使者捧着遭丧所着丧服前去迎接秦穆公，说："上天降下灾祸，让我两国国君不是用玉帛相见而是兴动甲兵。如果晋国国君早晨进入国都，那么我就晚上自杀；晚上进入，那么我就早晨自杀。请君王裁夺。"于是秦穆公把晋惠公拘留在灵台。

大夫请求把晋惠公带进国都。秦穆公说："俘获晋侯，本来是带着丰厚的收获回来的，但一回来就要发生丧事，这有什么用？大夫又能得到什么呢？而且晋国人用忧愁来感动我，用天地来约束我，如果不为晋国打算，就会加深他们对秦国的愤怒。我说了话不算数，就是违背天地。加深愤怒会使我担当不起，违背天地会不吉利，一定要放晋君回

"不如杀之，无聚慝焉。"子桑曰："归之而质其大子，必得大成。晋未可灭而杀其君，只以成恶。且史佚有言曰：'无始祸，无怙乱，无重怒。'重怒难任，陵人不祥。"乃许晋平。

晋侯使郤乞告瑕吕饴甥，且召之。子金教之言曰："朝国人而以君命赏，且告之曰：'孤虽归，辱社稷矣。其卜贰圉也。'"众皆哭。晋于是乎作爰田。吕甥曰："君亡之不恤，而群臣是忧，惠之至也。将若君何？"众曰："何为而可？"对曰："征缮以辅孺子，诸侯闻之，丧君有君，群臣辑睦，甲兵益多，好我者劝，恶我者惧，庶有益乎！"众说。晋于是乎作州兵。

初，晋献公筮嫁伯

国。"公子絷说："不如杀了他，不要积聚邪恶。"子桑说："放他回国而用他的太子作为人质，必然会得到很有利的讲和条件。晋国还不能灭亡，而杀掉它的国君，只能造成很坏的后果。而且史佚有话说道：'不要发动祸患，不要依靠动乱，不要增加愤怒。'增加愤怒会使人难于承当，欺凌别人会不吉利。"于是就允许晋国讲和。

晋惠公派遣郤乞告诉瑕吕饴甥，同时召他前来。饴甥教郤乞该怎么说话，说："把都城里的人都召到宫门前而用国君的名义给予赏赐。而且告诉他们说：'我虽然回国了，但已经给国家带来了耻辱，还是占卜一个吉日立我的继承人吧。'"郤乞回去照办，大家一齐号哭，晋国就在这时开始改易田制，重新规定田界。瑕吕饴甥说："国君不为自己在外而担忧，反而为群臣担忧，这是最大的恩惠了，我们准备怎样对待国君？"大家说："怎么办才行呢？"瑕吕饴甥回答说："征收赋税，修理装备武器，以辅助继承人。诸侯听到我国失去了国君，又有新的国君，群臣和睦，装备武器比以前更多。喜欢我们的就会勉励我们，讨厌我们的就会有所害怕，也许会有好处吧！"大家很高兴，晋国因为这样而开始兵制改革。

姬于秦,遇《归妹》之《睽》。史苏占之曰:"不吉。其繇曰:'士刲羊,亦无衁也。女承筐,亦无贶也。西邻责言,不可偿也。《归妹》之《睽》,犹无相也。'《震》之《离》,亦《离》之《震》。'为雷为火,为嬴败姬,车说问其𫐐,火焚其旗,不利行师,败于宗丘。《归妹》《睽》孤,寇张之弧,侄其从姑,六年其逋,逃归其国,而弃其家,明年其死于高梁之虚。'"及惠公在秦,曰:"先君若从史苏之占,吾不及此夫。"韩简侍,曰:"龟,象也;筮,数也。物生而后有象,象而后有滋,滋而后有数。先君之败德,及可数乎?史苏是占,勿从何益?《诗》曰:'下民之孽,匪降自天,僔沓背憎,职竞由人。'"

震夷伯之庙,罪之也,于是展氏有隐慝焉。

当初,晋献公为嫁伯姬给秦国而占筮,得到《归妹》变成《睽》卦。史苏预测说:"不吉利。卦辞说:'男人宰羊,不见血浆;女人拿筐,白忙一场。西邻责备,不可补偿。《归妹》变《睽》,没人相帮。'《震》卦变成《离》卦,也就是《离》卦变成《震》卦。'又是雷,又是火,胜者姓嬴,败者姓姬。车子脱离车轴,大火烧掉军旗,不利于出师,在宗丘打得惨惨凄凄。《归妹》嫁女,《睽》离单孤,敌人的木弓将要张舒。侄子跟着姑姑,六年之后,逃回自己所居,抛弃了他爱妻,明年死在高梁的废墟。'"等到惠公在秦国,说:"先君如果听从了史苏的占卜,我不会到这个地步!"韩简随侍在旁,说:"龟甲,是形象;筮草,是数字。事物生长以后才有形象,有形象以后才能滋长,滋长以后才有数字。先君败坏的道德,难道可以数得完吗?史苏的占卜,即使听从了,又有什么好处?《诗》说:'百姓的灾祸,不是从天下降。当面奉承,背后怨恨,主要都由于人的无状。'"

雷击夷伯的庙宇,这是降罪于他,在

冬，宋人伐曹，讨旧怨也。楚败徐于娄林，徐恃救也。十月，晋阴饴甥会秦伯，盟于王城。

秦伯曰："晋国和乎？"对曰："不和。小人耻失其君而悼丧其亲，不惮征缮以立圉也，曰：'必报仇，宁事戎狄。'君子爱其君而知其罪，不惮征缮以待秦命，曰：'必报德，有死无二。'以此不和。"秦伯曰："国谓君何？"对曰："小人戚，谓之不免。君子恕，以为必归。小人曰：'我毒秦，秦岂归君？'君子曰：'我知罪矣，秦必归君。贰而执之，服而舍之，德莫厚焉，刑莫威焉。服者怀德，贰者畏刑。此一役也，秦可以霸。纳而不定，废而不立，以德为怨，秦不其然。'"秦伯曰："是吾心也。"改馆晋侯，馈七牢焉。

这里可以看到展氏有别人不知道的罪恶。

冬季，宋国人进攻曹国，讨伐过去结下的怨恨。楚国在娄林打败徐国，徐国所以失败，是由于专靠别国去救援。十月，晋国的阴饴甥会见秦穆公，在王城订立盟约。

秦穆公说："晋国和睦吗？"阴饴甥回答说："不和睦。小人以失掉国君为耻，而哀悼亲属的战死，不怕征税整装以立圉为国君，说：'一定报仇，宁可因此而事奉戎狄。'君子爱护国君而知道他的罪过，不怕征税整装以等待秦国的命令，说：'一定要报答恩德，有必死之志而无二心。'因为这样不和睦。"秦穆公说："全国认为国君的前途会怎么样？"阴饴甥回答说："小人忧愁，认为他不会被赦免；君子宽恕，以为他一定回来。小人说：'我们得罪了秦国，秦国哪能让国君回来？'君子说：'我们已经知罪了，秦国一定让国君回来。有三心二意，就抓起来；服了罪，就释放他。德行没有比这再宽厚的了，刑罚没有比这再威严的了。服罪的怀念德行，有三心二意的害怕刑罚，这一回，秦国可以称霸诸侯。让他回国而不使之安定，甚至废掉他而不立他为国君，使感激变为怨恨，秦国不会是这样做的吧！"秦穆公说："我正是这样想的。"于是改

蛾析谓庆郑曰："盍行乎？"对曰："陷君于败，败而不死，又使失刑，非人臣也。臣而不臣，行将焉入？"十一月，晋侯归。丁丑，杀庆郑而后入。

是岁，晋又饥，秦伯又饩之粟，曰："吾怨其君而矜其民。且吾闻唐叔之封也，箕子曰：'其后必大。'晋其庸可冀乎！姑树德焉以待能者。"于是秦始征晋河东，置官司焉。

变对晋惠公的待遇，让他住在宾馆里，馈送了七副牛、羊、猪等食用物品。

蛾析对庆郑说："何不逃走呢？"庆郑回答说："使国君陷于失败，失败了不死反而逃亡，又让国君失去刑罚，这就不是臣下了。臣下不合于臣道，又能逃到哪里去？"十一月，晋惠公回国。二十九日，杀了庆郑，然后进入国都。

这一年，晋国又发生饥荒，秦穆公又赠给他们粟米，说："我怨恨他们的国君，而怜悯他们的百姓。而且我听说唐叔受封的时候，箕子说：'他的后代一定昌大。'晋国恐怕还是很有希望的吧！我们姑且树立德行，来等待有才能的人。"这时候，秦国才开始在晋国黄河东部征收赋税，设置官员。

十五、僖公二十二年（泓之战）

二十二年春，伐邾，取须句，反其君焉，礼也。三月，郑伯如楚。

夏，宋公伐郑。子鱼曰："所谓祸在此矣。"

初，平王之东迁也，辛有适伊川，见被发而祭于野者，曰："不及百年，此其戎乎！其礼先亡矣。"秋，秦、晋迁陆浑之戎于伊川。

晋大子圉为质于秦，将逃归，谓嬴氏曰："与子归乎？"对曰："子，晋大子，而辱于秦，子之欲归，不亦宜乎？寡君之使婢子侍执巾栉，以固子也。从子而归，弃君命也。不敢从，亦不敢言。"遂逃归。

富辰言于王曰："请召大叔。《诗》曰：'协比其邻，昏姻孔云。'

二十二年春季，僖公攻打邾国，占领须句，让它的国君回去，这是符合礼的。三月，郑文公到楚国去。

夏季，宋襄公进攻郑国。子鱼说："所说的祸乱就在这里了。"

当初，周平王向东迁都洛阳的时候，辛有到伊川，见到披着头发在野外祭祀的人，说："不到一百年，这里就要变成戎人居住的地方了！它的礼仪先消失了。"秋季，秦国和晋国把陆浑之戎迁到伊川。

晋国的太子圉在秦国作人质，准备逃回晋国，对嬴氏说："你跟我一起回去么？"嬴氏说："你是晋国的太子而屈居在秦国。你想回去，不也很应该吗？我国君主让婢子侍候你，为你捧着手巾梳子，是为了使你安心，跟你回去，就丢弃了国君的命令。我不敢跟从，也不敢泄露。"太子圉就逃回了晋国。

富辰对周天子说："请您把太叔召回来。《诗》说：'和他的邻居融洽，姻亲才能友好。'我国兄弟都不融洽，

吾兄弟之不协，焉能怨诸侯之不睦？”王说。王子带自齐复归于京师，王召之也。

　　郑人以须句故出师。公卑邾，不设备而御之。臧文仲曰：“国无小，不可易也。无备，虽众不可恃也。《诗》曰：‘战战兢兢，如临深渊，如履薄冰。’又曰：‘敬之敬之，天惟显思，命不易哉！’先王之明德，犹无不难也，无不惧也，况我小国乎！君其无谓邾小。蜂虿有毒，而况国乎？”弗听。八月丁未，公及邾师战于升陉，我师败绩。邾人获公胄，县诸鱼门。

　　楚人伐宋以救郑。宋公将战，大司马固谏曰：“天之弃商久矣，君将兴之，弗可赦也已。”弗听。冬十一月己巳朔，宋公及楚人战于泓。宋人既成列，楚人未既济。司马曰：“彼众我寡，

哪能埋怨诸侯的不顺服？”周天子听了很高兴。王子带从齐国回到京师，这是周天子把他召回来的。

　　邾人由于鲁国帮助须句的缘故出兵攻打鲁国。僖公轻视邾国，不设防备。臧文仲说：“国家无所谓弱小，不能轻视。没有准备，人虽然多，还是不足依靠的。《诗》说：‘战战兢兢，如同面向深渊，如同踩着薄冰。’又说：‘谨慎又谨慎，上天光明普照，得到上天保佑不容易啊！’以先王的美德，还没有不困难、没有不戒惧的，何况我们小国呢？君王不要认为邾国弱小，黄蜂、蝎子都有毒，何况一个国家呢？”僖公不听。八月初八日，僖公率军与邾军在升陉作战，我军大败。邾军获得僖公的头盔，挂在鱼门上。

　　楚人进攻宋国以救援郑国。宋襄公准备应战，大司马固劝阻说：“上天丢弃我们商朝的后代已经很久了，您想复兴它，这是违背上天而不能被赦免的。”宋襄公不听。冬十一月初一日，宋襄公与楚国人在泓水边上作战。宋军已经排成队列，楚军还没有全部渡河。司马说：“他们兵多，我们兵少，趁他们没有全

及其未既济也请击之。"
公曰："不可。"既济
而未成列，又以告。公曰：
"未可。"既陈而后击
之，宋师败绩。公伤股，
门官歼焉。

国人皆咎公。公曰：
"君子不重伤，不禽二毛。
古之为军也，不以阻隘
也。寡人虽亡国之余，
不鼓不成列。"子鱼曰：
"君未知战。勍敌之人
隘而不列，天赞我也。
阻而鼓之，不亦可乎？
犹有惧焉。且今之勍者，
皆吾敌也。虽及胡耇，
获则取之，何有于二毛？
明耻教战，求杀敌也，
伤未及死，如何勿重？
若受重伤，则如勿伤；
爱其二毛，则如服焉。
三军以利用也，金鼓以
声气也。利而用之，阻
隘可也；声盛致志，鼓
儳可也。"

部渡过河，请君王下令攻击他们。"宋襄公说："不行。"楚军渡过河以后还没有排开阵势，司马又把刚才的意见报告宋襄公。宋襄公说："还不行。"等楚军摆开阵势然后攻击他们，宋军被打得大败，宋襄公大腿受伤，跟随宋襄公的门官被歼灭。

都城里的人都责怪宋襄公。宋襄公说："君子不伤害伤员，不擒捉头发花白的人。古代的作战，不靠关塞险阻取胜。寡人虽然是殷商亡国的后裔，不攻击没有摆开阵势的敌人。"子鱼说："国君不懂战争。强大的敌人，由于地形狭隘而没有摆开阵势，这是上天在帮助我，把他们拦截而攻击，不也是可以的吗？可是还害怕有失。现在强大的国家，都是我们的敌人，虽然是老头子，捉了也不能放，管什么头发花白不花白。说明国家耻辱是什么，以此教导士兵作战，目的就是为了多杀敌人。敌人受伤而没有死，为什么不可以再次打击他一次？如果爱惜敌人伤员而不再打击，就应该一开始就不伤害他；爱惜那些头发花白的人，就不如向他们投降。军队，由于有利才加以使用；鸣金击鼓，是用声音来激励士气。有利而使用，在狭路阻击是可以的；鼓声大作鼓舞了士气，攻击没有摆开阵势的敌人也是可以的。"

丙子晨，郑文夫人芈氏、姜氏劳楚子于柯泽。楚子使师缙示之俘馘。君子曰："非礼也。妇人送迎不出门，见兄弟不逾阈，戎事不迩女器。"

丁丑，楚子入飨于郑，九献，庭实旅百，加笾豆六品。飨毕，夜出，文芈送于军，取郑二姬以归。叔詹曰："楚王其不没乎！为礼卒于无别，无别不可谓礼，将何以没？"诸侯是以知其不遂霸也。

十一月初八日早晨，郑文公夫人芈氏、姜氏在柯泽慰劳楚成王。楚成王派师缙把俘虏和被杀死的敌人的左耳给他们看。君子说："这是不合于礼的。女人送迎不出房门，和兄弟相见不出门槛，打仗时不接近女人的用具。"

初九日，楚成王进入郑国接受享礼，主人敬酒九次，庭院里陈列的礼品有一百件，另外再加笾豆礼品六件。宴请完毕，夜里出来，文芈送他到军营里。楚成王带了郑国的两个侍妾回去。叔詹说："楚成王恐怕不得善终吧！执行礼节而最后至于男女没有区别。男女没有区别不能认为合于礼，他将怎么能得到善终？"诸侯由于这样而知道楚成王不能完成霸业。

十六、僖公二十三年
（秦纳晋文公）

二十三年春，齐侯伐宋，围缗，以讨其不与盟于齐也。

夏五月，宋襄公卒，伤于泓故也。

秋，楚成得臣帅师伐陈，讨其贰于宋也。遂取焦、夷，城顿而还。子文以为之功，使为令尹。叔伯曰："子若国何？"对曰："吾以靖国也。夫有大功而无贵仕，其人能靖者与有几？"

九月，晋惠公卒。怀公立，命无从亡人。期，期而不至，无赦。狐突之子毛及偃从重耳在秦，弗召。冬，怀公执狐突曰："子来则免。"对曰："子之能仕，父教之忠，古之制也。策名委质，贰乃辟也。今臣之子，

二十三年春季，齐孝公发兵进攻宋国，包围缗地，讨伐宋国不到齐国参加会盟。夏五月，宋襄公死，这是由于在泓地作战受伤的缘故。

秋季，楚国的成得臣领兵进攻陈国，讨伐陈国和宋国勾结。于是占领了焦、夷两地，在顿地筑城后回国。子文把这些作为他的功劳，让他做令尹。叔伯说："您打算把国家怎么办？"子文回答说："我是用这个来安定国家的。有了大功而不居高位，这样的人能够安定国家的有几个？"

九月，晋惠公死。怀公即位，命令臣下不准跟随逃亡在外的人。规定了期限，到期不回的不赦免。狐突的儿子毛和偃跟随重耳在秦国，不肯召他们回国。冬天，怀公抓住狐突，说："儿子回来就赦免。"狐突回答说："儿子能够做官是时，父亲要教他懂得忠诚的道理，这是古代的制度。名字写在简策上，给主子送了进见的礼物，如果三心二意就

名在重耳，有年数矣。若又召之，教之贰也。父教子贰，何以事君？刑之不滥，君之明也，臣之愿也。淫刑以逞，谁则无罪？臣闻命矣。"乃杀之。

卜偃称疾不出，曰："《周书》有之：'乃大明服。'己则不明而杀人以逞，不亦难乎？民不见德而唯戮是闻，其何后之有？"

十一月，杞成公卒。书曰"子"，杞，夷也。不书名，未同盟也。凡诸侯同盟，死则赴以名，礼也。赴以名，则亦书之，不然则否，辟不敏也。

晋公子重耳之及于难也，晋人伐诸蒲城。蒲城人欲战。重耳不可，曰："保君父之命而享其生禄，于是乎得人。有人而校，罪莫大焉。吾其奔也。"遂奔狄。从者狐偃、赵衰、颠颉、

是罪过。现在下臣的儿子，名字在重耳那里已经有年头了，如果又召他回来，这是教他三心二意。父亲教儿子三心二意，用什么来事奉国君？刑罚不滥用，这是君主的贤明、下臣的愿望。滥用刑罚以图快意，谁能没有罪？下臣知道您的意思了。"晋怀公于是杀了狐突。

卜偃推说有病不出门，说："《周书》上有这样的话：'君主伟大贤明而后臣民顺服。'自己如果不贤明，反而杀人以图快意，不也很难持久吗？百姓看不到德行，反而只听到杀戮，他的后代哪里还能享有禄位？"

十一月，杞成公死。《春秋》记载称"子"，因为杞是夷人。不记载名字，是由于没有和鲁国结过盟的缘故。凡是同盟的诸侯，死后就在讣告上写上名字，这是合于礼的。讣告上写上名字，《春秋》就加以记载，否则就不记载，这是为了避免弄不清楚而误记。

晋公子重耳遭到祸难的时候，晋献公的军队在蒲城攻打他。蒲城人想要迎战，重耳不肯，说："依靠了国君父亲的命令而享有抚养百姓的俸禄，因此才得到百姓的拥护。有百姓的拥护而反抗，没有比这再大的罪过了。我还是逃亡吧。"于是就逃亡到狄人那里，跟随的有狐偃、赵衰、颠颉、魏武子、司空季

魏武子、司空季子。狄人伐啬咎如，获其二女：叔隗、季隗，纳诸公子。公子取季隗，生伯鯈、叔刘，以叔隗妻赵衰，生盾。将适齐，谓季隗曰："待我二十五年，不来而后嫁。"对曰："我二十五年矣，又如是而嫁，则就木焉。请待子。"处狄十二年而行。

过卫。卫文公不礼焉。出于五鹿，乞食于野人，野人与之块，公子怒，欲鞭之。子犯曰："天赐也。"稽首，受而载之。

及齐，齐桓公妻之，有马二十乘，公子安之。从者以为不可。将行，谋于桑下。蚕妾在其上，以告姜氏。姜氏杀之，而谓公子曰："子有四方之志，其闻之者吾杀之矣。"公子曰："无之。"姜曰："行也。怀与安，实败名。"公子不可。姜与子犯谋，醉而遣之。

子。狄人攻打啬咎如，俘虏了他两个女儿叔隗、季隗，送给公子。公子娶了季隗，生了伯鯈、叔刘。把叔隗嫁给赵衰，生了盾。公子准备到齐国去，对季隗说："等我二十五年，不回来再改嫁。"季隗回答说："我已经二十五岁了，又再过二十五年改嫁，就要进棺材了。我等您。"公子在狄一共住了十二年，然后离开。

经过卫国，卫文公不加礼遇。经过五鹿时，向乡下人要饭。乡下人给他一块泥土。公子发怒，要鞭打他。子犯说："这是上天赐予的啊！"公子叩着头接受，把泥土装上车子。

重耳到达齐国，齐桓公给他娶妻，有马八十四。公子安于齐国的生活。跟随的人认为这样不行，准备离去，在桑树下商量。养蚕的侍妾正好在树上听到，把这事告诉姜氏。姜氏杀了她，告诉公子说："您有远大的志向，听到的人，我已经杀了。"公子说："没有这回事。"姜氏说："走吧！留恋妻子和贪图安逸，确实败坏名声。"公子不肯。姜氏和子犯商量，灌醉了公子，然后把他送走。公子酒醒，拿起长戈追逐子犯。

醒，以戈逐子犯。

及曹，曹共公闻其
骈胁。欲观其裸。浴，
薄而观之。僖负羁之妻
曰："吾观晋公子之从者，
皆足以相国。若以相，
夫子必反其国。反其国，
必得志于诸侯。得志于
诸侯而诛无礼，曹其首
也。子盍蚤自贰焉。"
乃馈盘飨，置璧焉。公
子受飨反璧。

及宋，宋襄公赠之
以马二十乘。

及郑，郑文公亦不
礼焉。叔詹谏曰："臣
闻天之所启，人弗及也。
晋公子有三焉，天其或
者将建诸，君其礼焉。
男女同姓，其生不蕃。
晋公子，姬出也，而至
于今，一也。离外之患，
而天不靖晋国，殆将启
之，二也。有三士足以
上人而从之，三也。晋、
郑同侪，其过子弟，固
将礼焉，况天之所启

重耳到达曹国，曹共公听说他的肋
骨排比很密，像并成一块，想从他裸体
中看个真相。趁重耳洗澡，他就在帘子
外观看。僖负羁的妻子对负羁说："我
看晋公子的随从，都足以辅助国家。如
果用他们辅助晋公子必定能回晋国做国
君。回到晋国，一定在诸侯中得志，在
诸侯中得志而惩罚对他无礼的国家，曹
国就是第一个。您何不早一点向他表示
好感呢！"僖负羁于是就向晋公子馈送
一盘食品，里边藏着玉璧。公子接受食
品，退回玉璧。

重耳到达宋国，宋襄公把八十匹马
送给他。

到达郑国，郑文公也不加礼遇。叔
詹劝谏说："臣听说上天所赞助的人，
别人赶不上。晋公子具有三条，上天或
者将要立他为国君吧，您还是以礼相待
吧。父母同姓，子孙不能昌盛。晋公子
是姬姓女子生的，而能活到今天，这是
一。经受逃亡在外的忧患，而上天使晋
国不安定，大概是将要赞助他了，这是
二。有三个人足以居于别人之上，却一
直跟随着他，这是三。晋国和郑国地位
同等，他们的子弟路过还应当以礼相待，
何况是上天所赞助的呢？"郑文公没有
听从。

乎？”弗听。

及楚，楚子飨之，曰："公子若反晋国，则何以报不穀？"对曰："子女玉帛则君有之，羽毛齿革则君地生焉。其波及晋国者，君之余也，其何以报君？"曰："虽然，何以报我？"对曰："若以君之灵，得反晋国，晋、楚治兵，遇于中原，其辟君三舍。若不获命，其左执鞭弭、右属櫜鞬，以与君周旋。"子玉请杀之。楚子曰："晋公子广而俭，文而有礼。其从者肃而宽，忠而能力。晋侯无亲，外内恶之。吾闻姬姓，唐叔之后，其后衰者也，其将由晋公子乎。天将兴之，谁能废之。违天必有大咎。"乃送诸秦。

秦伯纳女五人，怀嬴与焉。奉匜沃盥，既而挥之。怒曰："秦、晋匹也，何以卑我！"公子惧，降服而囚。他

重耳到达楚国，楚成王设宴会招待他，说："公子如果回到晋国，用什么报答我？"公子回答说："子、女、玉、帛都是君王所拥有的，鸟羽、皮毛、象牙、犀革都是君王土地上所生长的。那些波及晋国的，已经是君王剩余的了，我能用什么来报答君王呢？"楚成王说："尽管这样，究竟用什么报答我？"公子回答说："如果托君王的福，能够回到晋国，一旦晋、楚两国演习军事，在中原相遇，那就后退九十里。如果还得不到君王的宽大，那就左手执鞭执弓，右边挂着弓袋箭袋，跟君王较量一下。"子玉请求楚王杀掉他。楚成王说："晋公子志向广大而生活俭约，文辞华美而合乎礼仪。他的随从严肃而宽大，忠诚又有能力。晋侯没有亲近的人，国内国外都讨厌他。我听说姬姓是唐叔后代，将会最后衰亡，这恐怕是由于晋公子为君的缘故吧！上天将要使他兴起，谁能够废掉他？违背上天，必然有大灾。"于是就把他送到秦国。

秦穆公送给重耳五个女子，怀嬴也在内。怀嬴捧着盛水的器皿伺候重耳洗脸，他洗了手不用手巾擦手，而挥挥手把手上的水甩干。怀嬴很生气，说："秦、晋两国地位对等，为什么轻视我？"公

日，公享之。子犯曰："吾不如衰之文也。请使衰从。公子赋《河水》，公赋《六月》。赵衰曰："重耳拜赐。"公子降，拜，稽首，公降一级而辞焉。衰曰："君称所以佐天子者命重耳，重耳敢不拜。"

子害怕，脱去上衣自囚表示谢罪。有一天，秦穆公设宴席招待重耳，子犯说："我不如赵衰那样有文采，请您让赵衰跟随赴宴。"公子在宴会上赋《河水》这首诗，秦穆公赋《六月》这首诗。赵衰说："重耳拜谢恩赐！"公子退到阶下，拜，叩头，秦穆公走下一级台阶辞谢。赵衰说："君王把辅助天子的事交给重耳，重耳岂敢不拜？"

十七、僖公二十四年
（富辰谏王以狄伐郑）

二十四年春，王正月，秦伯纳之，不书，不告入也。

及河，子犯以璧授公子，曰："臣负羁绁从君巡于天下，臣之罪甚多矣。臣犹知之，而况君乎？请由此亡。"公子曰："所不与舅氏同心者，有如白水。"投其璧于河。济河，围令狐，入桑泉，取臼衰。二月甲午，晋师军于庐柳。秦伯使公子絷如晋师，师退，军于郇。辛丑，狐偃及秦、晋之大夫盟于郇。壬寅，公子入于晋师。丙午，入于曲沃。丁未，朝于武宫。戊申，使杀怀公于高梁。不书，亦不告也。

吕、郤畏逼，将焚

二十四年春季，周历的正月，秦穆公把公子重耳送回晋国。《春秋》没有记载这件事，因为晋国没有向鲁国报告此事。

到达黄河岸边，子犯把玉璧还给公子，说："下臣背着马笼头马缰绳跟您在天下巡行，下臣的罪过很多，下臣自己尚且知道，何况您呢？请您让我从这里离开吧。"公子说："如果不和舅父一条心，有河神作证。"便把他的玉璧扔到黄河里。重耳等一行渡过黄河，包围了令狐，进入桑泉，占取了臼衰。二月的一天，晋国的军队驻扎在庐柳。秦穆公派遣公子絷到晋国军队里陈说利害。晋军退走，驻扎在郇地。又一天，狐偃和秦国、晋国的大夫在郇地结盟。又一天，公子重耳到达晋国的军队里。又一天，重耳进入曲沃。又一天，重耳在晋武公的庙宇中朝见群臣。又一天，重耳派人在高梁杀死了晋怀公。《春秋》没有记载这件事，也是由于晋国没有来鲁国报告的缘故。

吕、郤两家害怕祸难逼近，准备焚

公宫而弑晋侯。寺人披请见，公使让之，且辞焉，曰："蒲城之役，君命一宿，女即至。其后余从狄君以田渭滨，女为惠公来求杀余，命女三宿，女中宿至。虽有君命，何其速也。夫袪犹在，女其行乎。"对曰："臣谓君之入也，其知之矣。若犹未也，又将及难。君命无二，古之制也。除君之恶，唯力是视。蒲人、狄人，余何有焉。今君即位，其无蒲、狄乎？齐桓公置射钩而使管仲相，君若易之，何辱命焉？行者甚众，岂唯刑臣。"公见之，以难告。三月，晋侯潜会秦伯于王城。己丑晦，公宫火，瑕甥、郤芮不获公，乃如河上，秦伯诱而杀之。晋侯逆夫人嬴氏以归。秦伯送卫于晋三千人，实纪纲之仆。

烧宫室而杀死晋文公。寺人披请求进见。晋文公派人责备他，而且拒绝接见，说："蒲城那一次，国君命令你过一个晚上到达，你立刻就到了。后来我跟随狄君在渭水边上打猎，你为惠公来杀我，惠公命令你过三个晚上到达，你过两个晚上就到了。虽然有国君的命令，为什么那么快呢？那只被割断的袖子还在，你还是走开吧！"寺人披回答说："小臣原来认为国君回国以后，已经了解情况了。如果还没有，就会又一次遇到祸难。下臣执行国君的命令只有一心一意，这是古代的制度。除去国君所厌恶的人，只看自己有多大力量。蒲人、狄人，对我来说算什么呢？现在您即位做国君，也会同我心目中一样没有蒲、狄吧！齐桓公把射钩的事放在一边，而让管仲辅助他。君王如果改变这种做法，我会自己走的，哪里需要君王的命令呢？离开的人很多，岂独是我受过宫刑的小臣？"晋文公接见了寺人披，寺人披就把祸乱告诉了晋文公。三月，晋文公秘密地和秦穆公在王城会见。三十日，文公的宫殿起火。瑕甥、郤芮找不到晋文公，于是就到黄河边上去找，秦穆公把他们诱去杀死了。晋文公迎接夫人嬴氏回国。秦穆公赠送给晋国卫士三千人，都是一些得力的臣仆。

初，晋侯之竖头须，守藏者也。其出也，窃藏以逃，尽用以求纳之。及入，求见，公辞焉以沐。谓仆人曰："沐则心覆，心覆则图反，宜吾不得见也。居者为社稷之守，行者为羁绁之仆，其亦可也，何必罪居者？国君而仇匹夫，惧者甚众矣。"仆人以告，公遽见之。

狄人归季隗于晋而请其二子。文公妻赵衰，生原同、屏括、楼婴。赵姬请逆盾与其母，子余辞。姬曰："得宠而忘旧，何以使人？必逆之！"固请，许之，来，以盾为才，固请于公以为嫡子，而使其三子下之，以叔隗为内子而己下之。

晋侯赏从亡者，介之推不言禄，禄亦弗及。推曰："献公之子九人，唯君在矣。惠、怀无亲，

当初，晋文公有个侍臣名叫头须，是管理财物的。当晋文公在国外的时候，头须偷了财物潜逃，把这些财物都用来设法让晋文公回国。等到晋文公回来，头须请求进见。晋文公推托说正在洗头。头须对仆人说："洗头的时候心倒过来，心倒了意图就反过来，无怪我不能被接见了。留在国内的人是国家的守卫者，跟随在外的是背着马笼头马缰绳的仆人，这也都是可以的，何必要以留在国内的为有罪？身为国君而仇视普通人，害怕的人就多了。"仆人把这些话告诉了晋文公，晋文公立即接见了他。

狄人把季隗送回晋国，而请求留下她的两个儿子。晋文公把女儿嫁给赵衰。生了原同、屏括、楼婴。赵姬请求迎接盾和他的母亲。赵衰辞谢不肯。赵姬说："得到新宠而忘记旧好，以后还怎么使用别人？一定要把他们接回来。"坚决请求，赵衰同意了。回来以后，赵姬认为赵盾有才，坚决向赵衰请求，把赵盾作为嫡子，而让她自己生的三个儿子居于赵盾之下，让叔隗作为正妻，而自己居于她之下。

晋文公赏赐跟随他逃亡的人，介之推没有提及禄位，也没有给他禄位。介之推说："献公的儿子有九个，只有国君在世了。惠公、怀公没有亲近的人，

外内弃之。天未绝晋，必将有主。主晋祀者，非君而谁？天实置之，而二三子以为己力，不亦诬乎？窃人之财，犹谓之盗，况贪天之功以为己力乎？下义其罪，上赏其奸，上下相蒙，难与处矣！"其母曰："盍亦求之，以死谁怼？"对曰："尤而效之，罪又甚焉，且出怨言，不食其食。"其母曰："亦使知之若何？"对曰："言，身之文也。身将隐，焉用文之？是求显也。"其母曰："能如是乎？与女偕隐。"遂隐而死。晋侯求之，不获，以绵上为之田，曰："以志吾过，且旌善人。"

郑之入滑也，滑人听命。师还，又即卫。郑公子士泄、堵俞弥帅师伐滑。王使伯服、游孙伯如郑请滑。郑伯怨惠王之入而不与厉公爵也，又怨襄王之与卫、

国内国外都抛弃了他们。上天不使晋国绝后，必定会有君主。主持晋国祭祀的人，不是国君又会是谁？这实在是上天立他为君，而他们这些人却以为是自己的力量，这不是欺骗吗？偷别人的财物，尚且叫作盗，何况贪天之功以为自己的力量呢？下面的人把贪功的罪过当成合理，上面的人对欺骗加以赏赐，上下相互欺瞒，这就难和他们相处了。"介之推的母亲说："为什么不也去求赏呢？这样而死，又能怨谁？"介之推回答说："明知错误而去效法，错误就更大了。而且我口出怨言，不能吃他的俸禄。"他母亲说："也让他知道一下，怎么样？"介之推回答说："说话，是身体的文饰。身体将要隐藏，哪里用得着文饰？这只不过是去求显露罢了。"他母亲说："你能够这样吗？我和你一起隐居起来。"于是就隐居而死。晋文公派人到处找寻他没有找到，就把绵上的田封给他，说："用这来记载我的过失，而且表扬好人。"

郑军进入滑国的时候，滑人听从命令。军队回去，滑国又亲附卫国。郑国的公子士泄、堵俞弥带兵进攻滑国。周天子派伯服、游孙伯到郑国请求不要进攻滑国。郑文公怨恨周惠王回到成周而不给厉公爵位，又怨恨周襄王偏袒卫、滑两国，所以不听周天子的命令而逮捕

滑也，故不听王命而执二子。王怒，将以狄伐郑。富辰谏曰："不可。臣闻之，大上以德抚民，其次亲亲以相及也。昔周公吊二叔之不咸，故封建亲戚以蕃屏周。管蔡郕霍，鲁卫毛聃，郜雍曹滕，毕原酆郇，文之昭也。邘晋应韩，武之穆也。凡蒋刑茅胙祭，周公之胤也。召穆公思周德之不类，故纠合宗族于成周而作诗，曰：'常棣之华，鄂不韡韡，凡今之人，莫如兄弟。'其四章曰：'兄弟阋于墙，外御其侮。'如是，则兄弟虽有小忿，不废懿亲。今天子不忍小忿以弃郑亲，其若之何？庸勋亲亲，昵近尊贤，德之大者也。即聋从昧，与顽用嚚，奸之大者也。弃德崇奸，祸之大者也。郑有平、惠之勋，又有厉、宣之亲，弃嬖宠而用三良，于诸姬为近，四德

了伯服和游孙伯。周天子发怒，打算领着狄人进攻郑国。富辰劝谏说："不行。下臣听说，最高的人用德行来安抚百姓，其次的亲近亲属，由近到远。从前周公感伤管叔、蔡叔不得善终，所以亲戚分封建制以作为周的屏障。管、蔡、郕、霍、鲁、卫、毛、聃、郜、雍、曹、滕、毕、原、酆、郇各国，是文王的儿子。邘、晋、应、韩各国，是武王的儿子。凡、蒋、邢、茅、胙、祭各国，是周公的后代。召穆公忧虑周德衰微，所以集合了宗族在成周而作诗，说：'郁李的花儿，花朵是那么漂亮艳丽，现在的人们，总不能亲近得像兄弟。'诗的第四章说：'兄弟们在墙里争吵，一到墙外就共同对敌。'像这样，那么兄弟之间虽然有小小怨忿，也不能废弃好亲属。现在您不忍耐小怨而丢弃郑国这门亲属，又能把它怎么办？酬答勋劳，亲爱亲属，接近近臣，尊敬贤人，这是德行中的大德。靠拢耳背的人，跟从昏暗的人，赞成固陋的人，使用奸诈的人，这是邪恶中的大恶，抛弃德行，崇尚邪恶，这是祸患中的大祸。郑国有过辅助平王、惠王的勋劳，又有厉王、宣王的亲属关系，郑国国君舍弃宠臣而任用三个好人，在姬姓诸姓中属于近亲，四种德行都具备了。耳朵不能听到五声的唱和是耳聋，眼睛不能辨别

具矣。耳不听五声之和
为聋，目不别五色之章
为昧，心不则德义之经
为顽，口不道忠信之言
为嚚，狄皆则之，四奸
具矣。周之有懿德也，
犹曰'莫如兄弟'，故
封建之。其怀柔天下也，
犹惧有外侮，扞御侮者
莫如亲亲，故以亲屏周。
召穆公亦云。今周德既
衰，于是乎又渝周、召
以从诸奸，无乃不可乎？
民未忘祸，王又兴之，
其若文、武何？"王弗听，
使颓叔、桃子出狄师。夏，
狄伐郑，取栎。

王德狄人，将以其
女为后。富辰谏曰："不
可。臣闻之曰：'报者
倦矣，施者未厌。'狄
固贪惏，王又启之，女
德无极，妇怨无终，狄
必为患。"王又弗听。

初，甘昭公有宠于
惠后，惠后将立之，未
及而卒。昭公奔齐，王
复之，又通于隗氏。王

五色的文饰是昏暗，心里不学德义的准
则是固陋，嘴里不说忠信的话是奸诈。
狄人效法这些，四种邪恶都具备了。周
室具有美德的时候，尚且说'总不能亲
近得像兄弟'，所以分封建制。当它笼
络天下的时候，尚且害怕有外界的侵犯；
抵御外界侵犯的措施，没有比亲近亲属
再好的了，所以用亲属作为周室的屏障。
召穆公也是这样说的。现在周室的德行
已经衰败，而这时又改变周公、召公的
措施以跟从各种邪恶，恐怕不可以吧！
百姓没有忘记祸乱，君王又把它挑起来，
怎么对得起文王、武王呢？"周天子不
听，派遣颓叔、桃子出动狄军。夏季，
狄军进攻郑国，占取了栎地。

周天子感谢狄人，准备以狄君的女
儿做王后。富辰劝阻说："不行。臣听
说：'报答的人已经厌倦了，施恩的人
还没有满足。'狄人本来贪婪，而您又
引导他们。女子的德行没有尽头，妇人
的怨恨没有终了，狄人必然成为祸患。"
周天子又不听。

当初，甘昭公受到惠后的宠爱，惠
后打算立他为嗣君，没有来得及惠后就
死去了。昭公逃亡到齐国，周天子让他
回来，他又和隗氏私通。周天子废了隗

替隗氏。颓叔、桃子曰："我实使狄，狄其怨我。"遂奉大叔，以狄师攻王。王御士将御之。王曰："先后其谓我何？宁使诸侯图之。"瑗出。及坎欿，国人纳之。

秋，颓叔、桃子奉大叔，以狄师伐周，大败周师，获周公忌父、原伯、毛伯、富辰。王出适郑，处于氾。大叔以隗氏居于温。

郑子华之弟子臧出奔宋，好聚鹬冠。郑伯闻而恶之，使盗诱之。八月，盗杀之于陈、宋之间。君子曰："服之不衷，身之灾也。《诗》曰：'彼己之子，不称其服。'子臧之服，不称也夫。《诗》曰'自诒伊戚'，其子臧之谓矣。《夏书》曰'地平天成'，称也。"

宋及楚平。宋成公如楚，还入于郑。郑伯将享之，问礼于皇武子。对曰："宋，先代之后也，

氏。颓叔、桃子说："狄人这样，是我们指使的，狄人可能会怨恨我们。"就奉事太叔攻打周天子，周王的侍卫人员准备抵御，周王说："如果杀死太叔，先王后将会说我什么？不如让诸侯来商量一下。"周王于是就离开成周，到达坎欿，都城里的人又把周王接回都城。

秋季，颓叔、桃子奉事太叔领了狄人的军队进攻成周，把周军打得大败，俘虏了周公忌父、原伯、毛伯、富辰。周天子离开成周去郑国，住在氾地。太叔和隗氏住在温地。

郑国子华的兄弟子臧逃亡到宋国，喜欢收集鹬毛冠。郑文公听到了很讨厌他，指使杀手骗他出来。八月，杀手将子臧杀死在陈国和宋国交界的地方。

君子说："衣服的不合适，这是身体的灾祸。《诗》说：'那一个人啊，和他的服饰不能相称。'子臧的服饰，就是不相称啊！《诗》说'自己给自己找来忧戚。'这话正适用于子臧。《夏书》说'大地平静，上天成全。'这就是上下相称了。"

宋国和楚国讲和，宋成公到楚国。回国时，进入郑国。郑文公准备设宴招待他，向皇武子询问礼仪。皇武子回答说："宋国是先朝的后代，在周朝来说

于周为客，天子有事膰焉，有丧拜焉，丰厚可也。"郑伯从之，享宋公有加，礼也。

冬，王使来告难曰："不穀不德，得罪于母弟之宠子带，鄙在郑地氾，敢告叔父。"臧文仲对曰："天子蒙尘于外，敢不奔问官守。"王使简师父告于晋，使左鄢父告于秦。天子无出，书曰"天王出居于郑"，辟母弟之难也。天子凶服降名，礼也。郑伯与孔将鉏、石甲父、侯宣多省视官具于氾，而后听其私政，礼也。

卫人将伐邢，礼至曰："不得其守，国不可得也。我请昆弟仕焉。"乃往，得仕。

是客人。天子祭祀宗庙，要送给他祭肉；有了丧事，宋国国君来吊唁，天子是要答拜的。丰盛地招待他是可以的。"郑文公听从皇武子的话，设享礼招待宋公，比常礼有所增加。这是合于礼的。

冬季，周天子的使者前来报告发生的祸难，说："我缺乏德行，得罪了母亲所宠爱的儿子带，现在僻处在郑国的氾地，谨敢以此报告叔父。"臧文仲回答说："天子在外边蒙受尘土，岂敢不赶紧去问候左右。"周天子派简师父向晋国报告，派左鄢父到秦国报告。天子无所谓出国，《春秋》记载说"王出居于郑"，意思是由于躲避母弟所造成的祸难。天子穿着素服，自称"不穀"，这是合于礼的。郑文公和孔将鉏、石甲父、侯宣父到氾地问候天子的官员和检查供应天子的用品，然后听取属于郑国的政事，这是合于礼的。

卫国人准备攻打邢国，卫大夫礼说："不做他们的官，国家是不能得到的。我请求让我们兄弟去邢国做官。"于是他们去邢国，做了官。

十八、僖公二十六年（展喜犒师）

二十六年春，王正月，公会莒兹丕公、宁庄子盟于向，寻洮之盟也。齐师侵我西鄙，讨是二盟也。

夏，齐孝公伐我北鄙。卫人伐齐，洮之盟故也。公使展喜犒师，使受命于展禽。

齐侯未入竟，展喜从之，曰："寡君闻君亲举玉趾，将辱于敝邑，使下臣犒执事。"齐侯曰："鲁人恐乎？"对曰："小人恐矣，君子则否。"齐侯曰："室如县磬，野无青草，何恃而不恐？"对曰："恃先王之命。昔周公、大公股肱周室，夹辅成王。成王劳之而赐之盟，曰：'世世子孙，无相害也。'载在盟府，大师职之。

二十六年春季，周历正月，鲁僖公会见莒兹丕公、宁庄子，在向地结盟。重温洮地盟会的旧好。

齐国军队进攻我国西部边境，表示对洮、向两次会盟的不满。

夏季，齐孝公进攻我国北部边境，卫军攻打齐国，这是卫国履行洮地盟约的缘故。僖公派遣展喜犒劳军队，派他向展禽请教如何措辞。

齐孝公还没有进入我国国境，展喜出境随从，说："我的君主听说君王亲自出动大驾，将要光临敝邑，所以派遣下臣来慰劳您的左右侍从。"齐孝公说："鲁国人害怕吗？"展喜回答说："小人害怕了，而君子不怕。"齐孝公说："房屋中像挂起的磬一样空无一物，四野里连青草都没有，靠什么不害怕？"展喜回答说："靠着先王的命令。从前周公、太公辅佐周室，在左右协助成王。成王慰劳他们，赐给他们盟约，说：'世世代代的子孙不要互相侵犯。'这个盟约藏在盟府之中，由太史掌管。桓公因此纠合诸侯，商讨解决他们之间的纠

桓公是以纠合诸侯而谋其不协，弥缝其阙而匡救其灾，昭旧职也。及君即位，诸侯之望曰：'其率桓之功。'我敝邑用不敢保聚，曰：'岂其嗣世九年而弃命废职，其若先君何？君必不然。'恃此以不恐。"齐侯乃还。

东门襄仲、臧文仲如楚乞师，臧孙见子玉而道之伐齐、宋，以其不臣也。

夔子不祀祝融与鬻熊，楚人让之，对曰："我先王熊挚有疾，鬼神弗赦而自窜于夔。吾是以失楚，又何祀焉？"秋，楚成得臣、斗宜申帅师灭夔，以夔子归。

宋以其善于晋侯也，叛楚即晋。冬，楚令尹子玉、司马子西帅师伐宋，围缗。

公以楚师伐齐，取谷。凡师能左右之曰以。置桓公子雍于谷，易牙

纷，弥补他们的缺失，而救援他们的灾难，这都是显扬过去的职责。等君王即位，各国盼望说：'他会继续桓公的功业吧！'我敝邑因此不敢保城聚众，说：'难道他即位九年，就背王命、废弃职责？他怎么对得住先君？他一定不会这样的。'靠着这个，所以不害怕。"齐孝公就收兵回国了。

东门襄仲、臧文仲到楚国请求出兵。臧孙进见楚国的大臣子玉而引导他攻打齐、宋两国，因为他们不肯事奉楚国。

夔子不祭祀祝融和鬻熊，楚人责备他，夔子回答说："我们的先王熊挚有病，鬼神不肯赦免他，所以自己流窜到夔，我国因此失去楚国的救助，又祭祀什么？"秋季，楚国的成得臣、斗宜申领兵灭亡夔国，抓了夔子回国。

宋国因为他们曾经对晋侯表示过友善，所以背叛楚国而靠拢晋国。冬季，楚国令尹子玉、司马子西领兵攻打宋国，包围缗地。

僖公指挥楚国军队攻打齐国，占领谷地。凡是出兵，能够随意指挥别国军队叫作"以"。把齐桓公的儿子雍安置

奉之以为鲁援。楚申公叔侯戍之。桓公之子七人，为七大夫于楚。

在谷地，易牙奉事他作为鲁国的后援。齐桓公的儿子有七个人，都在楚国做了大夫。

十九、僖公二十八年
（城濮之战）

二十八年春，晋侯将伐曹，假道于卫，卫人弗许。还，自南河济。侵曹伐卫。正月戊申，取五鹿。二月，晋郤縠卒。原轸将中军，胥臣佐下军，上德也。晋侯、齐侯盟于敛盂。卫侯请盟，晋人弗许。卫侯欲与楚，国人不欲，故出其君以说于晋。卫侯出居于襄牛，公子买戍卫。

楚人救卫，不克。公惧于晋，杀子丛以说焉。谓楚人曰："不卒戍也。"

晋侯围曹，门焉，多死，曹人尸诸城上，晋侯患之，听舆人之谋，称："舍于墓。"师迁焉，曹人凶惧，为其所得者棺而出之，因其凶也而攻之。三月丙午，入曹。

二十八年春季，晋文公准备攻打曹国，向卫国借路。卫国不答应。晋军回来，从南河渡过黄河，入侵曹国，攻打卫国。正月初九日，占取了五鹿。二月，晋郤縠死。原轸率领中军，胥臣辅助下军，把原轸提升，是为了重视才德。晋文公和齐昭公在敛盂结盟。卫成公请求参加盟约，晋国人不答应。卫成公想结好楚国，国内的人们不愿意，所以赶走了他们的国君，来讨好晋国。卫成公离开国都住在襄牛，公子买在卫国驻守。

楚国人救援卫国，没有得胜。鲁僖公害怕晋国，杀了公子买来讨好晋国。骗楚国人说："他驻守没有满期就想走，所以杀了他。"

晋文公发兵包围曹国，攻城，战死的人很多。曹军把晋军的尸体陈列在城上，晋文公很担心。听了士兵们的主意，声称"在曹国人的墓地宿营"。晋国军队转移，曹国人恐惧，把他们得到的晋军尸体装进棺材运出来。晋军由于曹军恐惧而攻城。三月初八日，进入曹

数之，以其不用僖负羁而乘轩者三百人也。且曰："献状。"令无入僖负羁之宫而免其族，报施也。魏犨、颠颉怒曰："劳之不图，报于何有！"爇僖负羁氏。魏犨伤于胸，公欲杀之而爱其材，使问，且视之。病，将杀之。魏犨束胸见使者曰："以君之灵，不有宁也。"距跃三百，曲踊三百。乃舍之。杀颠颉以徇于师，立舟之侨以为戎右。

宋人使门尹般如晋师告急。公曰："宋人告急，舍之则绝，告楚不许。我欲战矣，齐、秦未可，若之何？"先轸曰："使宋舍我而赂齐、秦，藉之告楚。我执曹君而分曹、卫之田以赐宋人。楚爱曹、卫，必不许也。喜赂怒顽，能无战乎？"公说，执曹伯，分曹、卫之田以畀宋人。

国，责备曹国不任用僖负羁，做官坐车的反倒有三百人，并且说当年观看自己洗澡，现在罪有应得。下令不许进入僖负羁的家里，同时赦免他的族人，这是为了报答恩惠。魏犨、颠颉发怒说："不为有功劳苦劳的人着想，还报答个什么恩惠？"放火烧了僖负羁的家。魏犨胸部受伤，晋文公想杀死他，但又爱惜他的才能，派人去慰问，同时观察病情。如果伤势很重，就准备杀了他。魏犨捆紧胸膛出见使者，说："我有国君的威灵，难道我敢图安逸吗？"说着就向上跳了很多次，又向前跳了很多次。晋文公于是就饶恕了他，而杀死颠颉通报全军，立舟之侨作为车右。

宋国派门尹般到晋军中报告情况危急。晋文公说："宋国来报告危急情况，不去救他就断绝了交往。请求楚国解围，他们又不答应。我们想作战，齐国和秦国又不同意。怎么办？"先轸说："让宋国丢开我国而去给齐国、秦国赠送财礼，假借他们两国去请求楚国。我们逮住曹国国君，把曹国、卫国的田地分给宋国。楚国喜欢曹国、卫国，必定不答应齐国和秦国的请求。齐国和秦国喜欢宋国的财礼而对楚国固执生气，能够不打仗吗？"晋文公很高兴，拘捕了曹共公，把曹国和卫国的田地分给了宋国人。

楚子入居于申，使申叔去谷，使子玉去宋，曰："无从晋师。晋侯在外十九年矣，而果得晋国。险阻艰难，备尝之矣；民之情伪，尽知之矣。天假之年，而除其害。天之所置，其可废乎？《军志》曰：'允当则归。'又曰：'知难而退。'又曰：'有德不可敌。'此三志者，晋之谓矣。"子玉使伯棼请战，曰："非敢必有功也，愿以间执谗慝之口。"王怒，少与之师，唯西广、东宫与若敖之六卒实从之。

子玉使宛春告于晋师曰："请复卫侯而封曹，臣亦释宋之围。"子犯曰："子玉无礼哉！君取一，臣取二，不可失矣。"先轸曰："子与之。定人之谓礼，楚一言而定三国，我一言而亡之。我则无礼，何以战乎？不许楚言，是弃宋也。

楚成王进入申城并住下来，让申叔离开谷地，让子玉离开宋国，说："不要去追逐晋国军队！晋文公在外边十九年了，而最终得到了晋国。险阻艰难，都尝过了；民情真假，都知道了。上天给予他年寿，同时除去了他的祸害，上天所设置的，难道可以废除吗？《军志》说：'适可而止。'又说：'知难而退。'又说：'有德的人不能抵挡。'三条记载，适用于晋国。"子玉派遣伯棼向成王请战，说："不敢说一定有功劳，愿意以此塞住奸邪小人的嘴巴。"楚成王发怒，少给他军队，只有西广、东宫和若敖的一百八十辆战车跟去。

子玉派宛春到晋军中报告说："请恢复卫侯的君位，同时把土地退还曹国，我也解除对宋国的包围。"子犯说："子玉无礼啊！给君王的，只是解除对宋国的包围一项，而要求君王给出的，却是复卫封曹两项。这次打仗的机会不可失掉了。"先轸说："君王答应他，安定别人叫作礼，楚国一句话而安定三国，我们一句话而使它们灭亡。我们就无礼，拿什么来作战呢？不答应楚国的请求，

救而弃之，谓诸侯何？楚有三施，我有三怨，怨仇已多，将何以战？不如私许复曹、卫以携之，执宛春以怒楚，既战而后图之。”公说，乃拘宛春于卫，且私许复曹、卫。曹、卫告绝于楚。

子玉怒，从晋师。晋师退。军吏曰："以君辟臣，辱也。且楚师老矣，何故退？"子犯曰："师直为壮，曲为老。岂在久乎？微楚之惠不及此，退三舍辟之，所以报也。背惠食言，以亢其仇，我曲楚直。其众素饱，不可谓老。我退而楚还，我将何求？若其不还，君退臣犯，曲在彼矣。"退三舍。楚众欲止，子玉不可。

夏四月戊辰，晋侯、宋公、齐国归父、崔夭、秦小子憖次于城濮。楚师背鄫而舍，晋侯患之，

这是抛弃宋国；救援了又抛弃他，将对诸侯说什么？楚国有三项恩惠，我们有三项怨仇。怨仇已经多了，准备拿什么作战？不如私下里答应恢复曹国和卫国来离间他们，逮了宛春来激怒楚国，等打起仗再说。"晋文公很高兴。于是把宛春囚禁在卫国，同时私下里允诺恢复曹、卫。曹、卫就与楚国绝交了。

子玉发怒，追逐晋军。晋军撤退。军吏说："以国君而躲避臣下，这是耻辱；而且楚军已经衰疲，为什么退走？"子犯说："出兵作战，有理就气壮，无理就气衰，哪里在于在外边时间的长短呢？如果没有楚国的恩惠，我们到不了这里。退三舍躲避他们，就是作为报答。背弃恩惠而说话不算数，要用这个来庇护他们的敌人，我们理曲而楚国理直，加上他们的士气一向饱满，不能认为楚军衰疲。我们退走而楚军回去，我们还要求什么？如果他们不回去，国君退走，而臣下进犯，他们就缺理了。"晋军退走三舍。楚国骑士要停下来，子玉不同意。

夏四月初一日，晋文公、宋成公、齐国的国归父、崔夭、秦国的小子憖驻在城濮。楚军背靠着险要丘陵扎营，晋文公担心这件事。听到士兵吟诵说："休

听舆人之诵，曰："原田每每，舍其旧而新是谋。"公疑焉。子犯曰："战也。战而捷，必得诸侯。若其不捷，表里山河，必无害也。"公曰："若楚惠何？"栾贞子曰："汉阳诸姬，楚实尽之，思小惠而忘大耻，不如战也。"晋侯梦与楚子搏，楚子伏己而盬其脑，是以惧。子犯曰："吉。我得天，楚伏其罪，吾且柔之矣。"

子玉使斗勃请战，曰："请与君之士戏，君冯轼而观之，得臣与寓目焉。"晋侯使栾枝对曰："寡君闻命矣。楚君之惠未之敢忘，是以在此。为大夫退，其敢当君乎？既不获命，敢烦大夫谓二三子：'戒尔车乘，敬尔君事，诘朝将见。'"

晋车七百乘，韅、靷、鞅、靽。晋侯登有莘之虚以观师，曰："少

耕田里的绿草油油，丢开旧的而对新的加以犁锄。"晋文公很怀疑。子犯说："出战吧！战而得胜，一定得到诸侯；如果不胜，我国外有大河，内有高山，一定没有什么害处。"晋文公说："楚国对我有恩惠，怎么办？"栾枝说："汉水以北的姬姓诸国，楚国都把它们吞并完了。想着小恩惠，而忘记大耻大辱，不如出战。"晋文公梦见和楚王搏斗，楚王伏在自己身上咀嚼自己的脑浆，因而害怕。子犯说："吉利。我得到上天；楚国伏罪，而且我们已经安抚他们了。"

子玉派遣斗勃向晋国请战，说："请和君王的斗士作一次角力游戏，君王靠在车横板上观看，得臣可以陪同君王一起观看了。"晋文公派遣栾枝回答说："我们国君知道您的意思了。楚君的恩惠，我没有敢忘记，所以待在这里。已经为大夫退兵了，臣下难道敢抵挡国君吗？既然大夫不肯退兵，那就烦大夫对贵部将士们说：'驾好你们的战车，忠于你们的国事，明天早晨将再见面。'"

晋国战车七百辆，装备齐全。晋文公登上有莘的废城观看军容，说："年少的和年长的排列有序，合于礼，可以

长有礼，其可用也。"
遂伐其木以益其兵。己
巳，晋师陈于莘北，胥
臣以下军之佐当陈、蔡。
子玉以若敖六卒将中军，
曰："今日必无晋矣。"
子西将左，子上将右。
胥臣蒙马以虎皮，先犯
陈、蔡。陈、蔡奔，楚
右师溃。狐毛设二旆而
退之。栾枝使舆曳柴而
伪遁，楚师驰之。原轸、
郤溱以中军公族横击之。
狐毛、狐偃以上军夹攻
子西，楚左师溃。楚师
败绩。子玉收其卒而止，
故不败。

晋师三日馆谷，及
癸酉而还。甲午，至于
衡雍，作王宫于践土。

乡役之三月，郑伯
如楚致其师，为楚师既
败而惧，使子人九行成
于晋。晋栾枝入盟郑伯。
五月丙午，晋侯及郑伯
盟于衡雍。丁未，献楚
俘于王，驷介百乘，徒
兵千。郑伯傅王，用平

一战。"就命令砍伐山上的树木，以增
加武器。初二日，晋军在莘北摆开阵势，
胥臣让下军分别抵挡陈、蔡军队。子玉
用若敖的一百八十乘率领中军，说："今
天一定没有晋国了。"子西率领左军，
子上率领右军。胥臣把马蒙上老虎皮，
先攻陈、蔡两军。陈、蔡两军奔逃，楚
军的右翼部队溃散。狐毛派出前军两队
击退楚军的溃兵，栾枝让车子拖着木柴
假装逃走，楚军追击，原轸、郤溱率领
中军的禁卫军拦腰袭击。狐毛、狐偃率
领上军夹攻子西，楚国的左翼部队溃散。
楚军大败。子玉早早收兵，因此只有他
的直属部队得以不败。

晋军休整三天，吃楚军留下的粮食，
到初六日启程回国。二十七日，到达衡
雍，为天子在践土建造了一座王宫。

这一战役之前的三个月，郑文公派
军队到楚国助战，因为楚军已经失败而
害怕了，派遣子人九和晋国讲和。晋国
的栾枝进入郑国和郑文公订立盟约。五
月初九日，晋文公和郑文公在衡雍结盟。
初十日，把楚国的战俘献给周天子：驷
马披甲的战车一百辆，步兵一千人。郑
文公作为相礼，用的是周平王时的礼仪。

礼也。己酉，王享醴，命晋侯宥。王命尹氏及王子虎、内史叔兴父策命晋侯为侯伯，赐之大辂之服，戎辂之服，彤弓一，彤矢百，玈弓矢千，秬鬯一卣，虎贲三百人。曰："王谓叔父，'敬服王命，以绥四国。纠逖王慝。'"晋侯三辞，从命。曰："重耳敢再拜稽首，奉扬天子之丕显休命。"受策以出，出入三觐。

卫侯闻楚师败，惧，出奔楚，遂适陈，使元咺奉叔武以受盟。癸亥，王子虎盟诸侯于王庭，要言曰："皆奖王室，无相害也。有渝此盟，明神殛之，俾队其师，无克祚国，及而玄孙，无有老幼。"君子谓是盟也信，谓晋于是役也能以德攻。

初，楚子玉自为琼弁玉缨，未之服也。先战，

十二日，周天子设享礼用甜酒招待晋文公，又允许他向自己回敬酒。周天子命令尹氏和王子虎、内史叔兴父用策书任命晋文公为诸侯的领袖，赐给他大辂车、戎辂车以及相应的服装仪仗，红色的弓一把、红色的箭一百枝，黑色的弓十把和箭一千枝，黑黍加香草酿造的酒一卣，勇士三百人，说："天子对叔父说：'恭敬地服从天子的命令，以安抚四方诸侯，惩治王朝的邪恶。'"晋文公辞谢三次，然后接受命令，说："重耳谨再拜叩头，接受和宣扬天子的重大赐命。"接受了策书离开成周。从进入成周到离开，朝觐三次。

卫成公听说楚军失败，十分害怕，逃亡到楚国，又到陈国，派遣元咺奉事叔武去接受盟约。二十六日，王子虎和诸侯在天子的庭院里盟誓，约定说："全部人都要辅助王室，不要互相伤害！谁要违背盟约，就要受到神的诛杀，使他军队颠覆，不能享有国家，直到你的玄孙，不论老小。"君子认为这次结盟是守信用的，认为晋国在这次战役中能够用道德来进攻。

当初，楚国的子玉自己制作了镶玉的马冠马鞅，还没有使用。作战之前，梦见黄河河神对他说："送给我，我赐

梦河神谓己曰："畀余，余赐女孟诸之麋。"弗致也。大心与子西使荣黄谏，弗听。荣季曰："死而利国。犹或为之，况琼玉乎？是粪土也，而可以济师，将何爱焉？"弗听。出，告二子曰："非神败令尹，令尹其不勤民，实自败也。"既败，王使谓之曰："大夫若入，其若申、息之老何？"子西、孙伯曰："得臣将死，二臣止之曰：'君其将以为戮。'"及连谷而死。晋侯闻之而后喜可知也，曰："莫余毒也已！蒍吕臣实为令尹，奉己而已，不在民矣。"

或诉元咺于卫侯曰："立叔武矣。"其子角从公，公使杀之。咺不废命，奉夷叔以入守。

六月，晋人复卫侯。宁武子与卫人盟于宛濮，曰："天祸卫国，君臣

给你孟诸的水草地。"子玉没有送去。他儿子大心和子西让荣黄劝谏，子玉不听。荣黄说："死而有利于国家，尚且还要去做，何况是美玉呢？和国家比起来这不过是粪土而已。如果可以使军队成功，有什么可爱惜的？"子玉仍然不肯。荣黄出来告诉两个人说："不是神明让令尹失败，令尹不以百姓的事情为重，实在是自取失败啊。"子玉失败之后，楚成王派使臣对子玉说："申、息的子弟大多伤亡了，大夫如果回来，怎么向申、息两地的父老交代呢？"子西、大心说："子玉打算自杀，我们两个阻拦他说：'不要自杀，国君还准备杀你呢。'"到达连谷时，子玉就自杀了。晋文公听说子玉自杀，喜形于色，说："没有人来害我了。蒍吕臣做令尹，不过是奉养自己而已，并不是为了百姓。"

有人在卫成公面前诬告元咺说："他已立了叔武做国君了。"元咺的儿子角跟随卫成公，卫成公派人杀了他。元咺并没有因此而废弃卫成公的命令，还是奉事叔武回国摄政。

六月，晋国人恢复卫侯的君位。宁武子和卫国官吏、大族等在宛濮结盟，说："上天降祸于卫国，君臣不和协，所以才遭到这样的忧患。现在天意保佑

不协，以及此忧也。今天诱其衷，使皆降心以相从也。不有居者，谁守社稷？不有行者，谁扞牧圉？不协之故，用昭乞盟于尔大神以诱天衷。自今日以往，既盟之后，行者无保其力，居者无惧其罪。有渝此盟，以相及也。明神先君，是纠是殛。"国人闻此盟也，而后不贰。

卫侯先期入，宁子先，长牂守门以为使也，与之乘而入。公子歂犬、华仲前驱。叔孙将沐，闻君至，喜，捉发走出，前驱射而杀之。公知其无罪也，枕之股而哭之。歂犬走出，公使杀之。元咺出奔晋。

城濮之战，晋中军风于泽，亡大旆之左旃。祁瞒奸命，司马杀之，以徇于诸侯，使茅伐代之。师还。壬午，济河。舟之侨先归，士会摄右。秋七月丙申，振旅恺，

我国，让大家放弃成见而互相听从。没有留下的人，谁来守卫国家？没有跟随君王的人，谁去保卫那些牧牛养马的人？由于不和协，因此乞求在大神面前明白宣誓，以求天意保佑。从今天订立盟约之后，在外的人不要仗恃自己的辛劳，留下的人不要害怕有罪。谁要违背盟约，祸害就降临到他头上。神明和先君在上，加以惩罚诛杀。"国内的人们听到了这盟约，才没有三心二意。

卫成公早于约定的日期先进入卫国。宁武子在卫成公之前，长牂把守城门，以为他是国君的使者，和他同乘一辆车进入。公子歂犬、华仲作为前驱。叔武正要洗发，听说国君来到，很高兴，握着头发跑出来，前驱却把他射死了。卫成公知道他没有罪，把头枕在尸体的大腿上而为之哭泣。歂犬逃跑，卫成公派人把他杀死了。元咺逃亡到晋国。

在城濮的战役中，晋军的中军在沼泽地遇到大风，丢掉了前军左边的大旗。祁瞒犯了军令，司马把他杀了，并通报诸侯，派茅伐代替他。军队回来，六月十六日，渡过黄河，舟之侨先行回国，士会代理车右。秋七月某一天，胜利归来；高唱凯歌进入晋国，在太庙报告停

以入于晋。献俘授馘，
饮至大赏，征会讨贰。
杀舟之侨以徇于国，民
于是大服。

君子谓："文公其
能刑矣，三罪而民服。
《诗》云：'惠此中国，
以绥四方。'不失赏刑
之谓也。"

冬，会于温，讨不
服也。

卫侯与元咺讼，宁
武子为辅，鍼庄子为坐，
士荣为大士。卫侯不胜。
杀士荣，刖鍼庄子，谓
宁俞忠而免之。执卫侯，
归之于京师，置诸深室。
宁子职纳橐饘焉。元咺
归于卫，立公子瑕。

是会也，晋侯召王，
以诸侯见，且使王狩。
仲尼曰："以臣召君，
不可以训。"故书曰："天
王狩于河阳。"言非其
地也，且明德也。

获和杀死敌人的数字，置酒犒赏，召集
诸侯会盟和攻打有二心的国家。杀舟之
侨并通报全国，百姓因此而大为顺服。

君子认为："晋文公能够严明刑罚，
杀了颠颉、祁瞒、舟之侨三个罪人而百
姓顺服。《诗》说：'施惠于中原国家，
安定四方的诸侯'，说的就是没有失去
公正的赏赐和刑罚。"

冬季，僖公和晋文公、齐昭公、宋
成公、蔡庄公、郑文公、陈子、莒子、
邾子、秦人在温地会见，商量出兵攻打
不顺服的国家。

卫成公和元咺争讼，宁武子作为卫
成公的诉讼人，鍼庄子作为卫成公的代
理人，士荣作为卫成公的答辩人。卫成
公没有胜诉。作为诸侯领袖的晋国杀了
士荣，砍了鍼庄子的脚，认为宁武子忠
诚而赦免了他。逮捕卫成公，把他送到
京师，关在牢房里。宁武子负责给卫成
公送衣食。元咺回到卫国，立公子瑕为
国君。

这次温地的会盟，晋文公召请周天
子前来，带领诸侯朝见，并让周天子打
猎。孔子说："以臣下而召请君主，是
不能作为榜样的。"所以《春秋》记载
说"天王狩于河阳"，就是说这里已经
不是周天子的地方了，而且是为了表明

壬申，公朝于王所。丁丑，诸侯围许。

晋侯有疾，曹伯之竖侯獳货筮史，使曰："以曹为解。齐桓公为会而封异姓，今君为会而灭同姓。曹叔振铎，文之昭也。先君唐叔，武之穆也。且合诸侯而灭兄弟，非礼也。与卫偕命，而不与偕复，非信也。同罪异罚，非刑也。礼以行义，信以守礼，刑以正邪，舍此三者，君将若之何？"公说，复曹伯，遂会诸侯于许。

晋侯作三行以御狄，荀林父将中行，屠击将右行，先蔑将左行。

晋国的功德而避讳的说法。

十月初七日，僖公到周天子的住处朝觐。十一月十二日，诸侯包围许国。

晋文公有重病，曹共公的小跟班侯獳贿赂晋文公的筮史，让他把得病的原因说是灭了曹国。他就对晋文公说："齐桓公主持会盟而封异姓的国家，现在君王主持会盟而灭同姓的国家。曹国的叔振铎，是文王的儿子；先君唐叔，是武王的儿子。而且会合诸侯而灭掉兄弟之国，这是不符合礼仪的；曹国和卫国一起得到君王的诺言，但是不能一起复国，这是不符合信用的；罪过相同而惩罚不同，这是不符合刑律的。礼仪用来推行道义，信用用来保护礼仪，刑律用来纠正邪恶。丢开了这三项，君王准备怎么办？"晋文公很高兴，恢复了曹共公的君位，曹共公就在许国和诸侯会盟。

晋文公建立了三个步兵师来抵抗狄人，荀林父率领中行，屠击率领右行，先蔑率领左行。

二十、僖公三十年
（烛之武退秦师）

三十年春，晋人侵郑，以观其可攻与否。狄间晋之有郑虞也，夏，狄侵齐。

晋侯使医衍鸩卫侯。宁俞货医，使薄其鸩，不死。公为之请，纳玉于王与晋侯。皆十毂，王许之。秋，乃释卫侯。卫侯使赂周歂、冶廑，曰："苟能纳我，吾使尔为卿。"周、冶杀元咺及子适、子仪。公入祀先君。周、冶既服将命，周歂先入，及门，遇疾而死。冶廑辞卿。

九月甲午，晋侯、秦伯围郑，以其无礼于晋，且贰于楚也。晋军函陵，秦军氾南。佚之狐言于郑伯曰："国危矣，若使烛之武见秦君，师必退。"公从之。辞曰：

三十年春季，晋国人侵袭郑国，以此来试探郑国是否可以攻打。狄人钻了晋国侵犯郑国这个空子，夏季，狄人进攻齐国。

晋文公派医生衍毒死卫成公。宁俞贿赂医生，让他减轻毒药的成分，所以卫成公没有死。僖公为卫成公请求，把玉献给周天子和晋文公，都是十对。周天子允许了。秋季，释放了卫成公。卫成公派人贿赂周歂、冶廑说："如果能接纳我当国君，我让你们当卿。"周、冶两人杀了元咺和子适、子仪。卫成公回国，在太庙祭祀先君，周、冶两人已经穿好卿的礼服，准备接受任命，周歂先进太庙，到门口，发病而死。冶廑害怕了，便辞去卿位。

九月初十，晋文公、秦穆公包围郑国，因为郑国对晋国无礼，而且心向着楚国。晋军驻扎在函陵，秦军驻扎在氾南。佚之狐对郑文公说："国家危急了。如果派遣烛之武去进见秦君，军队一定退走。"郑文公采纳了这个建议，烛之武推辞说："下臣年壮的时候，尚且不

"臣之壮也，犹不如人，今老矣，无能为也已。"公曰："吾不能早用子，今急而求子，是寡人之过也。然郑亡，子亦有不利焉。"许之，夜缒而出，见秦伯，曰："秦、晋围郑，郑既知亡矣。若亡郑而有益于君，敢以烦执事。越国以鄙远，君知其难也，焉用亡郑以陪邻。邻之厚，君之薄也。若舍郑以为东道主，行李之往来，共其乏困，君亦无所害。且君尝为晋君赐矣，许君焦、瑕，朝济而夕设版焉，君之所知也。夫晋何厌之有？既东封郑，又欲肆其西封，不阙秦，将焉取之？阙秦以利晋，唯君图之。"秦伯说，与郑人盟，使杞子、逢孙、扬孙戍之，乃还。

子犯请击之，公曰："不可。微夫人力不及此。因人之力而敝之，不仁。

如别人；现在老了，无能为力了。"郑文公说："我没有能及早任用您，现在形势危急而来求您，这是我的过错。然而郑国被灭亡，对您也不好啊。"烛之武答应了，夜里用绳子把自己从城上吊到城外，进见秦穆公，说："秦、晋两国包围郑国，郑国已经知道自己要灭亡了。如果灭亡郑国而对君主有好处，那是值得劳动君王左右随从的。越过别国而以远方的土地作为边邑，君王知道是不容易的，哪里用得着灭亡郑国来为邻国增加土地？邻国实力加强，就是君王的削弱。如果赦免郑国，让他做东路上的主人；使者的往来，供应他所缺少的一切，对君王也没有害处。而且君王曾经把好处赐给晋国国君了，他答应给君王焦、瑕两地，早晨渡过河回国，晚上就设版筑城，这是君王所知道的。晋国哪有满足？已经在东边向郑国开拓土地，又想肆意扩大它西边的土地。如果不损害秦国，还能到哪里去取得土地呢？损害秦国采取有利于晋国的事，请君王考虑。"秦穆公很高兴，和郑国人结盟，派遣杞子、逢孙、杨孙在郑国戍守，就撤退了。

子犯请求攻击秦军。晋文公说："不行。如果没有他们的力量，我们不会有今天这个地位。靠了别人的力量，反而

失其所与，不知。以乱易整，不武。吾其还也。"亦去之。

初，郑公子兰出奔晋，从于晋侯。伐郑，请无与围郑。许之，使待命于东。郑石甲父、侯宣多逆以为大子，以求成于晋，晋人许之。

冬，王使周公阅来聘，飨有昌歜、白、黑、形盐。辞曰："国君，文足昭也，武可畏也，则有备物之飨以象其德。荐五味，羞嘉谷，盐虎形，以献其功。吾何以堪之？"

东门襄仲将聘于周，遂初聘于晋。

损害他，这是不仁；失掉了同盟国家，这是不智；用动乱代替整齐，这是不武。我还是回去吧。"晋文公就撤军回国了。

当初，郑国的公子兰逃亡到晋国，跟随晋文公攻打郑国；请求不要参加对郑国的包围。晋文公答应了，让他在东部边境等候命令。郑国的石甲父、侯宣多把他接回来做太子，向晋国讲和，晋国允许了。

冬季，周天子派遣周公阅来鲁国聘问，宴请他的食物有昌蒲菹、白米糕、黑黍和虎形块盐。周公阅推辞说："如果国家的君主文治足以显扬四方，武功可以使人畏惧，就准备特殊物品宴请，以象征他的德行；进五味的调和，献美好的粮食，有虎形的盐，以像征他的功业。我怎么当得起这个呢？"

东门襄仲将要到成周聘问，就乘机到晋国作初次聘问。

二十一、僖公三十二年（蹇叔哭师）

三十二年春，楚斗章请平于晋，晋阳处父报之。晋、楚始通。

夏，狄有乱。卫人侵狄，狄请平焉。秋，卫人及狄盟。

冬，晋文公卒。庚辰，将殡于曲沃，出绛，柩有声如牛。卜偃使大夫拜。曰："君命大事。将有西师过轶我，击之，必大捷焉。"

杞子自郑使告于秦，曰："郑人使我掌其北门之管，若潜师以来，国可得也。"穆公访诸蹇叔，蹇叔曰："劳师以袭远，非所闻也。师劳力竭，远主备之，无乃不可乎！师之所为，郑必知之。勤而无所，必有悖心。且行千里，其谁不知？"公辞焉。

三十二年春季，楚国的斗章到晋国请求媾和，晋国的阳处父到楚国回聘，晋国和楚国从此开始正式交往。

夏季，狄人发生动乱，卫军侵袭狄人，狄人请求媾和。秋季，卫国和狄结盟。

冬季，晋文公死。十二月初十，准备把棺材送到曲沃停放。离开绛城时，棺材里有声音像牛叫。卜偃请大夫跪拜，说："国君发布军事命令：将要有西边的军队过境袭击我国，如果攻击他们，必定大胜。"

杞子从郑国派人告诉秦国说："郑国人让我掌管他们北门的钥匙，如果偷偷发兵前来，可以占领他们的国都。"秦穆公去问蹇叔。蹇叔说："使军队疲劳而去侵袭相距遥远的地方，我没有听说过。军队疲劳，力量衰竭，远地的国家有防备，恐怕不行吧！我们军队的行动，郑国一定知道，费了力气不讨好，士兵一定有抵触情绪。而且行军一千里，谁会不知道？"秦穆公不接受他的意见。召见孟明、西乞、白乙，让他们在东门

召孟明、西乞、白乙，使出师于东门之外。蹇叔哭之，曰："孟子，吾见师之出而不见其入也。"公使谓之曰："尔何知？中寿，尔墓之木拱矣。"蹇叔之子与师，哭而送之，曰："晋人御师必于殽。殽有二陵焉。其南陵，夏后皋之墓也；其北陵，文王之所辟风雨也。必死是间，余收尔骨焉。"秦师遂东。

外出兵。蹇叔哭着送他们说："孟子，我看到军队出去而看不到回来了！"秦穆公派人对他说："你知道什么？如果你六七十岁时就死了，你坟上的树木已经合抱了。"蹇叔的儿子在军队里，蹇叔哭着送他，说："晋国人必定在殽山抵御我军，被山有两座山陵。它的南陵，是夏后皋的坟墓；它的北陵，文王在那里避过风雨。你必定死在两座山陵之间，我去那里收你的尸骨吧！"秦国军队出发东进。

二十二、僖公三十三年 （晋败秦师于殽）

三十三年春，秦师过周北门，左右免胄而下。超乘者三百乘。王孙满尚幼，观之，言于王曰："秦师轻而无礼，必败。轻则寡谋，无礼则脱。入险而脱，又不能谋，能无败乎？"及滑，郑商人弦高将市于周，遇之。以乘韦先，牛十二犒师，曰："寡君闻吾子将步师出于敝邑，敢犒从者，不腆敝邑，为从者之淹，居则具一日之积，行则备一夕之卫。"且使遽告于郑。

郑穆公使视客馆，则束载、厉兵、秣马矣。使皇武子辞焉，曰："吾子淹久于敝邑，唯是脯资饩牵竭矣。为吾子之将行也，郑之有原圃，

三十三年春季，秦国军队经过成周王城的北门，战车上除御者以外，车左、车右都脱去头盔下车致敬，随即跳上车去的有三百辆战车的将士。王孙满年纪还小，看到了，对周天子说："秦国军队轻佻而无礼，一定失败。轻佻就缺少计谋，无礼就满不在乎。进入险地而满不在乎，又不能出主意，能够不打败仗吗？"秦军到达滑国，郑国的商人弦高准备到成周做买卖，碰到秦军，先送秦军四张熟牛皮作引礼，再送十二头牛犒劳军队，说："寡君听说您准备行军经过敝邑，谨来犒赏您的随从。敝邑贫乏，为了您的随从在这里停留，做了如下准备：住下就预备一天的供应，离开就准备一夜的保卫。"弦高同时又派邮车紧急地向郑国报告。

郑穆公派人去探看杞子等人的馆舍，发现他们已经装束完毕、磨利武器、喂饱马匹了。派皇武子辞谢他们，说："大夫们久住在这里，敝邑的干肉、粮食、牲口都竭尽了。为了大夫们将要离开，郑国有原圃，就如同秦国有具圃。

犹秦之有具囿也。吾子取其麋鹿以闲敝邑，若何？"杞子奔齐，逢孙、扬孙奔宋。孟明曰："郑有备矣，不可冀也。攻之不克，围之不继，吾其还也。"灭滑而还。

齐国庄子来聘，自郊劳至于赠贿，礼成而加之以敏。臧文仲言于公曰："国子为政，齐犹有礼，君其朝焉。臣闻之，服于有礼，社稷之卫也。"

晋原轸曰："秦违蹇叔，而以贪勤民，天奉我也。奉不可失，敌不可纵。纵敌患生，违天不祥。必伐秦师。"栾枝曰："未报秦施而伐其师，其为死君乎？"先轸曰："秦不哀吾丧而伐吾同姓，秦则无礼，何施之为？吾闻之，'一日纵敌，数世之患也。'谋及子孙，可谓死君乎？"遂发命，遽兴姜戎。子墨衰绖，梁弘御戎，

大夫们自己猎取麋鹿，使敝邑得有闲空，怎么样？"于是杞子逃到齐国，逢孙、杨孙逃到宋国。孟明说："郑国有准备了，不能存有希望了。攻打郑国不能取胜，包围它又没有后援，我还是回去吧。"于是秦军灭亡滑国就回去了。

齐国的国庄子前来聘问，从郊外迎接一直到赠礼送行，行礼如仪而处事又审慎恰当。臧文仲对僖公说："国子执政，齐国还是有礼的，君王去朝见吧！下臣听说：对有礼之邦顺服，这是国家的保障。"

晋国的先轸说："秦君违背蹇叔的话，由于贪婪而劳动百姓，这是上天给予我们的机会。给予的不能丢失，敌人不能放走。放走敌人，就会发生祸患；违背天意，就不吉利。一定要进攻秦国军队。"栾枝说："没有报答秦国的恩惠而进攻它的军队，心目中还有死去的国君吗？"先轸说："我们有丧事秦国不悲伤，反而攻打我们的同姓国家，他们就是无礼，还讲什么恩惠？我听说：'一天放走敌人，这是几代的祸患。'为子孙后代打算，这有话对死去的国君说了吧！"于是就发布起兵的命令，立即动员姜戎的军队。晋襄公把丧服染成

莱驹为右。

夏四月辛巳，败秦师于殽，获百里孟明视、西乞术、白乙丙以归，遂墨以葬文公。晋于是始墨。

文嬴请三帅，曰："彼实构吾二君，寡君若得而食之，不厌，君何辱讨焉！使归就戮于秦，以逞寡君之志，若何？"公许之，先轸朝。问秦囚。公曰："夫人请之，吾舍之矣。"先轸怒曰："武夫力而拘诸原，妇人暂而免诸国。堕军实而长寇仇，亡无日矣。"不顾而唾。公使阳处父追之，及诸河，则在舟中矣。释左骖，以公命赠孟明。孟明稽首曰："君之惠，不以累臣衅鼓，使归就戮于秦，寡君之以为戮，死且不朽。若从君惠而免之，三年将拜君赐。"

秦伯素服郊次，乡师而哭曰："孤违蹇叔

黑色，梁弘驾御战车，莱驹作为车右。

夏四月十三日，在殽山打败秦国军队，并且俘虏了三个指挥官百里孟明视、西乞术、白乙丙而回去。于是就穿着黑色的丧服来安葬晋文公。晋国从此开始使用黑色丧服。

文嬴请求把三位指挥官释放回国，说："他们挑拨我们两国国君，寡君如果抓到他们，吃他们的肉还不能满足，何必劳君王去讨伐呢？让他们回到秦国受诛杀，以使寡君快意，怎么样？"晋襄公答应了。先轸上朝，问起秦国的囚犯，晋襄公说："母亲代他们提出请求，我就放走他们了。"先轸生气地说："武人花力气在战场上逮住他们，女人说几句谎话就把他们在国都放了，毁伤战果而长了敌人的志气，晋国快要灭亡了！"先轸不顾襄公在面前就在地上吐唾沫。晋襄公派阳处父追赶放走的三个人，追到黄河边上，他们已经上船了。阳处父解下车左边的骖马，用晋襄公的名义赠送给他们。孟明叩头说："蒙君王的恩惠，不用被囚之臣来祭鼓，让我们回到秦国去受诛戮，寡君如果杀了我们，死而不朽，如果依从君王的恩惠而赦免我们，三年之后将要拜谢君王恩赐。"

秦穆公穿着素服住在郊外，对着被释放回来的将士号哭，说："我没有听

以辱二三子，孤之罪也。不替孟明，孤之过也。大夫何罪？且吾不以一眚掩大德。"

狄侵齐，因晋丧也。

公伐邾，取訾娄，以报升陉之役。邾人不设备。秋，襄仲复伐邾。

狄伐晋，及箕。八月戊子，晋侯败狄于箕。郤缺获白狄子。先轸曰："匹夫逞志于君而无讨，敢不自讨乎？"免胄入狄师，死焉。狄人归其元，面如生。

初，臼季使过冀，见冀缺耨，其妻饁之。敬，相待如宾。与之归，言诸文公曰："敬，德之聚也。能敬必有德，德以治民，君请用之。臣闻之，'出门如宾，承事如祭，仁之则也。'"公曰："其父有罪，可乎？"对曰："舜之罪也殛鲧，其举也兴禹。管敬仲，桓之贼也，实

蹇叔的话，使你们几位受到侮辱，这是我的罪过。不撤回孟明的驻军，这也是我的过错。你们三位有什么罪？而且我不能用一次的过错来掩盖大德。"

狄人入侵齐国，因为晋国有丧事，不能派兵支援齐国。

僖公进攻邾国，占取了訾娄，以报复升陉这一战役。邾国没有设防，秋季，襄仲再一次攻打邾国。

狄军攻打晋国，到达箕地。八月二十二日，晋襄公在箕地打败狄军。郤缺俘虏了白狄子。先轸说："一个普通人在国君面前图一时快意而没有受惩罚，哪里敢不自己惩罚自己？"先轸脱下头盔冲入狄军中，死在战阵上。狄人送回他的脑袋，面色像活着一样。

当初，臼季出使，经过冀国，看到冀缺在锄田除草，他妻子给他送饭，很恭敬，彼此像客人一样。臼季和冀缺一起回到国都，对文公说："恭敬，是德行的集中表现。能够恭敬，就必定有德行。德行用来治理百姓，请君王任用他。下臣听说：'出门好像会宾客，承担事情好像参加祭祀，这是仁爱的准则。'"晋文公说："他的父亲冀芮有罪，可以吗？"臼季回答："舜惩办罪人，流放了鲧，举拔人才却起用鲧的儿子禹。管敬仲是桓公的敌人，任命他为相而得到

相以济。《康诰》曰：'父不慈，子不祗，兄不友，弟不共，不相及也。'《诗》曰：'采葑采菲，无以下体。'君取节焉可也。"文公以为下军大夫。反自箕，襄公以三命命先且居将中军，以再命命先茅之县赏胥臣曰："举郤缺，子之功也。"以一命命郤缺为卿，复与之冀，亦未有军行。

冬，公如齐，朝，且吊有狄师也。反，薨于小寝，即安也。

晋、陈、郑伐许，讨其贰于楚也。

楚令尹子上侵陈、蔡。陈、蔡成，遂伐郑，将纳公子瑕，门于桔柣之门。瑕覆于周氏之汪，外仆髡屯禽之以献。文夫人敛而葬之郐城之下。

晋阳处父侵蔡，楚子上救之，与晋师夹泜而军。阳子患之，使谓子上曰："吾闻之，文不犯顺，武不违敌。子

成功。《康诰》说：'父亲不慈爱，儿子不诚敬，哥哥不友爱，弟弟不恭顺，这是与别人无关的。'《诗》说：'采蔓菁，采萝葡，不要把它下部当糟粕。'您挑他的长处就可以了。"晋文公让冀缺担任下军大夫。从箕地回来，晋襄公用诸侯大臣中的最高级别命令先且居率领中军，用次等级别命令把先茅的县赏给胥臣，说："推举郤缺，是您的功劳。"用三等级别命令让郤缺做卿，再给他冀地，但是不担任军职。

冬季，僖公到齐国朝见，同时对狄人进攻这件事表示慰问。回国，死在休息室里，是因为贪图安逸的缘故。

晋国、陈国、郑国进攻许国。惩罚它向着楚国。

楚国令尹子上攻打陈国、蔡国。陈国、蔡国和楚国讲和，又进攻郑国，准备把公子瑕送回去做国君。在桔柣之门攻城，公子瑕的战车翻倒在周氏的池塘中，外边的仆人髡屯抓住了他献给郑文公。文公夫人为他殡敛而安葬在郐城下。

晋国的阳处父入侵蔡国，楚国的子上前去救援，和晋军夹着泜水对峙。阳处父担心，派人对子上说："我听说：'来文的不能触犯顺理之人。来武的不能躲避仇敌之辈。'您如果想打，那么我后

若欲战，则吾退舍，子济而陈，迟速唯命，不然纾我。老师费财，亦无益也。"乃驾以待。子上欲涉，大孙伯曰："不可。晋人无信，半涉而薄我，悔败何及，不如纾之。"乃退舍。阳子宣言曰："楚师遁矣。"遂归。楚师亦归。大子商臣谮子上曰："受晋赂而辟之，楚之耻也，罪莫大焉。"王杀子上。

葬僖公，缓作主，非礼也。凡君薨，卒哭而祔，祔而作主，特祀于主，烝尝禘于庙。

退三十里，您渡河再摆开阵势，早打晚打听您的。不这样，让我渡过河去缓口气。耗日子，费钱财，也没有什么好处。"于是就驾上战车等着他。子上想要渡河，大孙伯说："不行。晋国人不讲信用，如果乘我们渡过一半而迫击我们，那时战败而后悔，哪里还来得及？不如让他们缓口气。"于是就后退三十里。阳子宣布说："楚国军队逃走了。"就回国了。楚国军队也就回国了。太子商臣诬告子上说："子上接受了晋国的贿赂而躲避他们，这是楚国的耻辱。罪没有比这再大的了。"楚成王杀死了子上。

安葬僖公，没有及时制作神主牌位，这是不合于礼的。凡国君死去，安葬后十多天停止了不定时的号哭，就把死者的神主附祭于祖庙，附祭就要制作神主牌位，单独向新死者的神主祭祀，烝祭、尝祭、禘祭就在祖庙中连同其他祖先一起祭祀。

二十三、文公十七年
（齐鲁盟于谷）

十七年春，晋荀林父、卫孔达、陈公孙宁、郑石楚伐宋。讨曰："何故弑君！"犹立文公而还，卿不书，失其所也。夏四月癸亥，葬声姜。有齐难，是以缓。齐侯伐我北鄙，襄仲请盟。六月，盟于谷。

晋侯蒐于黄父，遂复合诸侯于扈，平宋也。公不与会，齐难故也。书曰"诸侯"，无功也。

于是，晋侯不见郑伯，以为贰于楚也。

郑子家使执讯而与之书，以告赵宣子，曰："寡君即位三年，召蔡侯而与之事君。九月，蔡侯入于敝邑以行。敝邑以侯宣多之难，寡

十七年春季，晋国荀林父、卫国孔达、陈国公孙宁、郑国石楚联合攻打宋国，并质问说："为什么杀死你们国君？"最后还是立了宋文公而回国。《春秋》没有记载卿的姓名，这是由于他们处置失当。夏四月初四日，安葬声姜。由于有齐国攻战造成的祸难，所以推迟。齐懿公攻打我国北部边境，襄仲请求结盟。六月，在谷地结盟。

晋灵公在黄父阅兵，就因此再次在扈地会合诸侯，这是为了和宋国讲和。鲁文公没有参加会合，这是由于有齐国征战造成的祸难的缘故。《春秋》记载说"诸侯"而不记名字，这是讥讽他们并没有取得成效。

当时，晋灵公不肯会见郑穆公，以为他和楚国有勾结。郑国的子家派通信使者去晋国，并且给他一封信，告诉赵宣子，说："我郑国国君即位三年，召请蔡侯和他一起事奉贵国君主。九月，蔡侯来到敝邑前去贵国。敝邑有侯宣多造成的祸难，我君因此而不能和蔡侯一同前来。十一月，消灭了侯宣多，就随

君是以不得与蔡侯偕。
十一月，克灭侯宣多而
随蔡侯以朝于执事。
十二年六月，归生佐寡
君之嫡夷，以请陈侯于
楚而朝诸君。十四年七
月，寡君又朝，以臧陈
事。十五年五月，陈侯
自敝邑往朝于君。往年
正月，烛之武往朝夷也。
八月，寡君又往朝。以
陈、蔡之密迩于楚而不
敢贰焉，则敝邑之故也。
虽敝邑之事君，何以不
免？在位之中，一朝于
襄，而再见于君。夷与
孤之二三臣相及于绛，
虽我小国，则蔑以过之
矣。今大国曰：'尔未
逞吾志。'敝邑有亡，
无以加焉。古人有言曰：
'畏首畏尾，身其余几。'
又曰：'鹿死不择音。'
小国之事大国也，德，
则其人也；不德，则其
鹿也，铤而走险，急何
能择？命之罔极，亦知
亡矣。将悉敝赋以待于

同蔡侯而向执事朝觐。十二年六月，归
生辅佐我君的长子夷，到楚国请求陈侯
一同朝见贵国君主。十四年七月，我君
又向贵国君主朝见，以完成关于陈国的
事情。十五年五月，陈侯从我国经过前
去朝见贵国君主。去年正月，烛之武前
去贵国，这是为了使夷前往朝见贵国君
主。八月，我君又前去朝见。因陈、蔡
两国紧紧挨着楚国而不敢对晋有二心，
那是由于我们的缘故。为什么唯独我们
这样事奉贵国君主，反而不能免于祸患
呢？我郑君在位期间，一次朝见贵国先
君襄公，两次朝见现在的君主。夷和我
的几个臣下接二连三地到绛城来。我郑
国虽然是个小国，但如此事奉晋国，没
有谁能比我国对贵国更有诚意了。现在
大国说：'你没有能让我称心如意。'
敝邑唯有等待灭亡，不能再增加一点什
么了。古人有话说：'怕头怕尾，剩下
来的身子还有多少？'又说：'鹿在临
死前，顾不上再发出好听的鸣声。'小
国事奉大国，如果大国以德相待，小国
就会以人道相事奉；如果不是以德相待，
那就会像鹿一样狂奔走险，急迫的时候，
哪里还能选择地方？贵国的命令没有标
准，我们也知道面临灭亡了，只好准备
派出敝邑全部的士兵在儵地等待，该怎
么办，就听凭您的命令吧！

儵，唯执事命之。

文公二年六月壬申，朝于齐。四年二月壬戌，为齐侵蔡，亦获成于楚。居大国之间而从于强令，岂其罪也。大国若弗图，无所逃命。"

晋巩朔行成于郑，赵穿、公婿池为质焉。

秋，周甘歜败戎于邥垂，乘其饮酒也。

冬十月，郑大子夷、石楚为质于晋。

襄仲如齐，拜谷之盟。复曰："臣闻齐人将食鲁之麦。以臣观之，将不能。齐君之语偷。臧文仲有言曰：'民主偷必死。'"

我郑文公二年六月二十日，曾到齐国朝见。四年二月某一天，为齐国进攻蔡国，也和楚国取得媾和。处于齐、楚两个大国之间而屈从于压力，这难道是我们的罪过吗？大国如果不加谅解，我们是没有地方可以逃避你们的命令了。"

晋国的巩朔到郑国讲和修好，赵穿、公婿池作为人质。

秋季，周朝的甘歜在邥垂打败戎人，一战取胜是由于趁着戎人正在喝酒未加防备而用兵的结果。

冬十月，郑国的太子夷、大夫石楚到晋国作为人质，襄仲到齐国去，拜谢谷地的结盟。回来说："下臣听说齐国人打算吃鲁国的麦子。以下臣看来，恐怕做不到。齐国国君的话毫无远虑，臧文仲曾说过：'百姓的主人毫无远虑，必须很快就会死。'"

二十四、宣公二年（宋赎华元于郑）

二年春，郑公子归生受命于楚，伐宋。宋华元、乐吕御之。二月壬子，战于大棘，宋师败绩，囚华元，获乐吕，及甲车四百六十乘，俘二百五十人，馘百人。狂狡辂郑人，郑人入于井，倒戟而出之，获狂狡。君子曰："失礼违命，宜其为禽也。戎，昭果毅以听之之谓礼，杀敌为果，致果为毅。易之，戮也。"

将战，华元杀羊食士，其御羊斟不与。及战，曰："畴昔之羊，子为政，今日之事，我为政。"与入郑师，故败。君子谓："羊斟非人也，以其私憾，败国殄民。于是刑孰大焉。《诗》所谓'人之无良'者，其羊斟之谓乎，

二年春季，郑国公子归生接受楚国命令攻打宋国。宋国华元、乐吕带兵抵御。二月某日，在大棘相战，宋军大败。郑国囚禁了华元，得到乐吕的尸首和战车四百六十辆，俘虏二百五十人，割了被打死的敌人的一百个耳朵。

狂狡迎战郑军，有个郑国人逃进井里。狂狡把戟柄放下井去拉他上来，那个人出井以后反而俘虏了狂狡。君子说："丢掉礼而违背命令，他的被俘就是活该了。战争之中，发扬果敢刚毅的精神以服从命令叫作礼。杀死敌人就是果敢，达到果敢就是刚毅。如果反过来，就要被诛戮。"

准备开战之时，华元杀羊犒赏士兵，他的车夫羊斟没有吃上。等到打起仗来，羊斟说："前天的羊，是你做主；今天的打仗，是我做主。"驱车进入郑军，所以宋军失败。君子认为："羊斟不像个人，由于私怨，使国家战败、百姓受害，还有比这应当受到更重的刑罚吗？《诗》所谓'人中间的坏人'，羊斟就是这种人吧！他残害百姓以使自己快意。"

残民以逞。"

宋人以兵车百乘、文马百驷以赎华元于郑。半入，华元逃归，立于门外，告而入。见叔牂，曰："子之马然也。"对曰："非马也，其人也。"既合而来奔。

宋城，华元为植，巡功。城者讴曰："睅其目，皤其腹，弃甲而复。于思于思，弃甲复来。"使其骖乘谓之曰："牛则有皮，犀兕尚多，弃甲则那？"役人曰："从其有皮，丹漆若何？"华元曰："去之，夫其口众我寡。"

秦师伐晋，以报崇也，遂围焦。夏，晋赵盾救焦，遂自阴地，及诸侯之师侵郑，以报大棘之役。楚斗椒救郑，曰："能欲诸侯而恶其难乎？"遂次于郑以待晋师。赵盾曰："彼宗竞于楚，殆将毙矣。姑益其疾。"乃去之。

宋国人用兵车一百辆、毛色漂亮的马四百匹从郑国赎取华元。才送去一半，华元就逃回来了。华元站在城门外，告诉守门人自己的身份，然后进城。见到羊斟说："您的马不受驾御才会这样吧？"羊斟回答说："不在于马，在于人。"回答完就逃到鲁国来。

宋国筑城，华元作为主持人，巡视工作。筑城的人唱歌说："鼓着眼睛挺着肚，丢了皮甲往回转。连鬓胡子长满腮，丢盔卸一甲逃回来。"华元让他的骖乘对他们说："有牛就有皮，犀牛兕牛多的是，丢了皮甲又有什么了不起？"做工的人说："即使有牛皮，哪里又去找红漆？"华元说："走吧！他们的嘴多，我们的嘴少。"

秦国军队攻打晋国，以报复晋军入侵崇地的那次战役，因此而包围焦地。夏季，晋国赵盾救援焦地，于是从阴地会同诸侯的军队袭击郑国，以报复郑国攻打大棘的那次战役。楚国斗椒救援郑国，说："难道想得到诸侯的拥护，而又害怕困难吗？"楚军便驻扎在郑国，等待晋军。赵盾说："他那个宗族在楚国争权夺利，大概要完蛋了。姑且让他加重这个态势吧。"于是就离开了郑国。

晋灵公不君：厚敛以雕墙；从台上弹人，而观其辟丸也；宰夫胹熊蹯不熟，杀之，置诸畚，使妇人载以过朝。赵盾、士季见其手，问其故，而患之。将谏，士季曰："谏而不入，则莫之继也。会请先，不入则子继之。"三进，及溜，而后视之。曰："吾知所过矣，将改之。"稽首而对曰："人谁无过？过而能改，善莫大焉。《诗》曰：'靡不有初，鲜克有终。'夫如是，则能补过者鲜矣。君能有终，则社稷之固也，岂唯群臣赖之。又曰：'衮职有阙，惟仲山甫补之。'能补过也。君能补过，衮不废矣。"犹不改。宣子骤谏，公患之，使鉏麑贼之。晨往，寝门辟矣，盛服将朝，尚早，坐而假寐。麑退，叹而言曰："不忘恭敬，民之主也。贼民之主，不忠。弃君之命，不信。

晋灵公做事违反为君之道：重重地征税用来彩画墙壁，从高台上用弹丸打人而看他们躲避弹丸的样子；厨子烧煮熊掌不熟，灵公就杀死了他，放在畚箕里，让女人用头顶着走过朝庭。赵盾和士会看到死尸的手，问起杀人的缘故，感到担心，准备进谏。士会对赵盾说："你劝谏他如果听不进去，就没有人接着劝谏了。请让士会先去，不听，你再接着劝谏。"士会前进三次，到达屋檐下，晋灵公才转眼看他，说："我知道错了，打算改正。"士会叩头回答说："一个人谁没有错，有了过错能够改正，没有比这再好的事情了。《诗》说：'事情无不有个好开始，很少能有个好结果。'像你这样，知错即改的人就很少了。君王能够有好结果，那就是国家的保障，岂止是仅仅臣下们依靠它呢。《诗》又说：'周宣王有了过失，只有仲山甫来弥补。'这说的是君王能够弥补错失，礼服就不会丢弃了。"晋灵公尽管口头上说要改错，行动上还是不改正。赵盾屡次进谏，晋灵公很讨厌，派遣鉏麑去刺杀他。一天清早，赵盾的卧室门已经开了，穿得整整齐齐，准备入朝。时间还早，赵盾正坐着打瞌睡，鉏麑退出来，叹气说："不忘记恭敬，真是百姓的主人。刺杀百姓的主人，就是不忠；放弃国君的使命，

有一于此，不如死也。"
触槐而死。

秋九月，晋侯饮赵
盾酒，伏甲将攻之。其
右提弥明知之，趋登曰：
"臣侍君宴，过三爵，
非礼也。"遂扶以下，
公嗾夫獒焉。明搏而杀
之。盾曰："弃人用犬，
虽猛何为。"斗且出，
提弥明死之。

初，宣子田于首山，
舍于翳桑，见灵辄饿，
问其病。曰："不食三
日矣。"食之，舍其半。
问之，曰："宦三年矣，
未知母之存否，今近焉，
请以遗之。"使尽之，
而为之箪食与肉，置诸
橐以与之。既而与为公
介，倒戟以御公徒，而
免之。问何故。对曰："翳
桑之饿人也。"问其名居，
不告而退，遂自亡也。

乙丑，赵穿攻灵公
于桃园。宣子未出山而
复。大史书曰："赵盾

就是不信。两件事情无论如何都要做一
件，不如死了好。"撞在槐树上死去了。

秋九月，晋灵公请赵盾喝酒，埋伏
下甲士，打算杀死赵盾。赵盾的车右提
弥明察觉了，快步登上殿堂，说："臣
下事奉国君饮酒，超过三杯，就不合礼
了。"于是就扶了赵盾下殿。晋灵公嗾
使恶狗扑过去，提弥明上前搏斗，把狗
杀了。赵盾说："丢开人而利用狗，虽
然凶猛，又有什么用！"赵盾一边搏斗
一边退了出去，提弥明被杀死在里边。

当初，赵盾在首阳山打猎，住在翳
桑，看见灵辄饿得厉害，问他有什么病，
灵辄说："已经三天没吃东西了。"赵
盾给他食物，他留下一半。问他为什么，
他说："在外学习做官三年了，不知道
母亲还在不在，现在快到家了，请让我
把这个留给她。"赵盾让他吃完，并且
又给他准备了一筐饭和一些肉，放在袋
子里给了他。后来灵辄做了晋灵公的卫
兵，在这次事件中倒过戟来抵御晋灵公
的其他卫兵，使赵盾免于祸难。赵盾问
他为什么这样做，他回答说："我就是
翳桑那个饿倒的人。"问他的姓名住处，
他不回答就退了出去，逃亡走了。

九月二十六日，赵穿在桃园杀死了
晋灵公。赵盾没有走出晋国国境就回来
再度做卿。太史记载说："赵盾弑其君"，

弑其君。"以示于朝。宣子曰："不然。"对曰："子为正卿，亡不越竟，反不讨贼，非子而谁？"宣子曰："乌呼，'我之怀矣，自诒伊戚'，其我之谓矣！"孔子曰："董狐，古之良史也，书法不隐。赵宣子，古之良大夫也，为法受恶。惜也，越竟乃免。"

宣子使赵穿逆公子黑臀于周而立之。壬申，朝于武宫。

初，骊姬之乱，诅无畜群公子，自是晋无公族。及成公即位，乃宦卿之适子而为之田，以为公族，又宦其余子亦为余子，其庶子为公行。晋于是有公族、余子、公行。赵盾请以括为公族，曰："君姬氏之爱子也。微君姬氏，则臣狄人也。"公许之。

冬，赵盾为旄车之族。使屏季以其故族为公族大夫。

在朝廷上公布。赵盾说："不是这样。"太史回答说："您是正卿，逃亡而没有走出国境，回来不惩罚凶手，弑君的人不是您还是谁？"赵盾说："哎呀，《诗》说：'因为我的怀恋，给自己带来了忧伤。'恐怕就是说的我了。"孔子说："董狐，是古代的好史官，据事直书而不加隐讳。赵宣子，是古代的好大夫，为了法度而蒙受恶名。太可惜了，要是走出了国境，就可以免于弑君的罪名了。"

赵盾派遣赵穿去成周迎接公子黑臀而立他为国君。十月初三，公子黑臀到武公庙朝祭。

当初，骊姬作乱的时候，在神前诅咒，不许收容公子们，从此晋国没有公族这个官职。等到晋成公即位，就把官职授给卿的嫡子，并且给他们土田，让他们做公族大夫。又把官职授给卿的其他儿子，也让他们担任余子，还让他们的庶子担任公行。晋国从此开始有了公族、余子、公行三种官职。赵盾请求让赵括担任公族大夫，说："他是君姬氏的爱子。如果没有君姬氏，那么下臣就是狄人了。"晋成公同意了。

冬季，赵盾掌管旄车之族，让赵括统率他的旧族，做公族大夫。

二十五、宣公三年
（王孙满对楚王问鼎）

三年春，不郊而望，皆非礼也。望，郊之属也。不郊亦无望，可也。

晋侯伐郑，及郪。郑及晋平，士会入盟。

楚子伐陆浑之戎，遂至于洛，观兵于周疆。定王使王孙满劳楚子。楚子问鼎之大小轻重焉。对曰："在德不在鼎。昔夏之方有德也，远方图物，贡金九牧，铸鼎象物，百物而为之备，使民知神、奸。故民入川泽山林，不逢不若。螭魅罔两，莫能逢之，用能协于上下以承天休。桀有昏德，鼎迁于商，载祀六百。商纣暴虐，鼎迁于周。德之休明，虽小，重也。其奸回昏乱，虽大，轻也。天祚明德，有所底止。成王定鼎于

三年春季，没有举行郊祭而举行望祭，这都不合于礼。望祭，属于郊祭的一种，不举行郊祭，也无须举行望祭了。

晋成公发兵攻打郑国，到达郪地。郑国和晋国讲和，士会到郑国缔结和约。

楚庄王发兵攻打陆浑的戎人，到达洛水，在周朝境内陈兵示威。周定王派遣王孙满慰劳楚庄王。楚庄王问起九鼎的大小轻重如何。王孙满回答说："鼎的大小轻重在于德而不在于鼎本身。从前夏朝有德的时候，把远方的东西画成图像，让九州的长官进贡青铜，铸造九鼎并且把图像铸在鼎上，所有的像都具备在上面了，让百姓知道神物和怪物。所以百姓进入川泽山林，就不会碰上不利于自己的东西。螭魅魍魉这些鬼怪都不会碰上，因而能够使上下和协，以承受上天的福佑。夏桀昏乱，鼎迁到了商朝，前后六百年。商纣暴虐，鼎又迁到了周朝，德行如果美善光明，鼎虽然小，也是重的。如果奸邪昏乱，鼎虽然大，也是轻的。上天赐福给明德的人，是有一定期限的。成王把九鼎放在郏鄏，占

郑郫，卜世三十，卜年七百，天所命也。周德虽衰，天命未改，鼎之轻重，未可问也。"

夏，楚人侵郑，郑即晋故也。

宋文公即位三年，杀母弟须及昭公子。武氏之谋也，使戴、桓之族攻武氏于司马子伯之馆。尽逐武、穆之族。武、穆之族以曹师伐宋。秋，宋师围曹，报武氏之乱也。

冬，郑穆公卒。初，郑文公有贱妾曰燕姞，梦天使与己兰，曰："余为伯儵。余，而祖也，以是为而子。以兰有国香，人服媚之如是。"既而文公见之，与之兰而御之。辞曰："妾不才，幸而有子，将不信，敢征兰乎？"公曰："诺。"生穆公，名之曰兰。

文公报郑子之妃，曰陈妫，生子华、子臧。子臧得罪而出。诱子华而杀之南里，使盗杀子

卜的结果是传世三十代，享国七百年，这是上天所命令的。周朝的德行虽然衰减，天命没有改变。鼎的轻重，是不能询问的。"

夏季，楚国人进攻郑国，这是由于郑国靠拢晋国的缘故。

宋文公即位的第三年，杀了同胞弟弟须和昭公的儿子，这是出于武氏的谋划。于是就让戴公、桓公的族人在司马子伯的客馆里攻打武氏，把武公、穆公的族人全部驱赶出国。武公、穆公的族人用曹国的军队攻打宋国。秋季，宋国军队包围曹国，以报复武氏的叛乱。

冬季，郑穆公死了。当初，郑文公有一个贱妾名叫燕姞，梦见天使给她一支兰花，说："我是伯儵。我是你的祖先，把兰作为你的儿子。兰花的香味全国数第一，佩带着它，别人就会像爱它一样地爱你。"不久以后，文公见到燕姞，给她一支兰花而让她侍寝，燕姞告诉文公说："妾地位低贱，侥幸怀了孩子，怕别人不相信，敢请把兰花用来征信。"文公说："好。"生了穆公，取名为兰。

郑文公奸淫了郑子的妃子陈妫，生了子华、子臧。子臧得罪而离开了郑国。郑文公将子华诱骗到南里并杀死了他。又派坏人把子臧杀死在陈、宋两国之间。

臧于陈、宋之间。又娶于江，生公子士。朝于楚，楚人鸩之，及叶而死。又娶于苏，生子瑕、子俞弥。俞弥早卒。泄驾恶瑕，文公亦恶之，故不立也。公逐群公子，公子兰奔晋，从晋文公伐郑。石癸曰："吾闻姬、姞耦，其子孙必蕃。姞，吉人也，后稷之元妃也，今公子兰，姞甥也。天或启之，必将为君，其后必蕃，先纳之可以亢宠。"与孔将鉏、侯宣多纳之，盟于大宫而立之。以与晋平。

穆公有疾，曰："兰死，吾其死乎，吾所以生也。"刈兰而卒。

又在江国娶妻，生了公子士。公子士到楚国朝见，楚国人给他喝了毒酒，到叶地就死了。又在苏国娶妻，生了子瑕、子俞弥。俞弥早死。泄驾讨厌子瑕，郑文公也讨厌他，所以没有立他为太子。郑文公赶走公子们，公子兰逃亡到晋国，跟随晋文公攻打郑国。石癸说："我听说姬、姞两姓宜于成为配偶，他们的子孙必定蕃衍。姞，就是吉人的意思，是后稷的嫡妻。现在公子兰是姞氏的外甥，上天或许要使他光大，必然会做国君，他的后代必然蕃衍，如果先接纳他为国君，就可以长久保持他的宠信。"于是石癸就和孔将鉏、侯宣多接纳了公子兰，在大宫里盟誓以后而立了公子兰为国君，以此与晋国讲和。

郑穆公有病，说："兰花死了，我恐怕也要死了吧！我是靠着它出生的。"割掉了兰花，郑穆公就死了。

二十六、成公二年
（鞍之战）

二年春，齐侯伐我北鄙，围龙。顷公之嬖人卢蒲就魁门焉，龙人囚之。齐侯曰："勿杀！吾与而盟，无入而封。"弗听，杀而膊诸城上。齐侯亲鼓，士陵城，三日，取龙，遂南侵及巢丘。

卫侯使孙良夫、石稷、宁相、向禽将侵齐，与齐师遇。石子欲还，孙子曰："不可。以师伐人，遇其师而还，将谓君何？若知不能，则如无出。今既遇矣，不如战也。"夏，有……

石成子曰："师败矣。子不少须，众惧尽。子丧师徒，何以覆命？"皆不对。又曰："子，国卿也。陨子，辱矣。子以众退，我此乃止。"且告车来甚众。齐师乃

二年春季，齐顷公进攻我国北部边境，包围龙地。齐顷公的宠臣卢蒲就魁攻打城门，龙地的人把他逮住囚禁了起来。齐顷公说："不要杀，我和你们盟誓，不进入你们的境内。"龙地的人不听，把他杀了，暴尸城上。齐顷公亲自击鼓，兵士爬登城墙。三天，占取龙地。于是就向南攻打，到达巢丘。

卫穆公派遣孙良夫、石稷、宁相、向禽率兵入侵齐国，和齐军相遇，石稷想要回去，孙良夫说："不行。用军队攻打别人，遇上敌人就回去，打算对国君说什么呢？如果知道不能作战，就应当不出兵。现在既然和敌军相遇，不如一战。"夏季，有……（原文有脱佚）

石稷说："军队败了，您如果不稍等待，顶住敌军，就会全军覆灭。您丧失了军队，如何回报君命？"大家都不回答。石稷又说："您是国家的卿。损失了您，是一种羞耻。您带着大家撤退，我停在这里。"同时通告军中，说援军的战车已大批来到。齐国的军队也因此

止，次于鞫居。新筑人仲叔于奚救孙桓子，桓子是以免。

既，卫人赏之以邑，辞。请曲县、繁缨以朝，许之。仲尼闻之曰："惜也，不如多与之邑。唯器与名，不可以假人，君之所司也。名以出信，信以守器，器以藏礼，礼以行义，义以生利，利以平民，政之大节也。若以假人，与人政也。政亡，则国家从之，弗可止也已。"

孙桓子还于新筑，不入，遂如晋乞师。臧宣叔亦如晋乞师。皆主郤献子。晋侯许之七百乘。郤子曰："此城濮之赋也。有先君之明与先大夫之肃，故捷。克于先大夫，无能为役，请八百乘。"许之。郤克将中军，士燮佐上军，栾书将下军，韩厥为司马，以救鲁、卫。臧宣

停止前进，驻扎在鞫居。新筑大夫仲叔于奚援救了孙良夫，孙良夫因此得免于难。

不久，卫国人把城邑赏给仲叔于奚。仲叔于奚辞谢，请求得到诸侯所用的三面悬挂的乐器，并用繁缨装饰马匹以朝见，卫君允许了。孔子听说这件事，说："可惜啊，还不如多给他城邑。唯有器物和名号，不能假借给别人，这是国君掌握的。名号用来赋予威信，威信用来保持器物，器物用来体现礼制，礼制用来推行道义，道义用来产生利益。利益用来治理百姓，这是政权中的大节：如果把名位、礼器假借给别人，这就是把政权给了别人，政权丢了，国家也就跟着会丢，这是不能阻止的。"

孙桓子回到新筑，不进国都，就到晋国请求出兵，臧宣叔也到晋国请求出兵。两人都投奔郤克。晋景公答应派出七百辆战车。郤克说："这是城濮之战的战车数。当时有先君的明察和先大夫的敏捷，所以得胜。郤克和先大夫相比，还不足以做他们的仆人。请发八百乘战车。"晋景公答应了。郤克率领中军，士燮辅佐上军，栾书率领下军，韩厥做司马，以救援鲁国和卫国，臧宣叔迎接晋军，同时向导开路。季文子率领军队和他们会合。到达卫国境内，韩厥要杀

叔逆晋师，且道之。季文子帅师会之。及卫地，韩献子将斩人，郤献子驰，将救之，至则既斩之矣。郤子使速以徇，告其仆曰："吾以分谤也。"

师从齐师于莘。六月壬申，师至于靡笄之下。齐侯使请战，曰："子以君师，辱于敝邑，不腆敝赋，诘朝请见。"对曰："晋与鲁、卫，兄弟也。来告曰：'大国朝夕释憾于敝邑之地。'寡君不忍，使群臣请于大国，无令舆师淹于君地。能进不能退，君无所辱命。"齐侯曰："大夫之许，寡人之愿也；若其不许，亦将见也。"齐高固入晋师，桀石以投人，禽之而乘其车，系桑本焉，以徇齐垒，曰："欲勇者贾余余勇。"

癸酉，师陈于鞍。邴夏御齐侯，逢丑父为右。晋解张御郤克，郑

人，郤克驾车疾驰赶去，打算救下那个人。等赶到，已经杀了。郤克派人把尸体在全军中示众，还告诉他的御者说："我用这样的做法来分担指责。"

晋、鲁、卫联军在莘地追上齐军。六月十六日，军队到达靡笄山下。齐顷公派人请战，说："您带领国君的军队光临敝邑，敝国的士兵人数很少，请在明天早晨相见。"郤克回答说："晋和鲁、卫是兄弟国家。他们前来告诉我们说：'大国不分早晚都在敝邑的土地上发泄气愤。'寡君不忍，派下臣们前来向大国请求，同时又不让我军长久停留在贵国。我们只能前进不能后退，对于您的命令是不会不照办的。"齐顷公说："大夫允许，正是齐国的愿望；如果不允许，也要兵戎相见的。"齐国的高固攻入晋军，拿起石头扔向晋军，抓住晋军战俘，然后坐上他的战车，把桑树根子系在车上，巡行到齐营说："想要勇气的人可以来买我剩下的勇气！"

十七日，齐、晋两军在鞍地摆开阵势。邴夏为齐顷公驾车，逢丑父作为车右。晋国的解张为郤克驾车，郑丘缓作

丘缓为右。齐侯曰："余姑翦灭此而朝食。"不介马而驰之。郤克伤于矢，流血及屦，未绝鼓音，曰："余病矣！"张侯曰："自始合，而矢贯余手及肘，余折以御，左轮朱殷，岂敢言病。吾子忍之！"缓曰："自始合，苟有险，余必下推车，子岂识之？然子病矣！"张侯曰："师之耳目，在吾旗鼓，进退从之。此车一人殿之，可以集事，若之何其以病败君之大事也？擐甲执兵，固即死也。病未及死，吾子勉之！"左并辔，右援枹而鼓，马逸不能止，师从之。齐师败绩。逐之，三周华不注。

韩厥梦子舆谓己曰："且辟左右。"故中御而从齐侯。邴夏曰："射其御者，君子也。"公曰："谓之君子而射之，非礼也。"射其左，越于车下。射其右，毙于

为车右。齐顷公说："我先消灭了这些人再吃早饭。"马不披甲，驰向晋军。郤克受了箭伤，血流到鞋子上，但是鼓声不断，说："我受伤了！"解张说："从一开始交战，箭就射穿了我的手和肘，左边的车轮都染成黑红色，哪里敢说受伤？您忍着点吧！"郑丘缓说："如果从交战开始遇到了危险'，我必定下车推车。您难道不了解吗？不过您真是受伤了！"解张说："军队的耳目，在于我的旗子和鼓声，前进后退都要听从它。这辆车子由一个人坐镇，战事就可以成功。为什么要为了一点痛苦而败坏国君的大事？身披盔甲，手执武器，本来就抱定必死的决心，受伤还没有到死的程度，你还是尽力而为吧！"于是就左手一把握着马缰，右手拿着鼓槌击鼓。马奔跑不能停止，全军就跟着上去。齐军大败，晋军追赶齐军，绕了华不注山三圈。

韩厥梦见他父亲子舆对他说："明天不要站在战车左右两侧。"因此韩厥就站在中间驾战车而追赶齐顷公。邴夏说："射那位驾车人，他是君子。"齐顷公说："认为他是君子而射他，这不合于礼。"射车左，车左死在车下。射车右；车右死在车里。綦毋张丢失了

车中，綦毋张丧车，从韩厥，曰："请寓乘。"从左右，皆肘之，使立于后。韩厥俛定其右。逢丑父与公易位。将及华泉，骖絓于木而止。丑父寝于轏中，蛇出于其下，以肱击之，伤而匿之，故不能推车而及。韩厥执絷马前，再拜稽首，奉觞加璧以进，曰："寡君使群臣为鲁、卫请，曰：'无令舆师陷入君地。'下臣不幸，属当戎行，无所逃隐。且惧奔辟而忝两君，臣辱戎士，敢告不敏，摄官承乏。"丑父使公下，如华泉取饮。郑周父御佐车，宛茷为右，载齐侯以免。韩厥献丑父，郤献子将戮之。呼曰："自今无有代其君任患者，有一于此，将为戮乎！"郤子曰："人不难以死免其君。我戮之不祥，赦之以劝事君者。"乃免之。

战车，跟上韩厥说："请允许我搭乘您的战车。"上车后，准备站在左边或右边，韩厥用肘推他，让他站在身后。韩厥弯下身子，放稳车右的尸体。逢丑父和齐顷公乘机互换位置。将要到达华泉，骖马被树木绊住而不能行走。头几天，逢丑父睡在战车里，有一条蛇爬到他身边，他用小臂去打蛇，小臂受伤，但隐瞒了这件事，由于这个原因，他不能用手臂推车前进，这样才被韩厥追上。韩厥拿着马缰走向马前，跑下叩头，捧着酒杯和玉璧献上，说："寡君派臣下们替鲁、卫两国请求，说：'不要让军队进入齐国的土地。'下臣不幸，正好在军队服役，不能逃避军役。而且也害怕奔走逃避成为两国国君的耻辱，下臣勉强充当一名战士，谨向君王报告我的无能，但由于人手缺乏，只好承当这个官职。"逢丑父要齐顷公下车，到华泉去取水。郑周父驾御副车，宛茷作为车右，拉上齐顷公逃走而免于被俘。韩厥献上逢丑父，郤克要杀死他。逢丑父喊叫说："到现在为止还没有代替他国君受难的人，有一个在这里，还要被杀死吗？"郤克说："一个人不怕用死来使国君免于祸患，我杀了他，不吉利。赦免了他，用来勉励事奉国君的人吧。"于是就赦免了逢丑父。

齐侯免，求丑父，三入三出。每出，齐师以帅退。入于狄卒，狄卒皆抽戈楯冒之。以入于卫师，卫师免之。遂自徐关入。齐侯见保者，曰："勉之！齐师败矣。"辟女子，女子曰："君免乎？"曰："免矣。"曰："锐司徒免乎？"曰："免矣。"曰："苟君与吾父免矣，可若何！"乃奔。齐侯以为有礼，既而问之，辟司徒之妻也。予之石窌。

晋师从齐师，入自丘舆，击马陉。齐侯使宾媚人赂以纪甗、玉磬与地。不可，则听客之所为。宾媚人致赂，晋人不可，曰："必以萧同叔子为质，而使齐之封内尽东其亩。"对曰："萧同叔子非他，寡君之母也。若以匹敌，则亦晋君之母也。吾子布大命于诸侯，而曰：'必质其母以为信。'其若

齐顷公免于被俘以后，寻找逢丑父，在敌军中三进三出。每次出来的时候，齐军都簇拥着保护他。进入狄人军队中，狄人的士兵都抽出戈和盾以保护齐顷公。进入卫国军队中，卫军也对他们不加伤害。于是，齐顷公就从徐关进入齐国临淄。齐顷公看到守军，说："你们努力吧！齐军战败了！"齐顷公坐车前进时叫一个女子躲开，这个女子说："国君免于祸难了吗？"说："免了。"她说："锐司徒免于祸难了吗？"说："免了。"她说："国君和我父亲都免于祸难了，还要怎么样呢？"就跑开了。齐顷公认为她有礼，经查询，才知道是辟司徒的妻子，就赐给她石窌作为封地。

晋军追赶齐军，从丘舆进入齐国，进攻马陉。齐顷公派遣宾媚人把纪甗、玉磬和土地送给晋国，说："如果他们不同意讲和，就随他们怎么办吧。"宾媚人送去财礼，晋人不同意，说："一定要让萧同叔子作为人质，同时使齐国境内的田陇全部东向。"宾媚人回答说："萧同叔子不是别人，是寡君的母亲，如果从对等地位来说，那也就是晋军的母亲。您在诸侯中发布重大的命令，反而说一定要把人家的母亲作为人质以取信，您又打算怎么对待周天子的命令呢？而且这样做，就是用不孝来命令诸

王命何？且是以不孝令也。《诗》曰：'孝子不匮，永锡尔类。'若以不孝令于诸侯，其无乃非德类也乎？先王疆理天下物土之宜，而布其利，故《诗》曰：'我疆我理，南东其亩。'今吾子疆理诸侯，而曰'尽东其亩'而已，唯吾子戎车是利，无顾土宜，其无乃非先王之命也乎？反先王则不义，何以为盟主？其晋实有阙。四王之王也，树德而济同欲焉。五伯之霸也，勤而抚之，以役王命。今吾子求合诸侯，以逞无疆之欲。《诗》曰：'布政优优，百禄是遒。'子实不优，而弃百禄，诸侯何害焉！不然，寡君之命使臣则有辞矣，曰：'子以君师辱于敝邑，不腆敝赋以，犒从者。畏君之震，师徒桡败，吾子惠徼齐国之福，不泯其社稷，使继旧好，

侯。《诗》说：'孝子的孝心没有竭尽，永远可以感染你的同类。'用不孝号令诸侯，这恐怕不是道德的准则吧！先王对天下的土地定疆界、分地理，因地制宜，作有利的布置。所以《诗》说：'我划定疆界、分别地理，南向东向开辟田亩。'现在您让诸侯定疆界、分别地理，而说什么'田陇全部东向'，不顾地势是否适宜，只管自己兵车进出的方便，恐怕不是先王的政令吧！违反先王的命令就是不合道义，怎么能做盟主？晋国确实是有过失的。四王统一天下，树立德行而满足诸侯的共同要求；五伯领导诸侯，自己勤劳而安抚诸侯，使大家听从天子的命令而服役。现在您要求会合诸侯，来满足没有止境的欲望。《诗》说：'政事的推行宽大和缓，各种福禄都将积聚。'您确实不宽大，而且丢弃了各种福禄，这对诸侯有什么害处呢？如果您不肯答应，寡君命令我作使臣时，有话说道：'您带领国君的军队光临敝邑，敝邑用很少的财富来犒劳您的随从。我们害怕贵国国君的愤怒，从而导致我军战败。您惠临而求齐国的福祐，不灭亡我们的国家，让我们两国继续过去的友好，那么先君的破旧器物和土地我们是不敢爱惜的。您如果不肯允许，我们就请求收集残兵败将，背靠

唯是先君之敝器、土地不敢爱。子又不许，请收合余烬，背城借一。敝邑之幸，亦云从也。况其不幸，敢不唯命是听。’”鲁、卫谏曰：“齐疾我矣！其死亡者，皆亲昵也。子若不许，仇我必甚。唯子则又何求？子得其国宝，我亦得地，而纾于难，其荣多矣！齐、晋亦唯天所授，岂必晋？”晋人许之，对曰：“群臣帅赋舆以为鲁、卫请，若苟有以藉口而复于寡君，君之惠也。敢不唯命是听。”

自己的城下再决一死战。敝邑有幸而战胜，也会依从贵国的；何况不幸而战败，哪敢不唯命是听？’”鲁、卫两国劝谏郤克说：“齐国怨恨我们了。齐国死去和溃散的，都是齐侯的宗族亲戚。您如果不肯答应，必然更加仇恨我们。即使是您，还有什么可追求的？您能得到齐国的国宝，我们也得到土地，而缓和了祸难，这荣耀也很多了。齐国和晋国都是由上天授与的，难道一定只有晋国永久胜利吗？”晋国人答应了，回答说：“下臣们率领兵车，来为鲁、卫两国请求。如果有话可以向寡君复命，这就是君王的恩惠了。岂敢不遵命呢。”

禽郑自师逆公。

禽郑从军中去迎接鲁成公。

秋七月，晋师及齐国佐盟于爰娄，使齐人归我汶阳之田。公会晋师于上鄍，赐三帅先路三命之服，司马、司空、舆帅、候正、亚旅，皆受一命之服。

秋七月，晋军和齐国宾媚人在爰娄结盟，让齐国把汶阳的土田归还我国。成公在上鄍会见晋军，把先路和三命的车服赐给三位高级将领，司马、司宽、舆帅、候正、亚旅都接受了一命的车服。

八月，宋文公卒。始厚葬，用蜃炭，益车马，始用殉。重器备，椁有

八月，宋文公死去。开始厚葬：用了蚌蛤和木炭，增加车马，用活人殉葬，用了很多器物陪葬。椁有四面呈坡形，

四阿，棺有翰桧。君子谓："华元、乐举，于是乎不臣。臣治烦去惑者也，是以伏死而争。今二子者，君生则纵其惑，死又益其侈，是弃君于恶也。何臣之为？"

九月，卫穆公卒，晋三子自役吊焉，哭于大门之外。卫人逆之，妇人哭于门内，送亦如之。遂常以葬。

楚之讨陈夏氏也，庄王欲纳夏姬，申公巫臣曰："不可。君召诸侯，以讨罪也。今纳夏姬，贪其色也。贪色为淫，淫为大罚。《周书》曰：'明德慎罚。'文王所以造周也。明德，务崇之之谓也；慎罚，务去之之谓也。若兴诸侯，以取大罚，非慎之也。君其图之！"王乃止。子反欲取之，巫臣曰："是不祥人也！是天子蛮，杀御叔，弑灵侯，戮夏南，出孔、仪，丧陈国，

棺有翰、桧等装饰。君子认为："华元、乐举，在这里有失为臣之道。臣子，是为国君治理烦乱解除迷惑的，因此要冒死去谏诤。现在这两个人，国君活着的时候就由他去放纵作恶，死了以后又增加他的奢侈，这是把国君推入邪恶里去，这算什么臣子？"

九月，卫穆公死，晋国的三位将领在从战地率兵返国途中顺便去吊唁，在大门之外哭吊。卫国人迎接他们，女人在门内哭。送他们的时候也是这样。以后别国官员来吊唁就以此为常，直到下葬。

楚国在攻打陈国夏氏的时候，楚庄王想收纳夏姬。申公巫臣说："不行。君王召集诸侯，是为了讨伐有罪；现在收纳夏姬，就是贪恋她的美色了。贪恋美色叫作淫，淫就会受到重大处罚。《周书》说：'宣扬道德，小心惩罚'，文王因此而创立周朝。宣扬道德就要致力于提倡；小心惩罚就要致力于不用。如果出动诸侯的军队反而得到重大处罚，就是不谨慎了。君王还是考虑一下吧！"楚庄王就不要夏姬了。子反想要娶夏姬，巫臣说："这是个不吉利的人。她使子蛮早死，御叔被杀，灵侯被弑，夏南受诛，使孔宁、仪行父逃亡在外，陈国因此被灭亡，为什么不吉利到这个样子！人生

何不祥如是? 人生实难, 其有不获死乎? 天下多美妇人, 何必是? "子反乃止。王以予连尹襄老。襄老死于邲, 不获其尸, 其子黑要烝焉。巫臣使道焉, 曰: "归! 吾聘女。"又使自郑召之, 曰: "尸可得也, 必来逆之。"姬以告王, 王问诸屈巫。对曰: "其信! 知罃之父, 成公之嬖也, 而中行伯之季弟也, 新佐中军, 而善郑皇戌, 甚爱此子。其必因郑而归王子与襄老之尸以求之。郑人惧于邲之役而欲求媚于晋, 其必许之。"王遣夏姬归。将行, 谓送者曰: "不得尸, 吾不反矣。"巫臣聘诸郑, 郑伯许之。

及共王即位, 将为阳桥之役, 使屈巫聘于齐, 且告师期。巫臣尽室以行。申叔跪从其父将适郢, 遇之, 曰: "异哉! 夫子有三军之惧,

在世实在很不容易, 如果娶了夏姬, 恐怕不得好死吧! 天下多的是漂亮女人, 为什么一定要她? "子反也就不要她了。楚庄王把夏姬给了连尹襄老。襄老在邲地战役中死去, 没有找到尸首。他的儿子黑要和夏姬私通。巫臣派人向夏姬示意, 说: "回娘家去, 我娶你。"又派人从郑国召唤她说: "襄老尸首可以得到, 一定要亲自来接。"夏姬把这话报告楚庄王。楚庄王就问巫臣。巫臣回答说: "恐怕是靠得住的。知罃的父亲, 是成公的宠臣, 又是中行伯的小兄弟, 新近做了中军佐, 和郑国的皇戌交情很好, 非常喜爱这个儿子, 他一定是想通过郑国而归还王子和襄老尸首而来要求交换知罃。郑国人对邲地战役感到害怕, 同时要讨好于晋国, 他们一定会答应。"楚庄王就打发夏姬回去。将要动身的时候, 夏姬对送行的人说: "不能得到尸首, 我就不回来了。"巫臣在郑国聘她为妻, 郑襄公允许了。

等到楚共主即位, 将要发动阳桥战役, 派巫臣到齐国聘问, 同时把出兵的日期告诉齐国。巫臣把一切家财全部带走。申叔跪跟着他的父亲将要到郢都去, 碰上巫臣, 说: "怪哉! 这个人有肩负

而又有《桑中》之喜，宜将窃妻以逃者也。"及郑，使介反币，而以夏姬行。将奔齐，齐师新败。曰："吾不处不胜之国。"遂奔晋，而因郤至，以臣于晋。晋人使为邢大夫。

子反请以重币锢之，王曰："止！其自为谋也，则过矣。其为吾先君谋也，则忠。忠，社稷之固也，所盖多矣。且彼若能利国家，虽重币，晋将可乎？若无益于晋，晋将弃之，何劳锢焉。"

晋师归，范文子后入。武子曰："无为吾望尔也乎？"对曰："师有功，国人喜以逆之，先入，必属耳目焉，是代帅受名也，故不敢。"武子曰："吾知免矣。"

郤伯见，公曰："子之力也夫！"对曰："君之训也，二三子之力也，臣何力之有焉！"范叔

军事重任的戒惧之心，却又有'桑中'幽会这类事情的喜悦之色，可能将要带着别人的妻子私奔吧！"到了郑国，巫臣派副使带回财礼，就带着夏姬走了。准备逃亡到齐国，齐国又新近战败，巫臣说："我不住在不打胜仗的国家。"就逃亡到晋国，并且由于郤至的关系在晋国做臣下。晋国人让他做邢地的大夫。

子反请求把很重的财礼送给晋国，而要求晋国对巫臣永不录用。楚共王说："别那样干！他为自己打算是错误的，他为我的先君打算则是忠诚的。忠诚，国家要靠着它来巩固。所能保护的东西就多了。而且他如果能有利于晋国，虽然送去重礼，晋国会同意永不录用吗？如果对晋国没有好处，晋国将会不要他，哪里用得着用厚礼去求其永不录用呢？"

晋国军队回国，范文子最后回来。其父范武子说："你不知道我盼望你吗？"范文子回答说："出兵有功劳，国内的人们会高兴地迎接他们。先回来，一定受到人们的注意，这是代替统帅接受荣誉，所以我不敢。"武子说："你这样谦让，我认为可以免于祸害了。"

郤伯进见，晋景公说："这是您的功劳啊！"郤伯回答说："这是君王的教导，诸位将帅的功劳，下臣有什么功

见，劳之如郤伯，对曰："庚所命也，克之制也，燮何力之有焉！"栾伯见，公亦如之，对曰："燮之诏也，士用命也，书何力之有焉！"

宣公使求好于楚。庄王卒，宣公薨，不克作好。公即位，受盟于晋，会晋伐齐。卫人不行使于楚，而亦受盟于晋，从于伐齐。故楚令尹子重为阳桥之役以救齐。将起师，子重曰："君弱，群臣不如先大夫，师众而后可。《诗》曰：'济济多士，文王以宁。'夫文王犹用众，况吾侪乎？且先君庄王属之曰：'无德以及远方，莫如惠恤其民，而善用之。'"乃大户，已责，逮鳏，救乏，赦罪，悉师，王卒尽行。彭名御戎，蔡景公为左，许灵公为右。二君弱，皆强冠之。

冬，楚师侵卫，遂侵我，师于蜀。使臧孙

劳呢？"范文子进见，晋景公慰劳他，像对郤伯一样。范文子回答说："这是庚的命令，克的节制，燮有什么功劳呢？"栾伯进见，晋景公也如同慰劳郤伯他们一样慰劳他。栾伯回答说："这是燮的指示，而且士兵服从命令，书有什么功劳呢？"

鲁宣公派遣使者到楚国要求修好，由于楚庄王死了，鲁宣公也死了，因而没有能够建立友好。鲁成公即位，在晋国接受盟约，跟从着进攻齐国。卫国不派使者去楚国聘问，也在晋会盟，跟着攻打齐国。因此楚国的令尹子重发动阳桥战役来救齐国。将要发兵，子重说："国君年幼，臣下们又比不上先大夫，军队人数众多才可以取胜。《诗》说：'众多的人士，文王藉以安宁。'文王尚且使用大众，何况我们这些人呢？而且先君庄王把国君嘱托给我们说：'如果没有德行到达边远的地方，最好是加恩体恤百姓而很好地使用他们。'"于是楚国就大事清理户口，免除拖欠的税收，施舍鳏夫，救济困乏，赦免罪人。动员全部军队，楚王的警卫军也全部出动。彭名驾御战车，蔡景公作为车左，许灵公作为车右。两位国君还没有成年，都勉强行了冠礼。

冬季，楚军入侵卫国，就乘机在蜀

往，辞曰："楚远而久，固将退矣。无功而受名，臣不敢。"楚侵及阳桥，孟孙请往，赂之以执斫、执针、织纴，皆百人。公衡为质，以请盟，楚人许平。

十一月，公及楚公子婴齐、蔡侯、许男、秦右大夫说、宋华元、陈公孙宁、卫孙良夫、郑公子去疾及齐国之大夫盟于蜀。卿不书，匮盟也。于是乎畏晋而窃与楚盟，故曰匮盟。蔡侯、许男不书，乘楚车也，谓之失位。君子曰："位其不可不慎也乎！蔡、许之君，一失其位，不得列于诸侯，况其下乎？《诗》曰：'不解于位，民之攸塈。'其是之谓矣。"

楚师及宋，公衡逃归。臧宣叔曰："衡父不忍数年之不宴，以弃鲁国，国将若之何？谁居？后之人必有任是

地进攻我国。派臧孙去到楚军中求和。臧孙辞谢说："楚军远离本国为时已久，本来就要退兵了。没有功劳而接受荣誉，下臣不敢。"楚军进攻到达阳桥，孟孙请求前去送给楚军木工、缝工、织工各一百人，公衡作为人质，请求结盟。楚国人答应媾和。

十一月，鲁成公和楚国公子婴齐、蔡景侯、许灵公、秦国右大夫说、宋国华元、陈国公孙宁、卫国孙良夫、郑国公子去疾和齐国大夫在蜀地结盟。《春秋》没有记载卿的名字，这是由于结盟缺乏诚意。害怕晋国而偷偷和楚国结盟，所以说"结盟缺乏诚意"。《春秋》没有记载蔡景侯、许灵公，这是由于他们乘坐了楚国的战车，这叫作失去了身份。君子说："身份是不可以不谨慎对待的啊！蔡、许两国国君，一旦失去身份，就不能列在诸侯之中，何况在他们之下的人呢！《诗》说：'在高位的人不懈怠，百姓就能得到休息。'说的就是这种情况了。"

楚军到达宋国，公衡逃了回来。臧孙说："衡父不能忍耐几年的不安宁，抛弃鲁国，国家将怎么办？谁来受祸？他的后代一定会要受到祸患的！国家被

夫！国弃矣。"

是行也，晋辟楚，畏其众也。君子曰："众之不可以已也。大夫为政，犹以众克，况明君而善用其众乎？《大誓》所谓'商兆民离，周十人同'者众也。"

晋侯使巩朔献齐捷于周，王弗见，使单襄公辞焉，曰："蛮夷戎狄，不式王命，淫湎毁常，王命伐之，则有献捷，王亲受而劳之，所以惩不敬，劝有功也。兄弟甥舅，侵败王略，王命伐之，告事而已，不献其功，所以敬亲昵，禁淫慝也。今叔父克遂，有功于齐，而不使命卿镇抚王室，所使来抚余一人，而巩伯实来，未有职司于王室，又奸先王之礼，余虽欲于巩伯、其敢废旧典以忝叔父？夫齐，甥舅之国也，而大师之后也，宁不亦淫从其欲以怒叔父，抑岂

抛弃了！"

在这次军事行动中，晋军避开楚军，因为害怕他们人多。君子说："大众是不可以不用的。大夫当政，尚且可以利用大众来战胜敌人，何况是贤明的国君而且又善于使用大众呢？《大誓》说'商朝亿万人离心离德，周朝十个人同心同德'，都是说的大众所起的作用啊。"

晋景公派遣巩朔到成周进献战胜齐国的战利品，周天子不接见，派遣单襄公辞谢，说："蛮夷戎狄，不道奉天子的命令，迷恋酒色，败坏天子的制度，天子命令讨伐他，就有了进献战利品的礼仪。天子亲自接受而加以慰劳，用这来惩罚不敬，勉励有功。如果是兄弟甥舅的国家侵犯败坏天子的法度，天子命令讨伐他，只报告战争的胜利情况就可以了，不用进献俘虏，以此来尊敬亲近，禁止邪恶。现在叔父能够成功，在齐国建立了功勋，不派遣曾受天子任命的卿来安抚王室，而所派遣来安抚我的使者仅仅是巩伯，他在王室中没有担任职务，又违背了先王的礼制。我虽然喜爱巩伯，但岂敢废弃旧的典章制度以羞辱叔父？齐国和周室是甥舅之国，而且是姜太公的后代，叔父攻打齐国，是齐国放纵了私欲以激怒了叔父吗？还是已经不可劝

不可谏诲？"士庄伯不能对。王使委于三吏，礼之如侯伯克敌使大夫告庆之礼，降于卿礼一等。王以巩伯宴，而私贿之。使相告之曰："非礼也，勿籍。"

谏教诲了呢？"巩朔不能回答。周天子把接待的事情委任给三公，让他们用侯、伯战胜敌人派大夫告捷的礼节接待巩朔，比接待卿的礼节低一等。周天子和巩伯饮宴，私下送给他财礼，让相礼者告诉他说："这是不合于礼制的，不要记载在史册上。"

二十七、成公三年
（楚归知䓨）

三年春，诸侯伐郑，次于伯牛，讨邲之役也，遂东侵郑。郑公子偃帅师御之，使东鄙覆诸鄤，败诸丘舆。皇戌如楚献捷。

夏，公如晋，拜汶阳之田。

许恃楚而不事郑，郑子良伐许。

晋人归公子谷臣与连尹襄老之尸于楚，以求知䓨。于是荀首佐中军矣，故楚人许之。王送知䓨，曰："子其怨我乎？"对曰："二国治戎，臣不才，不胜其任，以为俘馘。执事不以衅鼓，使归即戮，君之惠也。臣实不才，又谁敢怨？"王曰："然则德我乎？"对曰："二国图其社稷，而求纾其民，各惩其忿

三年春季，诸侯攻打郑国，驻扎在伯牛，这是为了讨伐邲地战役中郑国对晋国有二心，于是就从东边入侵郑国。郑国的公子偃领兵抵御，命令东部边境地方部队在鄤地设下埋伏，把敌军在丘舆击败。皇戌到楚国进献战利品。

夏季，鲁成公到晋国，拜谢晋国让齐国退还汶阳的土田。

许国依仗楚国而不事奉郑国，郑国的子良进攻许国。

晋国人把楚国公子谷臣和连尹襄老的尸首归还给楚国，以此请求换回知䓨。当时荀首已经是中军副帅，所以楚国人答应了。楚共王送别知䓨，说："您恐怕会怨恨我吧！"知䓨回答说："两国兴兵，下臣没有才能，不能胜任，所以做了俘虏。君王的左右没有用我的血来祭鼓，而让我回国去接受杀戮，这是君王的恩惠啊。下臣实在没有才能，又敢怨恨谁呢？"楚共王说："那么您会感激我吗？"知䓨回答说："两国为自己的社稷打算，希望让百姓得到安宁，各自抑止自己的愤怒，来互相原谅，

以相宥也，两释累囚以成其好。二国有好，臣不与及，其谁敢德？"王曰："子归，何以报我？"对曰："臣不任受怨，君亦不任受德，无怨无德，不知所报。"王曰："虽然，必告不穀。"对曰："以君之灵，累臣得归骨于晋，寡君之以为戮，死且不朽。若从君之惠而免之，以赐君之外臣首；首其请于寡君而以戮于宗，亦死且不朽。若不获命，而使嗣宗职，次及于事，而帅偏师以修封疆，虽遇执事，其弗敢违。其竭力致死，无有二心，以尽臣礼，所以报也。"王曰："晋未可与争。"重为之礼而归之。

秋，叔孙侨如围棘，取汶阳之田。棘有服，故围之。

晋郤克、卫孙良夫伐廧咎如，讨赤狄之余

两边都释放被俘的囚犯，以结成友好。两国友好，下臣不曾与谋，又敢感激谁？"楚共王说："您回去之后，用什么报答我？"知罃回答说："下臣无所怨恨，君王也不受恩德，没有怨恨，没有恩德，不知道该报答什么。"楚共王说："尽管这样，也一定把您的想法告诉我。"知罃回答说："因为君王的福佑，被囚的下臣能够带着这把骨头回晋国，寡君如果加以诛戮，下臣死而不朽。如果由于君王的恩惠而赦免下臣，把下臣赐给您的外臣荀首，荀首向我君请求，而把下臣杀戮在自己的宗庙中，下臣也死而不朽。如果得不到寡君诛戮的命令，而让下臣继承宗子的地位，按次序承担晋国的政事，率领一部分军队以保卫边疆，虽然碰到君王的左右，我也不敢违背礼义而回避，要竭尽全力以至于死，没有二心，以尽到为臣的职责，这就是能够报答于君王的。"楚共王说："还不可以和晋国相争。"于是就对知罃重加礼遇而放他回晋国去。

秋季，叔孙侨如包围棘地，占取了汶阳的田土。由于棘地人不服从，所以加以包围。

晋国的郤克、卫国的孙良夫进攻廧咎如，讨伐赤狄的残余。廧咎如溃败，

焉。馘咎如溃，上失民也。

冬十一月，晋侯使荀庚来聘，且寻盟。卫侯使孙良夫来聘，且寻盟。公问诸臧宣叔曰："中行伯之于晋也，其位在三。孙子之于卫也，位为上卿，将谁先？"对曰："次国之上卿当大国之中，中当其下，下当其上大夫。小国之上卿当大国之下卿，中当其上大夫，下当其下大夫。上下如是，古之制也。卫在晋，不得为次国。晋为盟主，其将先之。"丙午，盟晋，丁未，盟卫，礼也。

十二月甲戌，晋作六军。韩厥、赵括、巩朔、韩穿、荀骓、赵旃皆为卿，赏鞍之功也。

齐侯朝于晋，将授玉。郤克趋进曰："此行也，君为妇人之笑辱也，寡君未之敢任。"

晋侯享齐侯。齐侯

这是由于他们的头目失去了民心。

冬十一月，晋景公派遣荀庚前来聘问，同时重温过去的盟约。卫定公派孙良夫前来聘问，并重温过去的盟约。鲁成公向臧宣叔询问说："中行伯在晋国，位列第三；孙子在卫国，位次是上卿。应该让谁在前？"臧宣叔回答说："次国的上卿，相当于大国的中卿，中卿相当于它的下卿，下卿相当于它的上大夫。小国的上卿，相当于大国的下卿，中卿相当于它的上大夫，下卿相当于它的下大夫。位次的上下如此，这是古代的制度。卫国对晋国来说，不能算是次国。晋国是盟主，晋国应该先行礼。"二十八日，和晋国结盟。二十九日，和卫国结盟。这是合于礼的。

十二月二十六日，晋国编成六个军。韩厥、赵括、巩朔、韩穿、荀骓、赵旃都做了卿，这是为了赏赐在鞍地战役中的功劳。

齐顷公到晋国朝见，将要举行授玉的礼节，郤克快步走进来，说："这一趟，君王是因为女人的嬉笑而受到了羞辱，寡君不敢当。"

晋景公设宴招待齐顷公。齐顷公仔细地看着韩厥。韩厥说："君王认识厥

视韩厥，韩厥曰："君知厥也乎？"齐侯曰："服改矣。"韩厥登，举爵曰："臣之不敢爱死，为两君之在此堂也。"

荀罃之在楚也，郑贾人有将置诸褚中以出。既谋之，未行，而楚人归之。贾人如晋，荀罃善视之，如实出己，贾人曰："吾无其功，敢有其实乎？吾小人，不可以厚诬君子。"遂适齐。

吗？"齐顷公说："服装换了。"韩厥登阶，举起酒杯说："下臣所以不惜一死，当时就是为了两位国君现在能够在这个堂上饮宴和好啊。"

荀罃在楚国的时候，郑国的商人准备把他藏在袋子里带出楚国。已经商量好，还没有动身，楚国人就把他送回来了。这个商人到了晋国，荀罃待他很好，好像确实救了自己一样。商人说："我没有那样的功劳，敢受这样的实惠吗？我是小人，不能够这样来欺骗君子。"商人于是就到齐国去了。

二十八、成公十年
（晋景公病入膏肓）

十年春，晋侯使郤
茂如楚，报大宰子商之
使也。

卫子叔黑背侵郑，
晋命也。

郑公子班闻叔申之
谋。三月，子如立公子
繻。夏四月，郑人杀繻，
立髡顽。子如奔许。栾
武子曰："郑人立君，
我执一人焉，何益？不
如伐郑而归其君，以求
成焉。"晋侯有疾。五月，
晋立大子州蒲以为君，
而会诸侯伐郑。郑子罕
赂以襄钟，子然盟于修
泽，子驷为质。辛巳，
郑伯归。

晋侯梦大厉，被发
及地，搏膺而踊，曰："杀
余孙，不义。余得请于
帝矣！"坏大门及寝门
而入。公惧，入于室。

十年春季，晋景公派遣郤茂去楚国，
这是回报太宰子商的出使。

卫国子叔黑背侵袭郑国，这是执行
晋国的命令。

郑国的公子班听到了叔申的主意。
三月，公子班立公子繻为国君。夏四月，
郑国人杀了公子繻，立了髡顽，公子班
逃亡到许国。栾武子说："郑国人立了
国君，我们抓的就是一个普通人，有什
么好处？不如攻打郑国而让他们的国君
回国，以此求和。"晋景公有病，五月，
晋国立太子州蒲为国君，会合诸侯攻打
郑国。郑国的子罕把襄公宗庙中的钟赠
送给晋国，子然和诸侯在修泽结盟，子
驷作为人质。十一日，郑成公回国。

晋景公梦见一个厉鬼，披散的长发
拖到地上，捶胸跳跃，说："你杀了我
的子孙，这是不义。我请求为子孙复仇，
已经得到天帝的允许了！"厉鬼毁掉宫
门和寝门走了进来，晋景公害怕，躲进

又坏户。公觉，召桑田巫。巫言如梦。公曰："何如？"曰："不食新矣。"公疾病，求医于秦。秦伯使医缓为之。未至，公梦疾为二竖子，曰："彼，良医也。惧伤我，焉逃之？"其一曰："居肓之上，膏之下，若我何？"医至，曰："疾不可为也。在肓之上，膏之下，攻之不可，达之不及，药不至焉，不可为也。"公曰："良医也。"厚为之礼而归之。六月丙午，晋侯欲麦，使甸人献麦，馈人为之。召桑田巫，示而杀之。将食，张，如厕，陷而卒。小臣有晨梦负公以登天，及日中，负晋侯出诸厕，遂以为殉。

郑伯讨立君者，戊申，杀叔申、叔禽。君子曰："忠为令德，非其人犹不可，况不令乎？"

内室，厉鬼又毁掉内室的门。晋景公醒来，召见桑田的巫人。巫人所说的和晋景公梦见的情况一样。晋景公说："怎么样？"巫人说："君王吃不到新收的麦子了！"晋景公病重，到秦国请医生。秦桓公派医缓给晋景公诊病。医缓还没有到达，晋景公又梦见疾病变成两个小儿童，一个说："他是个好医生，恐怕会伤害我们，往哪儿逃好？"另一个说："我们待在肓的上边，膏的下边，他能拿我们怎么办？"医生来了，说："病不能治了，病在肓的上边，膏的下边，灸不能用，针达不到，药物的力量也到不了，不能治了。"晋景公说："真是好医生啊。"于是馈送给他丰厚的礼物让他回去。六月初六日，晋景公想吃新麦子，让管食物的人献麦，厨师烹煮。景公召见桑田巫人，把煮好的新麦给他看，然后杀了他。景公将要进食，突然肚子发胀，便去上厕所，跌进厕所里死去。有一个宦官早晨梦见背着晋景公登天，等到中午，还是由他背着晋景公从厕所出来，于是就以他为景公殉葬了。

郑成公讨伐立国君的人，六月初八日，杀了叔申、叔禽。君子说："忠诚是美德，所忠的人不合适尚且不可以，何况本人又并不善良呢？"

秋，公如晋。晋人止公，使送葬。于是籴茷未反。

冬，葬晋景公。公送葬，诸侯莫在。鲁人辱之，故不书，讳之也。

秋季，鲁成公到晋国。晋国人留下成公，让他送葬。当时，籴茷还没有回来。

冬季，安葬晋景公。鲁成公送葬，诸侯都不在场。鲁国人认为这是耻辱，所以《春秋》不加记载，这是隐讳国耻。

二十九、成公十二年
（宋之盟）

十二年春，王使以周公之难来告。书曰："周公出奔晋。"凡自周无出，周公自出故也。

宋华元克合晋、楚之成。夏五月，晋士燮会楚公子罢、许偃。癸亥，盟于宋西门之外，曰："凡晋、楚无相加戎，好恶同之，同恤菑危，备救凶患。若有害楚，则晋伐之。在晋，楚亦如之。交贽往来，道路无壅，谋其不协，而讨不庭。有渝此盟，明神殛之，俾队其师，无克胙国。"郑伯如晋听成，会于琐泽，成故也。

狄人间宋之盟以侵晋，而不设备。秋，晋人败狄于交刚。

晋郤至如楚聘，且

十二年春季，周天子的使者来鲁国通告周公楚的祸难事件。《春秋》记载说"周公出奔晋"。凡是从周朝外逃的不能叫作"出"，周公楚自绝于周，所以才用"出"字。

宋国华元使晋、楚两国完成了和好。夏五月，晋国士燮会见楚国公子罢、许偃。初四日，在宋国西门之外结盟，说："晋、楚两国，不要互相以武力相加，要好恶相同，一起救济灾难危亡，救援饥荒祸患。如果有危害楚国的，晋国就攻打它；对晋国，楚国也是这样。两国使者往来，道路不要阻塞，协商不和，讨伐背叛。谁要违背盟约，神灵就要诛杀，使他军队颠覆，不能保佑国家。"郑成公去到晋国听受和约，和诸侯在琐泽会见，这是由于晋、楚和好的缘故。

狄人乘宋国促成盟会这一空隙以攻打晋国，但又不设防备。秋季，晋国人在交刚打败了狄人。

晋国郤至到楚国聘问，同时参加盟

莅盟。楚子享之，子反相，为地室而县焉。郤至将登，金奏作于下，惊而走出。子反曰："日云莫矣，寡君须矣，吾子其入也！"宾曰："君不忘先君之好，施及下臣，贶之以大礼，重之以备乐。如天之福，两君相见，何以代此。下臣不敢。"子反曰："如天之福，两君相见，无亦唯是一矢以相加遗，焉用乐？寡君须矣，吾子其入也！"宾曰："若让之以一矢，祸之大者，其何福之为？世之治也，诸侯间于天子之事，则相朝也，于是乎有享宴之礼。享以训共俭，宴以示慈惠。共俭以行礼，而慈惠以布政。政以礼成，民是以息。百官承事，朝而不夕，此公侯之所以扞城其民也。故《诗》曰：'赳赳武夫，公侯干城。'及其乱也，诸侯贪冒，侵欲不忌，

约。楚共王设享礼招待他，子反作为相礼者，在地下室悬挂乐器。郤至将要登堂，下面击钟奏乐，郤至吃了一惊而退了出来。子反说："时间不早了，寡君等着呢，您还是进去吧！"客人说："贵国君王不忘记先君的友好，加之于下臣，赐给下臣以重大的礼仪，又加上全套音乐。如果上天降福，两国国君相见，还能用什么礼节来代替这个呢？下臣不敢当。"子反说："如果上天降福，两国国君相见，也只能用一支箭彼此相赠，哪里还用奏乐？寡君等着呢。您还是进去吧！"客人说："如果用一支箭来款待，这是祸中的大祸，还有什么福可说？当天下大治的时候，诸侯在完成天子使命的间隙，互相朝见，在这时就有享、宴的礼仪。享礼用来教导恭敬节俭，宴礼用来表示慈爱恩惠。恭敬节俭用来推行礼仪，而慈爱恩惠则用来展布政事。政事用礼仪来完成，百姓因此得到休息。百官承受政事，白天朝见晚上就不再朝见，这就是公侯所用来捍卫他们百姓的措施，所以《诗》说：'雄赳赳的武士，是公侯的捍卫。'等到它动乱的时候，诸侯贪婪，侵占欲望已无所顾忌，为争夺尺寸之地而驱使百姓死亡，收罗他的武士，作为自己的心腹、股肱、爪牙。所以《诗》说：'雄赳赳的武士，是公

争寻常以尽其民，略其武夫，以为己腹心股肱爪牙。故《诗》曰：'赳赳武夫，公侯腹心。'天下有道，则公侯能为民干城，而制其腹心。乱则反之。今吾子之言，乱之道也，不可以为法。然吾子，主也，至敢不从？"遂入，卒事。归，以语范文子。文子曰："无礼必食言，吾死无日矣夫！"

冬，楚公子罢如晋聘，且莅盟。十二月，晋侯及楚公子罢盟于赤棘。

侯的心腹。'天下有道，那么公侯就能做百姓的捍卫，而控制他的心腹。动乱时，就反过来。现在您的话是动乱之道，不能用来作为准则，然而您是主人，至岂敢不听从？"于是郤至就进去了，把事情办完了。回去把情况告诉范文子。文子说："无礼，必然说话不算话，我们离死日不远了。"

冬季，楚国公子罢去到晋国聘问，同时参加结盟。十二月，晋厉公和楚公子罢在赤棘结盟。

三十、成公十三年
（晋吕相绝秦）

十三年春，晋侯使郤锜来乞师，将事不敬。孟献子曰："郤氏其亡乎！礼，身之干也。敬，身之基也。郤子无基。且先君之嗣卿也，受命以求师，将社稷是卫，而惰，弃君命也。不亡何为？"

三月，公如京师。宣伯欲赐，请先使，王以行人之礼礼焉。孟献子从。王以为介，而重贿之。

公及诸侯朝王，遂从刘康公、成肃公会晋侯伐秦。成子受脤于社，不敬。刘子曰："吾闻之，民受天地之中以生，所谓命也。是以有动作礼义威仪之则，以定命也。能者养以之福，不能者败以取祸。是故君子勤

十三年春季，晋厉公派遣郤锜来鲁国请求援兵，而他处理事情不恭敬。孟献子说："郤氏恐怕要灭亡了吧！礼仪，是身的躯干；恭敬，是身的基础。郤子没有基础。而且他作为先君的嗣卿，接受命令来请求出兵，想保卫国家，但却怠惰，这是丢掉了国君的命令，除了灭亡之外还能做什么？"

三月，鲁成公到京师。宣伯想要得到赏赐，请求先行出使。周天子用对普通外交官的礼仪来接待他。孟献子跟从成公，周天子把他作为成公的第一位外交官，而重重地赠给他财礼。

成公和诸侯朝觐周天子，接着就跟从刘康公、成肃公会合晋厉公进攻秦国。成肃公在社神庙接受祭肉的时候不恭敬。刘康公说："我听说，百姓得到天地的中和之气而降生，就是所谓的天命。因此就有动作、礼义、威仪的典则，用来固定天命。有能力的人保持这些可以得福，没有能力的人败坏这些足以取祸。所以君子勤于礼法，小人竭尽力量。勤

礼，小人尽力，勤礼莫如致敬，尽力莫如敦笃。敬在养神，笃在守业。国之大事，在祀与戎，祀有执膰，戎有受脤，神之大节也。今成子惰，弃其命矣，其不反乎？"

夏四月戊午，晋侯使吕相绝秦，曰："昔逮我献公，及穆公相好，戮力同心，申之以盟誓，重之以昏姻。天祸晋国，文公如齐，惠公如秦。无禄，献公即世，穆公不忘旧德，俾我惠公用能奉祀于晋。又不能成大勋，而为韩之师。亦悔于厥心，用集我文公，是穆之成也。文公躬擐甲胄，跋履山川，逾越险阻，征东之诸侯，虞、夏、商、周之胤，而朝诸秦，则亦既报旧德矣。郑人怒君之疆场，我文公帅诸侯及秦围郑。秦大夫不询于我寡君，擅及郑盟。诸侯疾之，将致命于秦。文公恐惧，

于礼法没有比恭敬再好的了，竭尽力量没有比敦厚笃实再好的了。恭敬在于供奉神灵，笃实在于各安本分。国家的大事情，在于祭祀和战争，祭祀有分祭肉之礼，战争有受祭肉之礼，这是和神灵交往的大节。现在成子表现出怠惰，丢弃了天命，恐怕回不来了吧！"

夏四月初五日，晋厉公派遣吕相去和秦国断绝外交关系，说："从前我先君晋献公和贵国先君秦穆公互相友好，合力同心，用盟誓来表明，再用婚姻加深这种关系。上天降祸于晋国，文公到了齐国，惠公到了秦国。不幸，献公去世。穆公不忘记过去的恩德，使我们惠公因此能在晋国主持祭祀，但又不能完成重大的勋劳，而有了韩地之战。后来穆公心里又有些懊悔，因此使我们文公回国为君，这都是秦穆公的功劳，文公亲自身披甲胄，跋涉山川，经历艰难险阻，征服东方的诸侯，虞、夏、商、周的后裔都向秦国朝见，我国也就已经报答过去的恩德了。郑国人侵犯君王的边界，我们文公率领诸侯和秦国共同包围郑国，秦国的大夫不和我们国君商量，擅自和郑国订立了盟约。诸侯憎恨这件事，打算和秦国拼命，文公恐惧，安抚诸侯，使秦军得以平安回国而没有受到损害，这就是我国有大功于秦国之处。不幸，

绥静诸侯，秦师克还无
害，则是我有大造于西
也。无禄，文公即世，
穆为不吊，蔑死我君，
寡我襄公，迭我殽地，
奸绝我好，伐我保城，
殄灭我费滑，散离我兄
弟，挠乱我同盟，倾覆
我国家。我襄公未忘君
之旧勋，而惧社稷之陨，
是以有殽之师。犹愿赦
罪于穆公，穆公弗听，
而即楚谋我。天诱其衷，
成王殒命，穆公是以不
克逞志于我。穆、襄即
世，康、灵即位。康公，
我之自出，又欲阙翦我
公室，倾覆我社稷，帅
我蟊贼，以来荡摇我边
疆。我是以有令狐之役。
康犹不悛，入我河曲，
伐我涑川，俘我王官，
翦我羁马，我是以有河
曲之战。东道之不通，
则是康公绝我好也。及
君之嗣也，我君景公引
领西望曰：'庶抚我乎！'
君亦不惠称盟，利吾有

文公去世，穆公不善，蔑视我们故去的
国君，以我们晋襄公为软弱可欺，突然
侵犯我们的殽地，断绝我们同友好国家
的往来，攻打我们的城堡，绝灭我们的
滑国，离散我们的兄弟之邦，扰乱我们
的同盟之国，颠覆我们的国家。我们襄
公没有忘记君王过去的勋劳，而又害怕
国家的颠覆，这样才有殽地这一战役，
但还是愿意在穆公那里解释罪过。穆公
不听，反而勾结楚国来打我们的主意。
天意保佑我国，楚成王丧命，穆公因此
不能在我国得逞。穆公、襄公去世，康
公、灵公即位。康公，是我国穆姬所生
的，但又想损害我们的公室，颠覆我们
的国家，率领我国的内奸，以动摇我们
的边疆，因此我国才有了令狐这一战役。
秦康公还是不肯改悔，又进入我国河曲，
攻打我国涑川，掠取我国王官，割断我
国的羁马，因此我国才有了河曲这一战
役。东边的道路不通，那是由于康公同
我们断绝友好造成的缘故。等到君王继
位以后。我们的国君晋景公伸着脖子望
着西边说：'大概要安抚我们了吧！'
但君王也不肯加惠结盟，反而乘我国有
狄人的祸难，侵入我国的河县，焚烧我
国的箕地、郜地，抢割我国的庄稼，骚
扰我国边境，我国因此而有辅氏的战役。
君王也后悔战祸的蔓延，而想求福于先

狄难，入我河县，焚我箕、
郜，芟夷我农功，虔刘
我边陲。我是以有辅氏
之聚。君亦悔祸之延，
而欲徼福于先君献、穆，
使伯车来，命我景公曰：
'吾与女同好弃恶，复
修旧德，以追念前勋。'
言誓未就，景公即世，
我寡君是以有令狐之会。
君又不祥，背弃盟誓。
白狄及君同州，君之仇
仇，而我之昏姻也。君
来赐命曰：'吾与女伐
狄。'寡君不敢顾昏姻，
畏君之威，而受命于吏。
君有二心于狄，曰：'晋
将伐女。'狄应且憎，
是用告我。楚人恶君之
二三其德也，亦来告我
曰：'秦背令狐之盟，
而来求盟于我：昭告昊
天上帝、秦三公、楚三
王曰："余虽与晋出入，
余唯利是视。"不榖恶
其无成德，是用宣之，
以惩不壹。'诸侯备闻
此言，斯是用痛心疾首，

君晋献公和秦穆公，派遣伯车前来命令
我们景公说：'我跟你同心同德、丢弃
怨恨，重温以往的恩惠，以追念以前的
勋劳。'盟誓还没有完成，我晋景公就
去世了，因此我们国君才和秦国有令狐
的会见。君王又不善，背弃了盟誓。白
狄和君王同在雍州境内，他们是君王的
仇敌，却是我们的亲戚。君王前来命令
说：'我跟你攻打狄人。'寡君不敢顾
及亲戚，畏惧君王的威严，就向官吏下
令攻打狄人。但君王又对狄人有了别的
念头，告诉他们说：'晋国将要攻打你
们。'对君王的做法，狄人接受而又厌
恶，因此就告诉了我们。楚国人讨厌君
王的反复无常，也来告诉我们说：'秦
国背弃了令狐的盟约，而来向我国请求
结盟：对着皇天上帝、秦国的三位先公、
楚国的三位先王祝告："我虽然和晋国
有往来，但我只是唯利是图。"楚国人
讨厌秦君反复无常，因此把事情公布出
来，以惩戒言行不一的人。'诸侯都听
到了这些话，因此才痛心疾首，都来和
我亲近。我率领诸侯以听候君王的命令，
只是为了请求和好，君王如果加惠而顾
念诸侯，怜悯寡人，而赐我们以结盟，
那是我的愿望。那就可以安定诸侯而使
之退走，岂敢自求祸？如果君王不施大
恩大惠，我很不才，恐怕就不能率领诸

昵就寡人。寡人帅以听命，唯好是求。君若惠顾诸侯，矜哀寡人，而赐之盟，则寡人之愿也。其承宁诸侯以退，岂敢徼乱。君若不施大惠，寡人不佞，其不能以诸侯退矣。敢尽布之执事，俾执事实图利之！"

秦桓公既与晋厉公为令狐之盟，而又召狄与楚，欲道以伐晋，诸侯是以睦于晋。晋栾书将中军，荀庚佐之。士燮将上军，郤锜佐之。韩厥将下军，荀罃佐之。赵旃将新军，郤至佐之。郤毅御戎，栾鍼为右。孟献子曰："晋帅乘和，师必有大功。"五月丁亥，晋师以诸侯之师及秦师战于麻隧。秦师败绩，获秦成差及不更女父。曹宣公卒于师。师遂济泾，及侯丽而还。迓晋侯于新楚。

成肃公卒于瑕。

六月丁卯夜，郑公

侯退走了。谨把内心的话向您的左右执事宣布，请执事权衡利害吧。"

秦桓公已经和晋厉公在令狐结盟，而又召来狄人和楚人，要引导他们进攻晋国，诸侯因此跟晋国和睦。晋国的栾书率领中军，荀庚作为辅佐；士燮率领上军，郤锜作为辅佐；韩厥率领下军，荀罃作为辅佐；赵旃率领新军，郤至作为辅佐。郤毅驾御战车，栾鍼作为车右。孟献子说："晋国的将领和甲士上下齐心，军队必然建立大功。"五月丁亥日，晋军与诸侯军队在麻隧和秦军作战。秦军失利，晋军俘虏了秦国的成差和不更女父。曹宣公死在军中。军队就渡过泾水，到达侯丽，然后回去。军队在新楚迎接晋厉公。

成肃公死在瑕地。

六月十五日夜里，郑国公子班从訾

子班自訾求入于大宫，
不能，杀子印、子羽。
反军于市，己巳，子驷
帅国人盟于大宫，遂从
而尽焚之，杀子如、子鰌、
孙叔、孙知。

曹人使公子负刍守，
使公子欣时逆曹伯之丧。
秋，负刍杀其大子而自
立也。诸侯乃请讨之，
晋人以其役之劳，请俟
他年。冬，葬曹宣公。
既葬，子臧将亡，国人
皆将从之。成公乃惧，
告罪，且请焉，乃反，
而致其邑。

地请求进入祖庙，没有做到，就杀了子
印、子羽，回来驻扎在市上。十七日，
子驷率领国内的人们在祖庙结盟，随即
就全部烧了它，杀了公子班、子鰌、孙叔、
孙知。

曹国人派公子负刍留守，派公子欣
时去迎接曹宣公的尸体。秋季，公子负
刍杀了曹宣公的太子而自立为国君，诸
侯就请求讨伐他。由于负刍在和秦作战
中有功劳，晋国人请求等到以后再讨伐。
冬季，安葬了曹宣公。安葬以后，子臧
准备逃亡，国内的人都要跟着他逃亡。
曹成公负刍才感到害怕，承认罪过，而
且请求子臧留下来不要出走。子臧这才
返回来，把采邑还给了曹成公。

三十一、襄公十三年
（子囊谋谥楚共王）

十三年春，公至自晋，孟献子书劳于庙，礼也。

夏，邿乱，分为三。师救邿，遂取之。凡书"取"，言易也。用大师焉曰"灭"。弗地曰"入"。

荀罃、士鲂卒。晋侯蒐于绵上以治兵，使士匄将中军，辞曰："伯游长。昔臣习于知伯，是以佐之，非能贤也。请从伯游。"荀偃将中军，士匄佐之。使韩起将上军，辞以赵武。又使栾黡，辞曰："臣不如韩起。韩起愿上赵武，君其听之！"使赵武将上军，韩起佐之。栾黡将下军，魏绛佐之。新军无帅，晋侯难其人，使其什吏，率其卒乘官属，以从于

十三年春季，鲁襄公从晋国回来，孟献子在宗庙里记载功勋，这是合于礼的。

夏季，邿国发生动乱，一分为三。出兵救援邿国，就乘机占取了它。凡是《春秋》记载说"取"，就是说事情容易；使用了大军叫作"灭"；并不占有它的土地叫作"入"。

荀罃、士鲂死了。晋悼公在绵上打猎以检阅军队。派遣士匄率领中军，他辞谢说："荀偃比我强。过去下臣熟悉知伯，因此辅佐他，而不是由于我的贤能啊。请派遣荀偃。"荀偃率领中军，士匄作为辅佐。派遣韩起率领上军，他辞让给赵武。又派遣栾黡，他辞谢说："下臣不如韩起。韩起愿意让赵武在上位，君王还是听从他的意见吧。"就派遣赵武率领上军，韩起作为辅佐。栾黡率领下军，魏绛作为辅佐。新军没有统帅，晋悼公对这个人选感到困难：让新军的十个官吏率领步兵、骑兵和所属官员，附在下军里，这是合于礼的。晋国的百姓因此大大和协，诸侯也因此亲睦。

下军，礼也。晋国之民，是以大和，诸侯遂睦。

君子曰："让，礼之主也。范宣子让，其下皆让。栾黡为汰，弗敢违也。晋国以平，数世赖之。刑善也夫！一人刑善，百姓休和，可不务乎？《书》曰：'一人有庆，兆民赖之，其宁惟永。'其是之谓乎？周之兴也，其《诗》曰：'仪刑文王，万邦作孚。'言刑善也。及其衰也，其《诗》曰：'大夫不均，我从事独贤。'言不让也。世之治也，君子尚能而让其下，小人农力以事其上，是以上下有礼，而谗慝黜远，由不争也，谓之懿德。及其乱也，君子称其功以加小人，小人伐其技以冯君子，是以上下无礼，乱虐并生，由争善也，谓之昏德。国家之敝，恒必由之。"

楚子疾，告大夫曰："不穀不德，少主社稷，

君子说："谦让，是礼的主体。士匄谦让，他的下属都谦让。栾黡即使专横，也不敢违背。晋国因此而团结，几世都受到利益，这是由于取法于善的缘故啊！一个人取法于善，各族各姓都美好协调，难道可以不致力于这一点吗？《书》说，'一个人有善，亿万人有利，国家的安宁可以久长'，说的就是这个吧！周朝兴起的时候，关于它的诗说，'效法文王，万邦信任'，说的是取法于善。等到它衰弱的时候，反映它的诗说，'大夫不公平，我干的活独独最多'，说的是不谦让。当时世大治的时候，君子崇尚贤能而对下面谦让，小人努力以事奉他的上级，因此上下有礼而奸邪废黜远离，这是由于不争夺的缘故，这叫作美德。当动乱的时候，君子夸耀他的功劳以凌驾于小人之上，小人夸耀他的技能以凌驾于君子之上，因此上下无礼，动乱和残暴一起发生，这是由于争相自以为是的缘故。这叫作昏德。国家的败坏，常常是由于这样开始的。"

楚共王生病了，告诉大夫说："寡

生十年而丧先君，未及习师保之教训，而应受多福。是以不德，而亡师于鄢，以辱社稷，为大夫忧，其弘多矣。若以大夫之灵，获保首领以没于地，唯是春秋窀穸之事，所以从先君于祢庙者，请为'灵'若'厉'。大夫择焉！"莫对。及五命乃许。秋，楚共王卒。子囊谋谥。大夫曰："君有命矣。"子囊曰："君命以共，若之何毁之？赫赫楚国，而君临之，抚有蛮夷，奄征南海，以属诸夏，而知其过，可不谓共乎？请谥之'共'。"大夫从之。

吴侵楚，养由基奔命，子庚以师继之。养叔曰："吴乘我丧，谓我不能师也，必易我而不戒。子为三覆以待我，我请诱之。"子庚从之。战于庸浦，大败吴师，获公子党。君子以吴为

人没有德行，年幼的时候就做了一国之主。生下来十年而失去了先君，没有来得及学习师保的教训而承受了许多福禄，因此缺乏德行而在鄢陵丧失了军队，让国家蒙受耻辱，让大夫担心，这都够严重的了。如果由于大夫的福气，我得以保全首领而善终，在这些祭祀安葬的事情上，得以在祢庙中追随先君，只能请求谥作'灵'或者'厉'。请大夫选择吧。"没有人回答。等到五次命令以后大臣才答应了。秋季，楚共王死了。子囊和大家商量谥号。大夫说："国君已经有过命令了。"子囊说："国君是用'恭'来命令的，怎么能毁掉它呢？声威赫赫的楚国，国君在上边统治，安抚着蛮夷，大举征伐南海，让他们从属于中原诸国，而国君又知道自己的过错。可以不说是恭吗？请谥作'共'。"大夫们都听从了他的意见。

吴国侵袭楚国，养由基迅速奔赴迎敌，子庚领兵跟着上去。养由基说："吴国乘我国有丧事，认为我们是不能出兵的，必然轻视我们而不加戒备。您设置三处伏兵来等我，我去引诱他们。"子庚听从了。在庸浦作战，大败吴军，俘虏了公子党。君子认为吴国不善，《诗》说："上天认为你不善，

不吊。《诗》曰："不吊昊天，乱靡有定。"

冬，城防，书事，时也。于是将早城，臧武仲请俟毕农事，礼也。

郑良霄、大宰石㚟犹在楚。石㚟言于子囊曰："先王卜征五年，而岁习其祥，祥习则行，不习则增修德而改卜。今楚实不竞，行人何罪？止郑一卿，以除其逼，使睦而疾楚，以固于晋，焉用之？使归而废其使，怨其君以疾其大夫，而相牵引也，不犹愈乎？"楚人归之。

动乱就不能安定。"

冬季，在防地筑城。《春秋》所以记载这件事，是由于合于时令。当时准备早些时候筑城，臧武仲请求等待农活完了以后再动工，这是合于礼的。

郑国的良霄、太宰石㚟还在楚国。石㚟对子囊说："先王为了征伐，要连续占卜五年，如果每年重复吉兆，就出兵。如果有一年不能重复吉兆，那就更加努力于修养道德而重新占卜。现在楚国实在不能自强，行人有什么罪过？留下郑国一个卿，这就去掉了对郑国君臣的威逼，让他们上下和睦而怨恨楚国，因而坚决顺从晋国，这对楚国有什么好处？让他回去，而没有完成出使任务，他会埋怨国君和仇恨大夫，因而互相牵制，这不还要强一点吗？"于是楚国人就把良霄放了回去。

三十二、襄公十四年（师旷论卫人出其君）

十四年春，吴告败于晋。会于向，为吴谋楚故也。范宣子数吴之不德也，以退吴人。执莒公子务娄，以其通楚使也。

十四年春季，吴国向晋国报告战败，季孙宿、叔老和晋国的士匄、齐国人、宋国人、卫国人、郑国公孙趸、曹国人、莒国人、邾人、滕人、薛人、杞人、小邾人和吴国人在向地会见，这是为吴国策划进攻楚国的缘故。范宣子责备吴国不道德，以此拒绝了吴国人。晋国逮捕了莒国的公子务娄，这是因为莒国的使者和楚国来往。

将执戎子驹支。范宣子亲数诸朝，曰："来！姜戎氏！昔秦人迫逐乃祖吾离于瓜州，乃祖吾离被苫盖，蒙荆棘，以来归我先君。我先君惠公有不腆之田，与女剖分而食之。今诸侯之事我寡君不知昔者，盖言语漏泄，则职女之由。诘朝之事，尔无与焉！与将执女！"对曰："昔秦人负恃其众，贪于土地，逐我诸戎。惠公蠲

将要逮捕戎子驹支，范宣子亲自在朝廷上责备他，说："过来，姜戎氏！从前秦人从瓜州驱逐你的祖父，你的祖父吾离身披蓑衣、头戴草帽前来归附我们先君。我们先君惠公只有并不丰厚的土田，还和你的祖父平分而吃它用它。现在诸侯事奉我们寡君不如从前，这是因为说话泄漏机密，应当是由于你的缘故。明天早晨的事情，你不要参加了。如果参加，将要把你抓起来。"戎子回答说："从前秦国人仗着他们人多，贪求土地，驱逐我们各部戎人。晋惠公显示了他的大德，说我们各部戎人都是四岳的后代，不能加以丢弃。赐给我们南

其大德，谓我诸戎，是四岳之裔胄也，毋是翦弃。赐我南鄙之田，狐狸所居，豺狼所嗥。我诸戎除翦其荆棘，驱其狐狸豺狼，以为先君不侵不叛之臣，至于今不贰。昔文公与秦伐郑，秦人窃与郑盟而舍戍焉，于是乎有殽之师。晋御其上，戎亢其下，秦师不复，我诸戎实然。譬如捕鹿，晋人角之，诸戎掎之，与晋踣之，戎何以不免？自是以来，晋之百役，与我诸戎相继于时，以从执政，犹殽志也。岂敢离遏？今官之师旅，无乃实有所阙，以携诸侯，而罪我诸戎！我诸戎饮食衣服，不与华同，贽币不通，言语不达，何恶之能为？不与于会，亦无瞢焉！"赋《青蝇》而退。宣子辞焉，使即事于会，成恺悌也。于是，子叔齐子为季武子介以会，自

部边境的土田，那是狐狸居住、豺狼嗥叫的地方。我们各部戎人砍伐这里的荆棘，驱逐这里的狐狸豺狼，作为先君不侵犯、不背叛的臣下，直到如今没有二心。从前晋文公和秦国攻打郑国，秦人偷偷地和郑国结盟而派兵戍守，因此就有殽地的战役。晋国在上边抵御，戎人在下边对抗，秦国的军队回不了秦国，实在是我们各部戎人出力才让他们这样的。譬如捕鹿，晋国人抓住它的角，各部戎人拖住了它的后腿，和晋国一起让它躺倒。戎人为什么不能免于罪责呢？从这个时候以来，晋国的多次战役，我各部戎人没有不按时与晋军共同参加的，以追随执事，如同支援殽地战役一样，岂敢违背？现在各部门官员恐怕实在有过失，因而使诸侯三心二意，反倒要责怪我们各部戎人！我们各部戎人饮食衣服和中原不同，财礼不相往来，言语不通，能够做什么坏事呢？不参加明天的会见，我也没有什么可发愁的。"戎子赋了《青蝇》这首诗然后退下了。范宣子表示歉意，让他参加会见的事务，显示了平易而不听谗言的美德。当时子叔齐子作为季武子的副手而参加会见，从此晋国人减轻了鲁国的财礼而更加敬重鲁国的使臣。

是晋人轻鲁币，而益敬
其使。

吴子诸樊既除丧，
将立季札。季札辞曰："曹
宣公之卒也，诸侯与曹
人不义曹君，将立子臧。
子臧去之，遂弗为也，
以成曹君。君子曰：'能
守节。'君，义嗣也。
谁敢奸君？有国，非吾
节也。札虽不才，愿附
于子臧，以无失节。"
固立之。弃其室而耕。
乃舍之。

夏，诸侯之大夫从
晋侯伐秦，以报栎之役
也。晋侯待于竟，使六
卿帅诸侯之师以进。及
泾，不济。叔向见叔孙
穆子。穆子赋《匏有苦
叶》。叔向退而具舟，
鲁人、莒人先济。郑子
蟜见卫北宫懿子曰："与
人而不固，取恶莫甚焉！
若社稷何？"懿子说。
二子见诸侯之师而劝之
济，济泾而次。秦人毒
泾上流，师人多死。郑

吴子诸樊已经去除丧服，打算立季
札为国君，季札辞谢说："曹宣公死的
时候，诸侯和曹国人不赞成曹成公，打
算立子臧为国君。子臧离开了曹国，曹
国人就没有按原来的想法去做，以成全
了曹成公。君子称其'能够保持节操'。
君王是合法的继承人，谁敢冒犯君位？
据有国家，不是我的节操。札虽然没有
才能，愿意追随子臧，以不失节操。"
诸樊坚决要立他为国君，季札丢掉了他
的家产而去种田，于是就不再勉强他。

夏季，诸侯的大夫跟随着晋悼公进
攻秦国，以报复栎地一役。晋悼公在国
境内等待，让六卿率领诸侯的军队前进。
到达泾水，诸侯的军队不肯渡河。叔向
进见叔孙穆子，穆子赋《匏有苦叶》这
首诗。叔向退出以后就准备船只，鲁国
人、莒国人先渡河。郑国的子蟜进见卫
国的北宫懿子说："亲附别人而不坚定，
没有比这个更使人讨厌了，让国家怎么
办呢？"懿子很高兴。两个人去见诸侯
的军队而劝他们渡河，军队渡过泾水驻
扎下来。秦国人在泾水上游放置毒物，
诸侯的军队死去很多。郑国司马子蟜率
领郑国的军队前进，其他国家的军队也

司马子蟜帅郑师以进，师皆从之，至于棫林，不获成焉。荀偃令曰："鸡鸣而驾，塞井夷灶，唯余马首是瞻！"栾黡曰："晋国之命，未是有也。余马首欲东。"乃归。下军从之。左史谓魏庄子曰："不待中行伯乎？"庄子曰："夫子命从帅。栾伯，吾帅也，吾将从之。从帅，所以待夫子也。"伯游曰："吾令实过，悔之何及，多遗秦禽。"乃命大还。晋人谓之迁延之役。

栾鍼曰："此役也，报栎之败也。役又无功，晋之耻也。吾有二位于戎路，敢不耻乎？"与士鞅驰秦师，死焉。士鞅反，栾黡谓士匄曰："余弟不欲住，而子召之。余弟死，而子来，是而子杀余之弟也。弗逐，余亦将杀之。"士鞅奔秦。

于是，齐崔杼、宋华阅、仲江会伐秦，不

都跟上，到达棫林，不能让秦国屈服讲和。荀偃命令说："鸡叫时套车，填井平灶，你们就看着我的马首而行动。"栾黡说："晋国的命令，从来没有这样的。我的马头可要往东呢。"就回国了。下军跟随他回去了。左史对魏庄子说："不等中行伯了吗？"魏庄子说："他老人家命令我们跟从主将，栾黡是我的主将，我打算跟从他。跟从主将，也就是合理地对待他老人家。"荀偃说："我的命令确实有错误，后悔哪里来得及呢，多留下人马只能被秦国俘虏。"于是就命令全军撤退。晋国人称这次战役为"迁延之役"。

栾鍼说："这次战役，是为了报复栎地的战败。作战又没有功劳，这是晋国的耻辱。我在战车上居于第二位，哪能不感到耻辱呢？"于是他和士鞅冲入秦军中间，战死了。士鞅回来。栾黡说："我的兄弟不想前去，你的儿子叫他去。我的兄弟战死，你的儿子回来，这是你的儿子杀了我的兄弟。如果不赶走他，我也打算杀死他。"士鞅逃亡到秦国。

当时，齐国崔杼、宋国华阅、仲江一起进攻秦国。《春秋》没有记载他们

书，惰也。向之会亦如之。卫北宫括不书于向，书于伐秦，摄也。

秦伯问于士鞅曰："晋大夫其谁先亡？"对曰："其栾氏乎！"秦伯曰："以其汰乎？"对曰："然。栾黡汰虐已甚，犹可以免。其在盈乎！"秦伯曰："何故？"对曰："武子之德在民，如周人之思召公焉，爱其甘棠，况其子乎？栾黡死，盈之善未能及人，武子所施没矣，而之怨实章，将于是乎在。"秦伯以为知言，为之请于晋而复之。

卫献公戒孙文子、宁惠子食，皆服而朝。日旰不召，而射鸿于囿。二子从之，不释皮冠而与之言。二子怒。孙文子如戚，孙蒯入使。公饮之酒，使大师歌《巧言》之卒章。大师辞，

的名字，是由于他们怠惰。向地会见的记载也和这一样。对卫国的北宫括在向地的会见不加记载，而记载在这次攻打秦国的战役中，这是由于他积极参与的缘故。

秦景公问士鞅说："晋国的大夫谁先灭亡？"士鞅回答说："恐怕是栾氏吧！"秦景公说："由于他的骄横吗？"士鞅回答说："对。栾黡骄横暴虐太过分，但还可以免予祸难，祸难恐怕要落在栾盈的身上吧"秦景公说："为什么？"士鞅回答说："栾武子的恩德留在百姓中间，这好像周朝人思念召公，就爱护他的甘棠树，何况他的儿子呢？栾黡死了，盈的好处没有能到达别人那里，栾武子所施舍的又逐渐消失了，而对栾黡的怨恨又很明显，所以灭亡将会因此而落在栾盈身上了。"秦景公认为这是有见识的话，为士鞅向晋国请求而恢复了他的职位。

卫献公约请孙文子、宁惠子吃饭，这两个人都穿上朝服在朝廷上等待。太阳快下山了还不召见，反而在林子里射鸿雁。两个人跟到林子里，卫献公不脱皮帽跟他们说话。两个人都生气。孙文子去了戚地，孙蒯入朝请命。卫献公招待孙蒯喝酒，让太史歌唱《巧言》的最后一章。太史辞谢。师曹请求歌唱这一

师曹请为之。初，公有嬖妾，使师曹诲之琴，师曹鞭之。公怒，鞭师曹三百。故师曹欲歌之，以怒孙子以报公。公使歌之，遂诵之。蒯惧，告文子。文子曰："君忌我矣，弗先。必死。"并帑于戚而入，见蘧伯玉曰："君之暴虐，子所知也。大惧社稷之倾覆，将若之何？"对曰："君制其国，臣敢奸之？虽奸之，庸如愈乎？"遂行，从近关出。公使子蟜、子伯、子皮与孙子盟于丘宫，孙子皆杀之。

四月己未，子展奔齐。公如鄄，使子行于孙子，孙子又杀之。公出奔齐，孙氏追之，败公徒于河泽。鄄人执之。初，尹公佗学射于庾公差，庾公差学射于公孙丁。二子追公，公孙丁御公。子鱼曰："射为背师，不射为戮，射为

章。当初，卫献公有一个宠妾，让师曹教她弹琴，师曹鞭打过她。卫献公发怒，鞭打师曹三百下。所以现在师曹愿意歌唱它，用来激怒孙蒯，以作为对卫献公的报复。卫献公让师曹歌唱，师曹作了朗诵。孙蒯害怕，告诉孙文子。孙文子说："国君忌恨我了，如果不先下手，就非死不可。"孙文子把家里人集中在戚地，然后进入国都，遇见蘧伯玉，说："国君的暴虐，这是您所知道的。我很害怕国家颠覆，您准备怎么办？"蘧伯玉回答说："国君控制他的国家，下臣哪里敢冒犯他？即使冒犯了他，立了新的国君，难道能确知比旧的国君强吗？"于是蘧伯玉就从最近的关口出国。卫献公派子蟜、子伯、子皮和孙文子在丘宫结盟，孙文子把他们全都杀了。

四月二十六日，子展逃亡到齐国，卫献公到了鄄地，派子行向孙文子请求和解，孙文子又杀了他。卫献公逃亡到齐国，孙家的人追上去，把卫献公的亲兵在河泽击败，鄄地人逮住了败兵。

当初，尹公佗到庾公差那里学射箭，庾公差又到公孙丁那里学射箭，尹公佗和庾公差追逐卫献公，公孙丁驾御卫献公的车子。庾公差说："射，是背弃老师；不射，将被诛戮。射了是合于礼的

礼乎。"射两輈而还。尹公佗曰:"子为师,我则远矣。"乃反之。公孙丁授公辔而射之,贯臂。

子鲜从公,及竟,公使祝宗告亡,且告无罪。定姜曰:"无神何告?若有,不可诬也。有罪,若何告无?舍大臣而与小臣谋,一罪也。先君有冢卿以为师保,而蔑之,二罪也。余以巾栉事先君,而暴妾使余,三罪也。告亡而已,无告无罪。"

公使厚成叔吊于卫,曰:"寡君使瘠,闻君不抚社稷,而越在他竟,若之何不吊?以同盟之故,使瘠敢私于执事曰:'有君不吊,有臣不敏,君不赦宥,臣亦不帅职,增淫发泄,其若之何?'"卫人使大叔仪对曰:"群臣不佞,得罪于寡君。寡君不以即刑而悼弃之,以为君忧。君不忘先君

吧!"射中了车子两边的曲木然后回去。尹公佗说:"您这是为了老师,我和他的关系就远了。"于是回过车去追赶。公孙丁把马缰递给卫献公然后向尹公佗射去,射穿了他的臂膀。

子鲜跟随卫献公出亡,到达了边境。卫献公派祝宗向祖先报告逃亡,同时说自己没有罪过。定姜说:"如果没有神灵,报告什么?如果有,就不能欺骗。有罪,为什么报告说没有?丢弃大臣而和小臣商量,这是第一条罪。先君有正卿作为师保,而你却轻视他们,这是第二条罪。我用手巾梳子事奉过先君,而你像对婢妾一样残暴地对待我,这是第三条罪。只报告逃亡算了,不要报告没有罪过!"

鲁襄公派厚成叔到卫国慰问,说:"寡君派遣瘠,听说君王失去了国家而流亡在别国境内,怎么能不来慰问?由于同盟的缘故,谨派瘠私下对执事说:'国君不善良,臣下不明达,国君不宽恕,臣下也不尽职,积怨很久而发泄出来,怎么办?'"卫国人派太叔仪回答,说:"下臣们没有才能,得罪了寡君。寡君不把下臣们依法惩处,反而远远地抛弃了下臣们,以成为君王的忧虑。君王不忘记先君的友好,承您来慰问下臣们,又再加哀怜。谨拜谢君王的命令,再拜

之好，辱吊群臣，又重
恤之。敢拜君命之辱，
重拜大贶。"厚孙归，
覆命，语臧武仲曰："卫
君其必归乎！有大叔仪
以守，有母弟鱄以出，
或抚其内，或营其外，
能无归乎？"

　　齐人以郲寄卫侯。
及其复也，以郲粮归。
右宰谷从而逃归，卫人
将杀之。辞曰："余不
说初矣，余狐裘而羔
袖。"乃赦之。卫人立公孙剽，
孙林父、宁殖相之，以
听命于诸侯。

　　卫侯在郲，臧纥如
齐，唁卫侯。与之言，虐。
退而告其人曰："卫侯
其不得入矣！其言粪土
也，亡而不变，何以复
国？"子展、子鲜闻之，
见臧纥，与之言，道。
臧孙说，谓其人曰："卫
君必入。夫二子者，或
挽之，或推之，欲无入，
得乎？"

　　师归自伐秦，晋侯

谢对下臣们的哀怜。"厚成叔回国复命，
告诉臧武仲说："卫君恐怕会回去的吧！
有太叔仪留守，有同胞兄弟鱄和他一起
出国。有人安抚国内，有人经营国外，
能够不回去吗？"

　　齐国人把郲地让给卫献公寄住。等
到卫献公复位的时候，还带着郲地的粮
食回去。右宰谷先跟从卫献公后来又逃
回国去，卫国人打算杀掉他。他辩解说：
"对过去的事情我不是乐于干的。我穿
的是狐皮筒子、羊皮袖子。"于是就赦
免了他。卫国人立公孙剽为国君，孙林
父、宁殖辅助他，以听取诸侯的命令。

　　卫献公在郲地，臧纥到齐国去慰问
卫献公。卫献公和他说话，态度粗暴。
臧纥退出以后告诉他的手下人说："卫
献公大概不能回国了。他的话好像粪土。
逃亡在外而不悔改，怎么能够恢复国君
的地位呢？"子展、子鲜听说这话，进
见臧纥，和他说话，通情达理。臧纥很
高兴，对他的手下人说："卫君一定能
回国。这两个人，有的拉他，有的推他，
想不回国，能行吗？"

　　军队进攻秦国回来。晋悼公撤销新

舍新军，礼也。成国不过半天子之军，周为六军，诸侯之大者，三军可也。于是知朔生盈而死，盈生六年而武子卒，彘裘亦幼，皆未可立也。新军无帅，故舍之。

师旷侍于晋侯。晋侯曰："卫人出其君，不亦甚乎？"对曰："或者其君实甚。良君将赏善而刑淫，养民如子，盖之如天，容之如地。民奉其君，爱之如父母，仰之如日月，敬之如神明，畏之如雷霆，其可出乎？夫君，神之主而民之望也。若困民之主，匮神乏祀，百姓绝望，社稷无主，将安用之？弗去何为？天生民而立之君，使司牧之，勿使失性。有君而为之贰，使师保之，勿使过度。是故天子有公，诸侯有卿，卿置侧室，大夫有贰宗，士有朋友，庶人、工、商、皂、隶、牧

军，这是合于礼的。大国不能超过天子军队的一半。周朝编定六个军，诸侯中强大的，三个军就可以了。当时，知朔生了盈就死去了，盈出生六年以后武子就死了，彘裘也还小，都不能做继承人。新军没有主将，所以就取消编制解散了。

师旷随侍在晋悼公旁边，晋悼公说："卫国人赶走他们的国君，不也太过分了吗？"师旷回答说："也许是他们国君实在太过分了。好的国君将会奖赏善良而惩罚邪恶，抚养百姓好像儿女，覆盖他们好像上天，容纳他们好像大地。百姓尊奉国君，热爱他好像父母，尊仰他好像日月，敬畏他好像神灵，害怕他好像雷霆，哪里能够赶走呢？国君，是祭神的主持者同时是百姓的希望。如果让百姓的财货缺乏，神灵失去了祭祀者，百姓绝望，国家没有主人，哪里还用得着他？不赶走干什么？上天生了百姓而立了他们的国君，让他统治他们，不让失去天性。有了国君而又为他设立辅佐，让他们去教育保护他，不让他做事过分。由于这样，天子有公，诸侯有卿，卿设置侧室，大夫有贰宗，士有朋友，庶人、工、商、皂、隶、牧、围各有他们亲近的人，用来互相帮助。美好就赞扬，过失就纠正，患难就救援，错失就改正。

围皆有亲昵，以相辅佐也。善则赏之，过则匡之，患则救之，失则革之。自王以下，各有父兄子弟，以补察其政。史为书，瞽为诗，工诵箴谏，大夫规诲，士传言，庶人谤，商旅于市，百工献艺。故《夏书》曰：'遒人以木铎徇于路。官师相规，工执艺事以谏。'正月孟春，于是乎有之，谏失常也。天之爱民甚矣。岂其使一人肆于民上，以从其淫，而弃天地之性？必不然矣。"

秋，楚子为庸浦之役故，子囊师于棠以伐吴，吴人不出而还。子囊殿，以吴为不能而弗儆。吴人自皋舟之隘要而击之，楚人不能相救。吴人败之，获楚公子宜谷。

王使刘定公赐齐侯命，曰："昔伯舅大公，右我先王，股肱周室，师保万民，世胙大师，

自天子以下，各有父兄子弟来观察补救他政令的得失。太史加以记载，乐师写作诗歌，乐工诵读箴谏，大夫规劝开导，士传话，庶人指责，商人在市场上议论，各种工匠呈献技艺。所以《夏书》说：'道人摇着木铎在大路上巡行，官师规劝，工匠呈献技艺以作为劝谏。'正月初春，在这个时候道人摇动木铎，这是为了劝谏失去常规。上天爱护百姓无微不至，难道会让一个人在百姓头上任意胡来，以放纵他的邪恶而丢掉天地的本性吗？一定不会这样的。"

秋季，楚康王由于庸浦这次战役的缘故，让子囊在棠地出兵，以攻打吴国。吴军不出战，楚军就回去了。子囊殿后，认为吴国不行因而不加警戒。吴国人从皋舟的险道上拦腰截击楚军，楚国人不能彼此救应，吴国人打败了他们，俘虏了楚国公子宜谷。

周天子派刘定公赐给齐灵公以荣宠，说："从前伯舅太公辅助我先王，作为周室的股肱，百姓的师保。世世代代酬谢太师的功劳，为东海各国的表

以表东海。王室之不坏，繄伯舅是赖。今余命女环，兹率舅氏之典，纂乃祖考，无忝乃旧。敬之哉，无废朕命！"

晋侯问卫故于中行献子，对曰："不如因而定之。卫有君矣，伐之，未可以得志而勤诸侯。史佚有言曰：'因重而抚之。'仲虺有言曰：'亡者侮之，乱者取之，推亡固存，国之道也。'君其定卫以待时乎！"

冬，会于戚，谋定卫也。

范宣子假羽毛于齐而弗归，齐人始贰。

楚子囊还自伐吴，卒。将死，遗言谓子庚："必城郢。"君子谓："子囊忠。君薨不忘增其名，将死不忘卫社稷，可不谓忠乎？忠，民之望也。《诗》曰：'行归于周，万民所望。'忠也。"

率。王室之所以没有败坏，所依靠的就是伯舅。现在我命令你环，孜孜不倦地遵循舅氏的常法，继承你的祖先，不要玷辱你的先人。要恭敬啊！不要废弃我的命令！"

晋悼公向中行献子询问卫国的事情。中行献子回答说："不如趁机安定它。卫国有国君了，攻打它，不见得能够如愿，反而烦劳诸侯。史佚说：'因为他已经安定而加以安抚。'仲虺说：'灭亡着的可以欺侮，动乱着的可以推翻。推翻灭亡的，巩固存在的，这是国家的常道。'君王还是安定卫国以等待时机吧！"

冬季，季孙宿和晋国的士匄、宋国华阅、卫国孙林父、郑国公孙虿、莒人、邾人在戚地会见，这是为了商量安定卫国。

范宣子在齐国借了装饰仪仗的羽毛而不归还，齐国人开始有了二心。

楚国的子囊进攻吴国回来后，就死了。临死，留遗言对子庚说："一定要在郢地筑城。"君子认为："子囊忠诚。国君死，不忘记谥他为'共'；临死，不忘记保卫国家，难道能不说他忠诚吗？忠诚，是百姓的希望。《诗》说，'行动归结到忠信，这是百姓之所希望。这就是忠诚的意思。"

三十三、襄公二十一年（栾盈奔楚）

二十一年春，公如晋，拜师及取邾田也。

邾庶其以漆、间丘来奔。季武子以公姑姊妻之，皆有赐于其从者。

于是鲁多盗。季孙谓臧武仲曰："子盍诘盗？"武仲曰："不可诘也，纥又不能。"季孙曰："我有四封，而诘其盗，何故不可？子为司寇，将盗是务去，若之何不能？"武仲曰："子召外盗而大礼焉，何以止吾盗？子为正卿，而来外盗；使纥去之，将何以能？庶其窃邑于邾以来，子以姬氏妻之，而与之邑，其从者皆有赐焉。若大盗礼焉以君之姑姊与其大邑，其次皋牧舆马，其小者衣裳剑带，是赏盗也。赏而

二十一年春季，鲁襄公到晋国，这是为了拜谢晋国出兵和取得邾国的土田。

邾国的庶其以漆地和间丘逃奔我国，季武子把鲁襄公的姑母嫁给他为妻，对他的随从都加赏赐。

当时鲁国的盗贼很多。季武子对臧武仲说："您为什么不禁治盗贼呢？"臧武仲说："盗贼不可以禁治，纥也没有能力禁治。"季武子说："我国有四方的边境，用来禁治盗贼，为什么不可以？您做司寇，应当尽力禁治盗贼，为什么不能？"武仲说："您召来外边的盗贼而大大地给予礼遇，怎么能禁治掉国内的盗贼呢？您做正卿，反而使外边的盗贼进来，让纥去掉国内的盗贼，他凭什么能够办到？庶其在邾国偷盗了城池而前来，您把姬氏作为他的妻子，还给了他城邑，他的随从都得到赏赐。如果用国君的姑母和大城邑对大盗表示尊敬，其次的用皋牧车马，再小的用衣服佩剑带子，这是赏赐盗贼。赏赐了而要去掉他，恐怕困难吧。纥听说过，在上位的人要洗涤自己的心，专一地待人，

去之，其或难焉。纥也闻之，在上位者，洒濯其心，壹以待人，轨度其信，可明征也，而后可以治人。夫上之所为，民之归也。上所不为而民或为之，是以加刑罚焉，而莫敢不惩。若上之所为而民亦为之，乃其所也，又可禁乎？《夏书》曰：'念兹在兹，释兹在兹，名言兹在兹，允出兹在兹，惟帝念功。'将谓由己壹也。信由己壹，而后功可念也。"庶其非卿也，以地来，虽贱必书，重地也。

齐侯使庆佐为大夫，复讨公子牙之党，执公子买于句渎之丘。公子鉏来奔。叔孙还奔燕。

夏，楚子庚卒，楚子使薳子冯为令尹。访于申叔豫，叔豫曰："国多宠而王弱，国不可为也。"遂以疾辞。方暑，阙地，下冰而床焉。重茧衣裘，鲜食而寝。楚

使它合于法度而且使人们相信，然后才能治理别人。上面的所作所为，是百姓的归依。上面所不做的，百姓有人做了，因此加以惩罚，就没有人敢于不警戒了。上面的所作所为百姓也照样做了，这是势所必然，又能够禁止吗？《夏书》说：'想要干的就是这个，想丢掉不干的就是这个，所要号令的就是这个，诚信所在的就是这个，只有天帝才能记下这成功。'大约说的是要由自身来体现言行的一致。诚信来自于自己的言行一致，然后才可以谈记录功劳。"庶其不是卿，他带着土地来鲁国，虽然身份低贱，《春秋》必定加以记载，这是为了重视土地。

齐庄公命庆佐做大夫，再次讨伐公子牙的亲族，在句渎之丘抓了公子买。公子鉏逃亡前来。叔孙还逃亡到燕国。

夏季，楚国的子庚死了。楚康王命薳子冯做令尹，薳子冯访问申叔豫。申叔豫说："国家宠臣很多而君王又年轻，国家的事情不能办好。"于是薳子冯就用有病来推辞不干。当时正好是大热天，要挖地，放上冰然后安置床。薳子冯身穿两层棉衣，又穿上皮袍，吃东西很少

子使医视之，复曰："瘠
则甚矣，而血气未动。"
乃使子南为令尹。

栾桓子娶于范宣子，
生怀子。范鞅以其亡
也，怨栾氏，故与栾盈
为公族大夫而不相能。
桓子卒，栾祁与其老州
宾通，几亡室矣。怀子
患之。祁惧其讨也，愬
诸宣子曰："盈将为乱，
以范氏为死桓主而专政
矣，曰：'吾父逐鞅也，
不怒而以宠报之，又与
吾同官而专之，吾父死
而益富。死吾父而专于
国，有死而已，吾蔑从
之矣！'其谋如是，惧
害于主，吾不敢不言。"
范鞅为之征。怀子好施，
士多归之。宣子畏其多
士也，信之。怀子为下卿，
宣子使城著而遂逐之。

秋，栾盈出奔楚。
宣子杀箕遗、黄渊、嘉
父、司空靖、邴豫、董叔、
邴师、申书、羊舌虎、
叔罴。囚伯华、叔向、

而躺在床上。楚康王派医生去诊视，回
来报告说："瘦是瘦到极点了，但血气
还正常。"于是楚王就命子南做了令尹。

栾桓子娶范宣子的女儿做妻子，生
了怀子。范鞅由于一度被迫逃亡，怨恨
栾氏，所以和栾盈一起做公族大夫而不
能很好相处。栾桓子死了，栾祁和他的
家臣头子州宾私通，州宾几乎侵占了全
部家产。怀子担心这件事。栾祁害怕怀
子讨伐，向范宣子诉说道："盈将要发
动叛乱，他认为范氏弄死了桓子而专断
了晋国政权，说：'我的父亲赶走范鞅，
范鞅回国，不对他表示愤怒反而用宠信
来报答他，又和我担任同样的官职，而
使他得以独断专权。我的父亲死后范氏
更加富有。弄死我父亲而在国内专权，
我只有死路一条，不能跟从他了。'他
的计划就是这样，我怕会伤害您，不敢
不说。"范鞅为他作证。怀子喜好施舍，
很多的士都归附他。宣子害怕他人多，
相信了栾祁的话。怀子当时做下卿，宣
子派他在著地筑城并且因此赶走了他。

秋季，栾盈逃亡到楚国。宣子杀了
箕遗、黄渊、嘉父、司空靖、邴豫、董叔、
邴师、申书、羊舌虎、叔罴，同时囚禁
了伯华、叔向、籍偃。有人对叔向说：
"您得到了罪过，恐怕是不聪明吧！"

籍偃。人谓叔向曰："子离于罪，其为不知乎？"叔向曰："与其死亡若何？《诗》曰：'优哉游哉，聊以卒岁。'知也。"乐王鲋见叔向曰："吾为子请！"叔向弗应。出，不拜。其人皆咎叔向。叔向曰："必祁大夫。"室老闻之，曰："乐王鲋言于君无不行，求赦吾子，吾子不许。祁大夫所不能也，而曰'必由之'，何也？"叔向曰："乐王鲋，从君者也，何能行？祁大夫外举不弃仇，内举不失亲，其独遗我乎？《诗》曰：'有觉德行，四国顺之。'夫子，觉者也。"

晋侯问叔向之罪于乐王鲋，对曰："不弃其亲，其有焉。"于是祁奚老矣，闻之，乘驲而见宣子，曰："《诗》曰：'惠我无疆，子孙保之。'《书》曰：'圣有谟勋，明征定保。'夫谋而鲜过，

叔向说："这与死和逃亡比起来怎么样？《诗》说，'自在啊逍遥啊，姑且这样来度过岁月，这才是聪明啊。'"乐王鲋去见叔向，说："我为您去请求免罪。"叔向不回答。乐王鲋退出，叔向不拜送。叔向的手下人都责备叔向。叔向说："一定要祁大夫才行。"家臣头子听到了，说："乐王鲋对国君说的话，没有不照办的，他想请求赦免您，您又不答应。这是祁大夫所做不到的，但您说一定要由他去办，这是为什么？"叔向说："乐王鲋是一切都顺从国君的人，怎么能行？祁大夫举拔宗族外的人不丢弃仇人，举拔宗族内的人不失掉亲人，难道独独会留下我吗？《诗》说：'有正直的德行，使四方的国家归顺。'他老人家是正直的人啊。"

晋平公向乐王鲋询问叔向的罪过，乐王鲋回答说："叔向不丢弃他的亲人，他可能参加了策划叛乱。"当时祁奚已经告老回家，听说这情况，坐上传车而去拜见范宣子，说："《诗》说：'赐给我们无边的恩惠，子子孙孙永远保持它。'《书》说：'智慧的人有谋略训诲，应当相信保护。'说到谋划而少有过错，

惠训不倦者，叔向有焉，社稷之固也。犹将十世宥之，以劝能者。今壹不免其身，以弃社稷，不亦惑乎？鲧殛而禹兴。伊尹放大甲而相之，卒无怨色。管、蔡为戮，周公右王。若之何其以虎也弃社稷？子为善，谁敢不勉？多杀何为？"宣子说，与之乘，以言诸公而免之。不见叔向而归。叔向亦不告免焉而朝。

初，叔向之母妒叔虎之母美而不使，其子皆谏其母。其母曰："深山大泽，实生龙蛇。彼美，余惧其生龙蛇以祸女。女，敝族也。国多大宠，不仁人间之，不亦难乎？余何爱焉！"使往视寝，生叔虎。美而有勇力，栾怀子嬖之，故羊舌氏之族及于难。

栾盈过于周，周西鄙掠之。辞于行人，曰："天子陪臣盈，得罪于

教育别人而不知疲倦的，叔向是这样的，他是国家的柱石。即使他的十代子孙有过错还要赦免，用这样来勉励有能力的人。现在一旦自身不免于祸而死。这不也会使人困惑吗？鲧被诛戮而禹兴起；伊尹放逐太甲又做了他的宰相，太甲始终没有怨色；管叔、蔡叔被诛戮，周公仍然辅佐成王。为什么叔向要为了叔虎而被杀？您做了好事，谁敢不努力？多杀人做什么？"宣子高兴了，和祁奚共坐一辆车子，向晋平公劝，说赦免了叔向。祁奚不去见叔向就回去了，叔向也不向祁奚报告他已得赦，而就去朝见晋平公。

当初，叔向的母亲嫉妒叔虎的母亲美丽，而不让她陪丈夫睡觉，儿子们都劝谏母亲。叔向的母亲说："深山大泽之中，确实会生长龙蛇。她美丽，我害怕她生下龙蛇来祸害你们。你们是衰败的家族，国内受到宠信的大官很多，坏人又从中挑拨，不是很难相处了吗？我自己有什么可爱惜的呢？"叔虎的母亲去陪侍丈夫睡觉，生了叔虎，美丽并有勇力，栾怀子宠爱他，所以羊舌氏这一家族遭到祸难。

栾盈经过成周，周朝西部边境的人劫掠他的财物。栾盈向周室使者申诉说："天子的陪臣盈，得罪了天子的守臣，

王之守臣，将逃罪。罪重于郊甸，无所伏窜，敢布其死。昔陪臣书能输力于王室，王施惠焉。其子黡不能保任其父之劳。大君若不弃书之力，亡臣犹有所逃。若弃书之力，而思黡之罪，臣，戮余也，将归死于尉氏，不敢还矣。敢布四体，唯大君命焉！"王曰："尤而效之，其又甚焉！"使司徒禁掠栾氏者，归所取焉。使候出诸轘辕。

冬，曹武公来朝，始见也。

会于商任，锢栾氏也。齐侯、卫侯不敬。叔向曰："二君者必不免。会朝，礼之经也；礼，政之舆也；政，身之守也；怠礼失政，失政不立，是以乱也。"

知起、中行喜、州绰、邢蒯出奔齐，皆栾氏之党也。乐王鲋谓范

打算着逃避惩罚。又重新在天子的郊外得罪，没有地方可以逃了，谨冒死上言：从前陪臣书能为王室效力，天子施给了恩惠。他的儿子黡不能保住他父亲的辛劳。天王如果不丢弃书的努力，逃亡在外的陪臣还有地方可以逃避。如果丢弃书的努力，而想到黡的罪过，那么陪臣本来就是刑戮余生的人，就将要回国死在尉氏那里，不敢再回来了。谨敢直言不讳，后果怎么样，唯有听天子命令了。"天子说："有了过错而去学它，过错更大了。"于是，周天子让司徒制止那些掠夺栾氏的人，让他们归还所掠取的东西，派迎送宾客的人把栾盈送出轘辕山。

冬季，曹武公前来朝见，这是第一次朝见鲁襄公。

鲁襄公和晋平公、齐庄公、宋平公、卫殇公、郑简公、曹武公、莒子、邾子在商任会见，这是为了禁锢栾盈。齐庄公、卫殇公表现得不恭敬。叔向说："这两位国君必然不能免于祸难。会见和朝见，这是礼仪的常规；礼仪，是政事的车子；政事，是身体的寄托。轻慢礼仪，政事会有失误；政事失误，就难于立身处世，因此就会发生动乱。"

知起、中行喜、州绰、邢蒯逃亡到齐国，他们都是栾氏的亲族。乐王鲋对范宣子说："为什么不让州绰、邢蒯回

宣子曰："盍反州绰、邢蒯？勇士也。"宣子曰："彼栾氏之勇也，余何获焉？"王鲋曰："子为彼栾氏，乃亦子之勇也。"

齐庄公朝，指殖绰、郭最曰："是寡人之雄也。"州绰曰："君以为雄，谁敢不雄？然臣不敏，平阴之役，先二子鸣。"庄公为勇爵。殖绰、郭最欲与焉。州绰曰："东闾之役，臣左骖迫，还于门中，识其枚数。其可以与于此乎？"公曰："子为晋君也。"对曰："臣以隶新。然二子者，譬于禽兽，臣食其肉而寝处其皮矣。"

来？他们是勇士啊。"宣子说："他们是栾氏的勇士，我能得到什么？"乐王鲋说："您如果做他们的栾氏，那他们就是您的勇士了。"

齐庄公上朝，指着殖绰、郭最说："这是我的大公鸡。"州绰说："君王认为他们是大公鸡，谁敢不认为是大公鸡？然而下臣不才，在平阴这次战役中，比他们二位可是先打鸣。"齐庄公设置勇士的爵位，殖绰、郭最想要有一份。州绰说："东闾这次战役，下臣的左骖马被逼迫，盘旋城门里不能前进，甚至数清了门上铜钉的数字，是不是可以在这里有一份呢？"齐庄公说："您为的是晋君啊。"州绰回答说："臣下是初来的臣，然而这两位，用禽兽作比方的话，臣下已经吃了他们的肉而睡在他们的皮上了。"

三十四、襄公二十二年（子产对晋人征朝）

二十二年春，臧武仲如晋，雨，过御叔。御叔在其邑，将饮酒，曰："焉用圣人！我将饮酒，而己雨行，何以圣为？"穆叔闻之曰："不可使也，而傲使人，国之蠹也。"令倍其赋。

夏，晋人征朝于郑。郑人使少正公孙侨对曰："在晋先君悼公九年，我寡君于是即位。即位八月，而我先大夫子骄从寡君以朝于执事。执事不礼于寡君。寡君惧，因是行也，我二年六月朝于楚，晋是以有戏之役。楚人犹竞，而申礼于敝邑。敝邑欲从执事而惧为大尤，曰晋其谓我不共有礼，是以不敢携贰于楚。我四年三月，先大夫子蟜又从寡君以

二十二年春季，臧武仲去到晋国，下雨，去看望御叔。御叔在自己的封邑里，准备喝酒，说："哪里用得着圣人？我准备喝酒，而他自己冒着雨出行，还要聪明干什么？"穆叔听到了，说："他不配出使，反而对使者骄傲，这是国家的蛀虫。"命令把他的赋税增加一倍。

夏季，晋国人让郑国人前去朝见。郑国人派少正公孙侨回答，说："在晋国先君悼公九年，我寡君在这个时候即了位。即位八个月，我国的先大夫子骄跟从寡君来向执事朝见，执事对寡君不加礼遇，寡君恐惧。由于这一趟，我国二年六月，就向楚国朝见，晋国因此有了戏地这一役。楚国人还很强大，但对敝邑表明了礼仪。敝邑想要跟从执事，而又害怕犯下大罪，说'晋国恐怕认为我们不尊敬有礼仪的国家'，因此不敢对楚国有二心。我国四年三月，先大夫子蟜又跟从寡君到楚国，观察他们有没有空子可钻，晋国因此有了萧鱼这一役。我们认为敝邑靠近晋国，譬如晋国是草

观衅于楚，晋于是乎有
萧鱼之役。谓我敝邑，
迩在晋国，譬诸草木，
吾臭味也，而何敢差池？
楚亦不竞，寡君尽其土
实，重之以宗器，以受
齐盟。遂帅群臣随于执
事以会岁终。贰于楚者，
子侯、石盂，归而讨之。
溴梁之明年，子蟜老矣，
公孙夏从寡君以朝于君，
见于尝酎，与执燔焉。
间二年，闻君将靖东夏，
四月又朝，以听事期。
不朝之间，无岁不聘，
无役不从。以大国政令
之无常，国家罢病，不
虞荐至，无日不惕，岂
敢忘职？大国若安定之，
其朝夕在庭，何辱命焉？
若不恤其患，而以为口
实，其无乃不堪任命，
而翦为仇雠，敝邑是惧。
其敢忘君命？委诸执事，
执事实重图之。"

秋，栾盈自楚适齐。
晏平仲言于齐侯曰："商
任之会，受命于晋。今

木，我们不过是散发出来的气味，哪里
敢有不一致？楚国逐渐衰弱，寡君拿出
了土地上的全部出产，加上宗庙、的礼
器，以接受盟约。也就率领下臣们随着
执事到晋国，以参加年终的会见。敝邑
和楚国有勾结的，是子侯和石盂，回去
以后就讨伐了他们。溴梁会盟的第二年，
子蟜已经告老退休了，公孙夏跟从寡君
向君王朝见，在尝祭的时候拜见君王，
参与了祭祀，饮酒吃肉。隔了两年，听
说君王打算安定东方，四月，又向君王
朝见，以听取结盟的日期。在没有朝见
的时候，没有一年不聘问，没有一次事
情不跟从。由于大国的政令没有标准，
国家和家族都很困乏，意外的事情屡屡
发生，没有一天不警惕，岂敢忘掉自己
的职责？大国如果安定敝邑，我们自己
会来朝见，哪里用得着命令呢？如果不
体恤敝邑的忧患，反而把它作为借口，
那就恐怕不能忍受大国的命令，而被大
国丢弃成为仇敌了。敝邑害怕这样的后
果，岂敢忘记贵君的命令？一切托付给
执事，还是请执事认真地考虑一下吧。"

秋季，栾盈从楚国去到齐国。晏平
仲对齐庄公说："商任的会见，我们接
受了晋国的命令。现在接纳栾氏，准备

纳栾氏，将安用之？小所以事大，信也。失信不立，君其图之。"弗听。退告陈文子曰："君人执信，臣人执共，忠信笃敬，上下同之，天之道也。君自弃也，弗能久矣！"

九月，郑公孙黑肱有疾，归邑于公。召室老、宗人立段，而使黜官、薄祭。祭以特羊，殷以少牢。足以共祀，尽归其余邑。曰："吾闻之，生于乱世，贵而能贫，民无求焉，可以后亡。敬共事君，与二三子。生在敬戒，不在富也。"己巳，伯张卒。君子曰："善戒。《诗》曰：'慎尔侯度，用戒不虞。'郑子张其有焉。"

冬，会于沙随，复锢栾氏也。栾盈犹在齐，晏子曰："祸将作矣！齐将伐晋，不可以不惧。"

怎么任用他？小国所用来事奉大国的，是信用，失去信用，不能立身立国。君王还是考虑一下吧。"齐庄公不听。晏平仲退出以后告诉陈文子说："做君主的要保持信用，做人臣下的要保持恭敬。忠实、信用、诚笃、恭敬，上下共同保持，这是上天的常道。国君自暴自弃，不能长久在位了。"

九月，郑国公孙黑肱有病，把封邑归还给郑简公，召来家臣之长、宗人，立了段为后嗣，而且让他减省家臣、祭祀从简。通常的祭祀用一只羊，盛祭有羊和猪，留下足以供给祭祀的土地，其余的全部归还给郑简公，说："我听说，生在乱世，地位尊贵但能够守贫，不向百姓求取什么，这就能够在别人之后灭亡。恭敬地事奉国君和几位大夫。生存在于警戒，不在于富有。"二十五日，公孙黑肱死了。君子说："公孙黑肱善于警戒。《诗》说：'谨慎地使用你公侯的法度，以警戒意外。'郑国的公孙黑肱恐怕是做到了吧！"

冬季，鲁襄公和晋平公、齐庄公、宋平公、卫侯、郑简公、曹武公、莒子、邾子、薛伯、杞伯、小邾子在沙随会见，这是为了再次禁锢栾氏。栾盈还是在齐国住着。晏子说："祸乱将要起来了。齐国将会进攻晋国，不能不使人害怕。"

楚观起有宠于令尹子南，未益禄，而有马数十乘。楚人患之，王将讨焉。子南之子弃疾为王御士，王每见之，必泣。弃疾曰：“君三泣臣矣，敢问谁之罪也？”王曰：“令尹之不能，尔所知也。国将讨焉，尔其居乎？”对曰：“父戮子居，君焉用之？泄命重刑，臣亦不为。”王遂杀子南于朝，轘观起于四竟。子南之臣谓弃疾，请徙子尸于朝，曰：“君臣有礼，唯二三子。”三日，弃疾请尸，王许之。既葬，其徒曰：“行乎？”曰：“吾与杀吾父，行将焉入？”曰：“然则臣王乎？”曰：“弃父事仇，吾弗忍也。”遂缢而死。

楚国的观起受到令尹子南的宠信，没有增加俸禄，而有了能驾几十辆车子的马匹。楚国人担心这种情况，楚康王打算诛戮他们。子南的儿子弃疾是楚康王的御士，楚康王每次见到他，一定哭泣。弃疾说：“君王三次向下臣哭泣了，谨敢请问是谁的罪过？”楚康王说：“令尹的不善，这是你所知道的。国家打算诛戮他，你还是住着不走吗？”弃疾回答说：“父亲被诛戮儿子住着不走，君王哪里还能加以任用？泄露命令而加重刑罚，下臣也不会干的。”楚康王就把子南杀死在朝廷上，把观起车裂，并把尸体在国内四方示众。子南的家臣对弃疾说：“请让我们在朝廷上把子南的尸体搬出来。”弃疾说：“君臣之间有规定的礼仪，这只有看他们诸位大臣怎么办了。”过了三天，弃疾请求收尸。楚康王答应了。安葬完毕后，他的手下人说：“出走吗？”弃疾说：“我参与了杀我父亲的预谋，出走，有什么地方可以去？”手下人说：“那么还是做君王的臣下吗？”弃疾说：“丢掉父亲事奉仇人，我不能忍受这种情况。”弃疾就上吊死了。

复使薳子冯为令尹，公子齮为司马。屈建为莫敖。有宠于薳子者八

楚康王再次命薳子冯做令尹，公子齮做司马，屈建做莫敖。受到薳子冯宠信的有八个人，都无俸禄而马匹很多。

人，皆无禄而多马。他日朝，与申叔豫言。弗应而退。从之，入于人中。又从之，遂归。退朝，见之，曰："子三困我于朝，吾惧，不敢不见。吾过，子姑告我。何疾我也？"对曰："吾不免是惧，何敢告子？"曰："何故？"对曰："昔观起有宠于子南，子南得罪，观起车裂。何故不惧？"自御而归，不能当道。至，谓八人者曰："吾见申叔，夫子所谓生死而肉骨也。知我者，如夫子则可。不然，请止。"辞八人者，而后王安之。

十二月，郑游眅将归晋，未出竟，遭逆妻者，夺之，以馆于邑。丁巳，其夫攻子明，杀之，以其妻行。子展废良而立大叔，曰："国卿，君之贰也，民之主也，不可以苟。请舍子明之类。"求亡妻者，使复其所。

过些日子，蔿子冯上朝和申叔豫说话，申不回应而退走，蔿子冯跟着他走，申叔豫走进人群中。又跟着他走，申叔豫就回家了。蔿子冯退朝，进见申叔豫，说："您在朝廷上三次让我受窘，我害怕了，不敢不来见您。我有过错，您不妨告诉我，为什么讨厌我呢？"申叔豫回答说："我害怕的是不能免于罪，哪里敢告诉您？"蔿子冯说："什么缘故？"申叔豫回答说："从前观起受子南的宠信，子南有了罪过，观起被车裂，为什么不害怕？"蔿子冯自己驾着车子回去，车子都不能走在车道上。到家，对那八个人说："我进见了申叔，这个人就是所谓能使死者复生，使白骨长肉的人啊。能够了解我像这个人一样的就可以留下，否则请就此罢休。"辞退了这八个人，楚康王才对他放心。

十二月，郑国的游眅将要回到晋国去，没有出国境，遇到迎娶妻子的人，游眅夺走了他的妻子，就在那个城里住下了。十二月某一天，那个女人的丈夫攻打游眅，并杀死了游眅，带着他的妻子走了。子展废掉了良而立了太叔，说："国卿是君主的副手，百姓的主人，不能随便的。请舍弃游眅之流的人。"派人寻求丢失妻子的人，让他回到他的乡

使游氏勿怨，曰："无昭恶也。"

里，让游氏不要怨恨他，说："不要宣扬邪恶了。"

三十五、襄公二十三年
（臧孙纥论美疢）

二十三年春，杞孝公卒，晋悼夫人丧之。平公不彻乐，非礼也。礼，为邻国阙。

陈侯如楚。公子黄愬二庆于楚，楚人召之。使庆乐往，杀之。庆氏以陈叛。夏，屈建从陈侯围陈。陈人城，版队而杀人。役人相命，各杀其长。遂杀庆虎、庆寅。楚人纳公子黄。君子谓："庆氏不义，不可肆也。故《书》曰：'惟命不于常。'"

晋将嫁女于吴，齐侯使析归父媵之，以藩载栾盈及其士，纳诸曲沃。栾盈夜见胥午而告之。对曰："不可。天之所废，谁能兴之？子必不免。吾非爱死也，知不集也。"盈曰："虽

二十三年春季，杞孝公死，晋悼夫人为他服丧。晋平公不撤除音乐，这是不合于礼的。按照礼，应该为邻国的丧事撤除音乐。

陈哀公到达楚国，公子黄在楚国对二庆提出起诉，楚国人召见二庆，二庆让庆乐前往，楚国人杀了庆乐。庆氏带领陈国背叛楚国。夏季，屈建跟从陈哀公包围陈国。陈国人筑城，夹板掉了下来，庆氏就杀死了筑城人。筑城的人互相传令，各自杀死他们的工头，于是乘机杀死了庆虎、庆寅。楚国人把公子黄送回陈国。君子认为："庆氏行动不合于道义，就不能放肆。所以《书》说：'天命不能常在。'"

晋国将要把女儿嫁给吴国，齐庄公让析归父致送妾媵，用篷车装着栾盈和他的士，把他安置在曲沃。栾盈夜里进见胥午并把情况告诉他。胥午回答说："不能那么做。上天所废弃的，谁能够把他兴起？您必然不免于死。我不是爱惜一死，不过是明知事情是办不成的。"栾盈说："尽管这样，依靠您而死去，

然，因子而死，吾无悔矣。我实不天，子无咎焉。"许诺。伏之，而觞曲沃人。乐作。午言曰："今也得栾孺子，何如？"对曰："得主而为之死，犹不死也。"皆叹，有泣者。爵行，又言。皆曰："得主，何贰之有？"盈出，遍拜之。

四月，栾盈帅曲沃之甲，因魏献子，以昼入绛。初，栾盈佐魏庄子于下军，献子私焉，故因之。赵氏以原、屏之难怨栾氏，韩、赵方睦。中行氏以伐秦之役怨栾氏，而固与范氏和亲。知悼子少，而听于中行氏。程郑嬖于公。唯魏氏及七舆大夫与之。

乐王鲋待坐于范宣子。或告曰："栾氏至矣！"宣子惧。桓子曰："奉君以走固宫，必无害也。且栾氏多怨，子为政，栾氏自外，子在位，其利多矣。既有利权，

我不后悔。我确实不为上天保佑，您没有过错。"胥午答应了。把栾盈藏起来以后就请曲沃人喝酒，音乐开始演奏，胥午发话说："现在要是找到栾孺子，怎么办？"人们回答说："找到了主人而为他死，虽死犹生。"大家都叹息，还有哭泣的。举杯，胥午又说这话。大家都说："找到了主人，还有什么三心二意的！"栾盈走出来，对大家一一拜谢。

四月，栾盈率领曲沃的甲兵，靠着魏献子，在白天进入绛地。当初，栾盈在下军中辅佐魏庄子，魏献子和他私下里很要好，所以依靠他。赵氏由于原、屏的祸难怨恨栾氏，韩氏、赵氏刚刚和睦。中行氏由于攻打秦国的那次战役怨恨栾氏，知悼子年纪小，因此听从中行氏的话。程郑受到晋平公的宠信。只有魏氏和七舆大夫亲附栾氏。

乐王鲋陪侍在范宣子旁边。有人报告说："栾氏来了。"宣子恐惧。乐王鲋说："奉事国君逃到固宫，一定没有危害。而且栾氏怨敌很多，您主持国政，栾氏从外边来，您处在掌权的地位，这有利的条件就多了。既然有利有权，又

又执民柄，将何惧焉？栾氏所得，其唯魏氏乎！而可强取也。夫克乱在权，子无懈矣。"公有姻丧，王鲋使宣子墨缞冒绖，二妇人辇以如公，奉公以如固宫。

范鞅逆魏舒，则成列既乘，将逆栾氏矣。趋进，曰："栾氏帅贼以入，鞅之父与二三子在君所矣。使鞅逆吾子。鞅请骖乘。"持带，遂超乘，右抚剑，左援带，命驱之出。仆请，鞅曰："之公。"宣子逆诸阶，执其手，赂之以曲沃。

初，斐豹隶也，着于丹书。栾氏之力臣曰督戎，国人惧之。斐豹谓宣子曰："苟焚丹书，我杀督戎。"宣子喜，曰："而杀之，所不请于君焚丹书者，有如日！"乃出豹而闭之，督戎从之。逾隐而待之，督戎逾入，豹自后击而杀之。

掌握着对百姓的赏罚，有什么可以害怕的？栾氏所得到的，不就仅仅魏氏吗！而且魏氏是可以用强力争取过来的。平定叛乱在于有权力，您不要懈怠！"晋平公有姻亲的丧事，乐王鲋让范宣子穿着黑色的丧服，和两个女人坐上手拉车去到晋平公那里，陪侍晋平公去到固宫。

范鞅去迎接魏献子，魏献子的军队已经排成行列、登上战车，准备去迎接栾氏了。范鞅快步走进，说："栾氏率领叛乱分子进入国都，鞅的父亲和几位大夫都在国君那里，派鞅来迎接您，鞅请求在车上作为骖乘。"拉着带子，就跳上魏献子的战车。范鞅右手摸着剑，左手拉着带子，下令驱车离开行列。驾车的人问到哪里去，范鞅说："到国君那里。"范宣子在阶前迎接魏献子，拉着他的手，答应把曲沃送给他。

起初，斐豹是一个奴隶，用红字记载在竹简上。栾氏有一个大力士叫督戎，国内的人们都害怕他。斐豹对范宣子说："如果烧掉这竹简，我就去杀死督戎。"范宣子很高兴，说："你杀了他，我便不请求国君烧掉这竹简，有太阳神可作明证！"于是就让斐豹出宫，然后关上宫门，督戎跟上来。斐豹翻进墙等着督戎，督戎翻进墙来，斐豹从后面猛击而

范氏之徒在台后，栾氏乘公门。宣子谓鞅曰："矢及君屋，死之！"鞅用剑以帅卒，栾氏退。摄车从之，遇栾氏，曰："乐免之，死将讼女于天。"乐射之，不中；又注，则乘槐本而覆。或以戟钩之，断肘而死。栾鲂伤。栾盈奔曲沃，晋人围之。

秋，齐侯伐卫。先驱，谷荣御王孙挥，召扬为右。申驱，成秩御莒恒，申鲜虞之傅挚为右。曹开御戎，晏父戎为右。贰广，上之登御邢公，卢蒲癸为右。启，牢成御襄罢师，狼蘧疏为右。胠，商子车御侯朝，桓跳为右。大殿，商子游御夏之御寇，崔如为右，烛庸之越驷乘。

自卫将遂伐晋。晏平仲曰："君恃勇力以伐盟主，若不济，国之福也。不德而有功，忧必及君。"崔杼谏曰："不可。臣闻之：'小国间

杀死了他。

范氏的手下人在台的后面，栾氏登上宫门。范宣子对范鞅说："箭如果射到国君的屋子，你就死去！"范鞅用箭带领步兵迎战，栾氏败退。范鞅跳上战车追击，遇到栾乐，范鞅说："乐，别打了，我死了将会向上天控告你。"栾乐用箭射他，没有射中，又把箭搭上弓弦，车轮碰上槐树根而翻了车。有人用戟钩他，把他的手臂拉断了，他就死了。栾鲂受了伤。栾盈逃到曲沃，晋国人包围了他。

秋季，齐庄公发兵攻打卫国。第一前锋，谷荣驾御王孙挥的战车，召扬作为车右。第二前锋，成秩驾御莒恒的战车，申鲜虞的儿子傅挚作为车右。曹开驾御齐庄公的战车，晏父戎作为车右。齐庄公的副车，上之登驾御邢公的战车，卢蒲癸作为车右；左翼部队，牢成驾御襄罢师的战车，狼蘧疏作为车右；右翼部队，商子车驾御侯朝的战车，桓跳作为车右；后军，商子游驾御夏之御寇的战车，崔如作为车右；烛庸之越等四人共乘一辆车殿后。

齐庄公从卫国出发并将由此进攻晋国。晏平仲说："君王依仗勇力，来攻打盟主。如果不成功，这是国家的福气。没有德行而有功劳，忧患必然会降到君

大国之败而毁焉，必受其咎。'君其图之！"弗听。陈文子见崔武子，曰："将如君何？"武子曰："吾言于君，君弗听也。以为盟主，而利其难。群臣若急，君于何有？子姑止之。"文子退，告其人曰："崔子将死乎！谓君甚，而又过之，不得其死。过君以义，犹自抑也，况以恶乎？"

齐侯遂伐晋，取朝歌，为二队，入孟门，登大行，张武军于荥庭，戍郫邵，封少水，以报平阴之役，乃还。赵胜帅东阳之师以追之，获晏氂。八月，叔孙豹帅师救晋，次于雍榆，礼也。

季武子无适子，公弥长，而爱悼子，欲立之。访于申丰，曰："弥与纥，吾皆爱之，欲择才焉而立之。"申丰趋退，归，尽室将行。他日，又访焉，对曰："其然，将具敝

王身上。"崔杼劝谏说："不行。下臣听说：'小国钻了大国败坏的空子而加之以武力，一定要受到灾祸。'君王还是考虑一下吧。"齐庄公不听。陈文子进见崔杼，说："打算把国君怎么办？"崔杼说："我对国君说了，国君不听。把晋国奉为盟主，反而以它的祸难为利。下臣们如果急了，哪里还能顾及国君？您暂且不用管了。"陈文子退出，告诉他的手下人说："崔子将要死了吧！指责国君过分而所作所为又超过国君，会不得善终的。用道义超过国君，还需要自己抑制，何况是用邪恶呢？"

齐庄公因此而攻打晋国，占取朝歌。兵分两路，一路进入孟门，一路登上太行山口，在荥庭建筑纪念物，派人戍守郫邵，在少水收集晋军尸体于一坑筑成一个大坟，以报复平阴那次战役，这才收兵回去。赵胜领着东阳的军队追赶上齐军，俘虏了晏氂。八月，叔孙豹领兵救援晋国，驻扎在雍榆，这是合于礼的。

季武子没有嫡子，公鉏年长，但是季武子喜欢悼子，想立他为继承人。季武子向申丰说："弥和纥，我都喜欢，想要选择有才能的立为继承人。"申丰快步走出，回家，打算全家出走。过了几天，季武子又问申丰。申丰回答说：

车而行。"乃止。访于
臧纥，臧纥曰："饮我
酒，吾为子立之。"季
氏饮大夫酒，臧纥为客。
既献，臧孙命北面重席，
新尊絜之。召悼之，降
逆之。大夫皆起。及旅，
而召公鉏，使与之齿，
季孙失色。

季氏以公鉏为马正，
愠而不出。闵子马见之，
曰："子无然！祸福无门，
唯人所召。为人子者，
患不孝，不患无所。敬
共父命，何常之有？若
能孝敬，富倍季氏可也。
奸回不轨，祸倍下民可
也。"公鉏然之。敬共
朝夕，恪居官次。季孙喜，
使饮己酒，而以具往，
尽舍旃。故公鉏氏富，
又出为公左宰。

孟孙恶臧孙，季孙
爱之。孟氏之御驺丰点
好羯也，曰："从余言，
必为孟孙。"再三云，
羯从之。孟庄子疾，丰
点谓公鉏："苟立羯，

"如果这样，我准备套上我的车走了。"
季武子就停了下来。季武子又去问臧纥。
臧纥说："招待我喝酒，我为您立他。"
季氏招待大夫们喝酒，臧纥是上宾。向
宾客献酒完毕，臧纥命令朝北铺上两层
席子，换上洗净的酒杯。召见悼子，走
下台阶迎接他。大夫们都站起来，等到
宾主互相敬酒酬答，才召见公鉏，让他
和别人按年龄大小排列座位。出于意外，
季武子脸上都变了颜色。

季氏让公鉏担任马正，公鉏怨恨，
不肯做。闵子马见到公鉏，说："您不
要这样，祸和福没有门，在于人们的所
作所为。做儿子的，担心的是不孝，而
不担心没有地位。恭敬地对待父亲的命
令，事情怎么会固定不变呢？如果能
够孝顺恭敬，可以比季氏富有一倍。奸
邪不合法度，祸患可以比老百姓增加一
倍。"公鉏同意他的话，就恭敬地早晚
问父亲安，谨慎地执行职务。季武子高
兴了，让他招待自己喝酒，而带着饮宴
的器具前往，把器具全部留下给他，公
鉏氏因此致富。又做了鲁襄公的左宰。

孟庄子讨厌臧孙，但季武子喜欢他。
孟氏的车马官丰点喜欢羯，说："听从
我的话，你一定成为孟氏的继承人。"
再三地说，羯就听从了他。孟庄子生病，
丰点对公鉏说："如果立了羯，就是报

请仇臧氏。"公鉏谓季孙曰:"孺子秩,固其所也。若羯立,则季氏信有力于臧氏矣。"弗应。己卯,孟孙卒,公鉏奉羯立于户侧。季孙至,入,哭,而出,曰:"秩焉在?"公鉏曰:"羯在此矣!"季孙曰:"孺子长。"公鉏曰:"何长之有?唯其才也。且夫子之命也。"遂立羯。秩奔邾。

臧孙入,哭甚哀,多涕。出,其御曰:"孟孙之恶子也,而哀如是。季孙若死,其若之何?"臧孙曰:"季孙之爱我,疾疢也。孟孙之恶我,药石也。美疢不如恶石。夫石犹生我,疢之美,其毒滋多。孟孙死,吾亡无日矣。"

孟氏闭门,告于季秋曰:"臧氏将为乱,不使我葬。"季孙不信。臧孙闻之,戒。冬十月,孟氏将辟,藉除于臧氏。臧孙使正夫助之,除于

复了臧氏。"公鉏对季武子说:"孺子秩本来应当做孟氏的继承人。如果羯能够改立为继承人,那么季氏就确实比臧氏有力量了。"季武子不答应。八月十日,孟孙死了。公鉏奉事羯立在门边接受宾客来吊唁。季武子来到,进门就哭,出门,说:"秩在哪里?"公鉏说:"羯在这里了。"季孙说:"孺子年长。"公鉏说:"有什么年长不年长?就因为他有才能,而且是老人家的命令。"就立了羯。秩逃亡到邾国。

臧孙进门号哭,很哀痛,眼泪很多。出门,他的御者说:"孟庄子讨厌您,而您却悲哀成这个样子。季武子如果死了,您怎么办?"臧孙说:"季武子喜欢我,这是没有痛苦的疾病。孟庄子讨厌我,这是治疾病的良药。没有痛苦的疾病不如使人痛苦的良药。良药还可以让我活下去,疾病没有痛苦,它的毒害更多。孟庄子死了,我离灭亡也没有多少日子了。"

孟氏关起大门,告诉季武子说:"臧氏打算发动变乱,不让我家安葬。"季武子不相信。臧孙听到了,实行戒备。冬十月,孟氏准备挖开墓道,在臧氏那里借用役夫。臧孙让正夫去帮忙,在东

东门，甲从己而视之。孟氏又告季孙。季孙怒，命攻臧氏。乙亥，臧纥斩鹿门之关以出，奔邾。

初，臧宣叔娶于铸，生贾及为而死。继室以其侄，穆姜之姨子也。生纥，长于公宫。姜氏爱之，故立之。臧贾、臧为出在铸。臧武仲自邾使告臧贾，且致大蔡焉，曰："纥不佞，失守宗祧，敢告不吊。纥之罪，不及不祀。子以大蔡纳请，其可。"贾曰："是家之祸也，非子之过也。贾闻命矣。"再拜受龟。使为以纳请，遂自为也。臧孙如防，使来告曰："纥非能害也，知不足。非敢私请！苟守先祀，无废二勋，敢不辟邑。"乃立臧为。臧纥致防而奔齐。其人曰："其盟我乎？"臧孙曰："无辞。"将盟臧氏，季孙召外史掌恶臣，而问盟首焉，对曰：

门开掘墓道，让甲士跟随着自己前去视察。孟氏又告诉季武子。季武子生气，命令进攻臧氏。十月初七日，臧孙砍断鹿门的门闩逃亡到邾国。

起初，臧宣叔在铸国娶妻，她生了臧贾和臧为就死了。臧宣叔以妻子的侄女作为继室，就是穆姜妹妹的女儿，生了纥，长在鲁公的宫中。穆姜喜欢他，所以立为臧宣叔的继承人。臧贾、臧为离开家住在铸国。臧孙从邾国派人告诉臧贾，同时送去大龟说："纥没有才能，不能祭祀宗庙，谨向您报告不善。纥的罪过不至于断绝后代，您进献大龟而请求立为我家的继承人，也许是可以的。"臧贾说："这是家门的灾祸，不是您的过错，贾听到命令了。"臧贾再拜，接受了大龟，让臧为去代他进献大龟并请求，臧为却请求立自己为继承人。臧纥去到防地，派人来报告说："纥并不能伤害别人，这是智谋不足的缘故。纥并不敢为个人请求。如果能保存先人的祭祀，不废掉两位先人的勋劳，岂敢不让出封邑？"于是就立了臧为。臧纥献出了防地而逃亡到齐国。他的手下人说："他们能与我们盟誓吗？"臧纥说："盟辞不好写。"打算为臧氏盟誓。季武子召见掌管逃亡臣子的外史而询问盟辞的

"盟东门氏也，曰：'毋或如东门遂，不听公命，杀适立庶。'盟叔孙氏也，曰：'毋或如叔孙侨如，欲废国常，荡覆公室。'"季孙曰："臧孙之罪，皆不及此。"孟椒曰："盍以其犯门斩关？"季孙用之。乃盟臧氏曰："无或如臧孙纥，干国之纪，犯门斩关。"臧孙闻之，曰："国有人焉！谁居？其孟椒乎！"

晋人克栾盈于曲沃，尽杀栾氏之族党。栾鲂出奔宋。书曰："晋人杀栾盈。"不言大夫，言自外也。

齐侯还自晋，不入。遂袭莒，门于且于，伤股而退。明日，将复战，期于寿舒。杞殖、华还载甲，夜入且于之隧，宿于莒郊。明日，先遇莒子于蒲侯氏。莒子重赂之，使无死，曰："请有盟。"华周对曰："贪货弃命，亦君所恶也。

写法。外史回答说："为东门氏盟誓，说：'不要像东门遂那样，不听国君的命令，杀嫡子、立庶子。'为叔孙氏盟誓，说'不要像叔孙侨如那样，想要废弃国家的常道，颠覆公室！'"季武子说："臧纥的罪过都不至于此。"孟椒说："何不把他攻砍城门门闩写进盟辞？"季武子采用了，就和其他官员盟誓，说："不要像臧孙纥那样触犯国家的法纪，打城门砍门闩！"臧纥听到了，说："国内有人才啊！是谁呀？恐怕是孟椒吧！"

晋国人在曲沃战胜栾盈，把栾氏的亲族全部杀光。栾鲂逃亡到宋国。《春秋》记载说："晋人杀栾盈"，不说大夫，这是说他从国外进入国内发动叛乱。

齐庄公从晋国回来，不进入国都，就袭击莒国，攻打且于的城门，大腿受伤而退走。第二天，准备再战，约定军队在寿舒集中。杞梁、华还用战车装载甲士夜里进入且于的狭路，露宿在莒国郊外。第二天，先和莒子在蒲侯氏遭遇。莒子赠给他们以重礼，让他们不要战死，说："请和你们结盟。"华还回答说："贪得财货丢弃命令，这也是君王所厌恶的。

昏而受命，日未中而弃之，何以事君？"莒子亲鼓之，从而伐之，获杞梁。莒人行成。

齐侯归，遇杞梁之妻于郊，使吊之。辞曰："殖之有罪，何辱命焉？若免于罪，犹有先人之敝庐在，下妾不得与郊吊。"齐侯吊诸其室。

齐侯将为臧纥田。臧孙闻之，见齐侯，与之言伐晋，对曰："多则多矣！抑君似鼠。夫鼠昼伏夜动，不穴于寝庙，畏人故也。今君闻晋之乱而后作焉。宁将事之，非鼠如何？"乃弗与田。

仲尼曰："知之难也。有臧武仲之知，而不容于鲁国，抑有由也。作不顺而施不恕也。《夏书》曰：'念兹在兹。'顺事、恕施也。"

昨天晚上接受命令，今天太阳没到正中就丢掉，还用什么事奉君王？"莒子亲自击鼓，追击齐军，杀死了杞梁。莒国人就和齐国讲和了。

齐庄公回国以后，在郊外遇到杞梁的妻子，派人向她吊唁，她辞谢说："杞梁有罪，岂敢劳动国君派人吊唁？如果君王能够免罪，我们还有先人的破屋在那里，下妾不能接受在郊外的吊唁。"于是齐庄公又到杞梁家去吊唁。

齐庄公准备封给臧纥土地。臧纥听说了，进见齐庄公。齐庄公对他说起进攻晋国的事，他回答说："功劳诚然太多了，可是君王却像老鼠，白天藏起来，夜里出动，不在宗庙里打洞，这是由于怕人的缘故。现在君王听说晋国有了动乱要出兵，一旦晋国安宁又准备事奉晋国，这不是老鼠又是什么？"齐庄公因此发怒而没有封给纥田地。

孔子说："聪明是很难做到的啊。有了臧武仲的聪明，而不能为鲁国容纳，这是有原因的，因为他的所作不顺于事理而所为下合于恕道。《夏书》说'想着这个，一心都在于这个'，这就是要顺于事理而合于恕道。"

三十六、襄公二十四年（叔孙豹论不朽）

二十四年春，穆叔如晋。范宣子逆之，问焉，曰："古人有言曰，'死而不朽'，何谓也？"穆叔未对。宣子曰："昔匄之祖，自虞以上，为陶唐氏，在夏为御龙氏，在商为豕韦氏，在周为唐杜氏，晋主夏盟为范氏，其是之谓乎？"穆叔曰："以豹所闻，此之谓世禄，非不朽也。鲁有先大夫曰臧文仲，既没，其言立。其是之谓乎！豹闻之，大上有立德，其次有立功，其次有立言，虽久不废，此之谓不朽。若夫保姓受氏，以守宗祊，世不绝祀，无国无之，禄之大者，不可谓不朽。"

范宣子为政，诸侯之币重。郑人病之。二

二十四年春季，穆叔去到晋国，范宣子迎接他，问他，说："古人有话说，'死而不朽'，这是说的什么？"穆叔没有回答。范宣子说："从前匄的祖先，在虞舜以前是陶唐氏，在夏朝是御龙氏，在商朝是豕韦氏，在周朝是唐杜氏，晋国主持中原的盟会的时候是范氏，恐怕就是说的这个吧！"穆叔说："据豹所听到的，这叫作世禄，不是不朽。鲁国有一位大夫叫臧文仲，死了以后，他的话世世不废弃，所谓不朽，说的就是这个吧！豹听说：最高的是树立德行，其次是树立功业，再其次是树立言论。能做到这样，虽然死了也久久不会废弃，这叫作三不朽。像这样保存姓、接受氏，用来守住宗庙，世世代代不断绝祭祀，没有一个国家没有这种情况。这只是官禄中的大的，不能说是不朽。"

范宣子执政，诸侯朝见晋国的贡品很重，郑国人对此感到忧虑。二月，郑

月，郑伯如晋。子产寓书于子西以告宣子，曰："子为晋国，四邻诸侯，不闻令德，而闻重币，侨也惑之。侨闻君子长国家者，非无贿之患，而无令名之难。夫诸侯之贿聚于公室，则诸侯贰。若吾子赖之，则晋国贰。诸侯贰，则晋国坏。晋国贰，则子之家坏。何没没也！将焉用贿？夫令名，德之舆也。德，国家之基也。有基无坏，无亦是务乎！有德则乐，乐则能久。《诗》云：'乐只君子，邦家之基。'有令德也夫！'上帝临女，无贰尔心。'有令名也夫！恕思以明德，则令名载而行之，是以远至迩安。毋宁使人谓子'子实生我'，而谓'子濬我以生'乎？像有齿以焚其身，贿也。"

宣子说，乃轻币。是行也，郑伯朝晋，为重币故，且请伐陈也。

简公去到晋国，子产托子西带信给范宣子，说："您治理晋国，四邻的诸侯不听说有美德，而听说要很重的贡品，侨对这种情况感到迷惑。侨听说君子治理国和家，不担心没有财礼，而是害怕没有好名声。诸侯的财货，聚集在国君家里，内部就会分裂。如果您把这个作为利己之物，晋国的内部就不和。诸侯的内部不和，晋国就受到损害。晋国的内土不和，您的家就受到损害。为什么那么糊涂呢！还哪里用得着财货？好名声，是装载德行的车子。德行，是国家和家族的基础。有基础才不至于毁坏，您不也应该致力于这个吗？有了德行就快乐，快乐了就能长久。《诗》说：'快乐啊君子，是国家和家族的基础。'这就是有美德吧！'天帝在你的上面，你不要有二心。'这就是有好名声吧！用宽恕来发扬德行，那么好的名声就会自然传布天下，因此远方的人会因仰慕而来，近处的人也会获得安宁。您是宁可让人对您说'您确实养活了我'，还是说'您剥削我来养活自己'呢？象有了象牙而毁了自己，这是由于象牙值钱的缘故。"

范宣子听了子产的这番道理之后很高兴，就减轻了贡品的要求。这一趟，郑简公朝见晋国，是为了贡品太重的缘

郑伯稽首，宣子辞。子西相，曰："以陈国之介恃大国而陵虐于敝邑，寡君是以请罪焉。敢不稽首。"

孟孝伯侵齐，晋故也。

夏，楚子为舟师以伐吴，不为军政，无功而还。

齐侯既伐晋而惧，将欲见楚子。楚子使薳启疆如齐聘，且请期。齐社，搜军实，使客观之。陈文子曰："齐将有寇。吾闻之，兵不戢，必取其族。"

秋，齐侯闻将有晋师，使陈无宇从薳启疆如楚，辞，且乞师。崔杼帅师送之，遂伐莒，侵介根。会于夷仪，将以伐齐，水，不克。

冬，楚子伐郑以救齐，门于东门，次于棘泽。诸侯还救郑。晋侯使张

故，同时请求进攻陈国。郑简公行叩首礼，范宣子辞谢不敢当。子西相礼，说："陈国仗恃大国而欺凌侵害敝邑，寡君因此请求向陈国问罪，岂敢不叩首？"

孟孝伯侵袭齐国，这是为了晋国的缘故。

夏季，楚康王出动水军以攻打吴国；由于不对军队进行教育，没有得到成功就回来了。

齐庄公对晋国发动进攻以后又害怕，打算会见楚康王。楚康王派薳启疆去到齐国聘问，同时请问会见的日期。齐国人在军队中祭祀土地神，举行大检阅，让客人观看。陈文子说："齐国将要受到侵犯。我听说，不收敛武力，必然危害自己。"

秋季，齐庄公听说晋国打算出兵，就派遣陈无宇跟随薳启疆去到楚国。说明将有战事而不能会见，同时请求出兵。崔杼领兵送他，就乘机进攻莒国，侵袭介根。鲁襄公和晋平公、宋平公、卫殇公、郑简公、曹武公、莒子、邾子、滕子、薛伯、杞伯、小邾子在夷仪会见，准备进攻齐国。由于发生水灾，没有实现。

冬季，楚康王进攻郑国以救援齐国，攻打东门，驻扎在棘泽。诸侯回军救援郑国。晋平公派遣张骼、辅跞向楚军单

骼、辅跞致楚师，求御于郑。郑人卜宛射犬，吉。子大叔戒之曰："大国之人，不可与也。"对曰："无有众寡，其上一也。"大叔曰："不然，部娄无松柏。"二子在幄，坐射犬于外，既食而后食之。使御广车而行，己皆乘乘车。将及楚师，而后从之乘，皆踞转而鼓琴。近，不告而驰之。皆取胄于囊而胄，入垒，皆下，搏人以投，收禽挟囚。弗待而出。皆超乘，抽弓而射。既免，复踞转而鼓琴，曰："公孙！同乘，兄弟也。胡再不谋？"对曰："曩者志入而已，今则怵也。"皆笑，曰："公孙之亟也。"

楚子自棘泽还，使薳启疆帅师送陈无宇。

吴人为楚舟师之役

车挑战，郑国求取驾御战车的人。郑国为派遣宛射犬占卜，吉利。子太叔告诫宛射犬说："对大国的人不能和他们分庭抗礼。"宛射犬回答说："不论兵多兵少，御者的地位在车左车右之上是一样的。"太叔说："不是这样。小山上没有松柏。"张骼、辅跞两个人在帐篷里，让射犬坐在帐篷外，吃完饭，才让射犬吃。让射犬驾御广车前进，自己却坐着平时的战车，将要到达楚军营垒，然后才登上射犬的车子，二人均蹲在车后边的横木上弹琴。车子驶近楚营，射犬没有告诉这两个人就疾驰而进。这两个人都从袋子里拿出头盔戴上，进入营垒，都下了车，把楚兵提起来扔出去，把俘虏的楚兵捆绑好或者挟在腋下。射犬不等待这两个人而独自驱车出来，这两个人就都跳上车，抽出弓箭来射向追兵。脱险以后，张、辅二人又蹲在车后边横木上弹琴，说："公孙！同坐一辆战车，就是兄弟，为什么两次都不商量一下？"射犬回答说："前一回一心想着冲入敌营，这一回是心里害怕敌军人多，顾不上商量。"两个人都笑了，说："公孙是个急性的人啊！"

楚康王从棘泽回来，派薳启疆领兵护送陈无宇。

吴国人为楚国"舟师之役"的缘故，

故，召舒鸠人，舒鸠人
叛楚。楚子师于荒浦，
使沈尹寿与师祁犁让之。
舒鸠子敬逆二子，而告
无之，且请受盟。二子
覆命，王欲伐之。蒍子
曰："不可。彼告不叛，
且请受盟，而又伐之，
伐无罪也。姑归息民，
以待其卒。卒而不贰，
吾又何求？若犹叛我，
无辞有庸。"乃还。

陈人复讨庆氏之党，
鍼宜咎出奔楚。齐人城
郑。穆叔如周聘，且贺城。
王嘉其有礼也，赐之大
路。

晋侯嬖程郑，使佐
下军。郑行人公孙挥如
晋聘。程郑问焉，曰：
"敢问降阶何由？"子
羽不能对。归以语然明，
然明曰："是将死矣。
不然将亡。贵而知惧，
惧而思降，乃得其阶，
下人而已，又何问焉？
且夫既登而求降阶者，

召集舒鸠人。舒鸠人背叛楚国。楚康王在荒浦发兵，派沈尹寿和师祁犁责备他们。舒鸠子恭恭敬敬地迎接这两个人，告诉他们没有这回事，同时请求接受盟约。这两个人回去向楚康王复命，楚康王想要进攻舒鸠。蒍子说："不行。他告诉我们说不背叛，同时又请求接受盟约，而我们又去进攻他，这是进攻无罪的国家。姑且回去使百姓休息，以等待结果。没有三心二意，我们还有什么可要求的？如果还是背叛我们，他就无话可说，我们打它就可以获得成功了。"楚康王于是就退兵回去了。

陈国人再次讨伐庆氏的亲族，鍼宜咎逃亡到楚国。齐国人在郏地为周王筑城。穆叔到成周聘问，同时祝贺筑城完工。周天子嘉奖穆叔合于礼仪，赐给他大路之车。

晋平公宠信程郑，任命他为下军副帅。郑国的行人公孙挥去到晋国聘问，程郑向他请教，说："谨敢请问怎样才能降级？"公孙挥不能回答，回去告诉了然明。然明说："这个人将要死了。否则，就是要逃亡。地位尊贵而知道害怕，害怕而想到降级，就可以得到适合他的地位，不过是在别人下面罢了，又要问什么呢？而且既已登上高位而要求降级的，这是聪明人，不是程郑这样的

知人也，不在程郑。其有亡衅乎？不然，其有惑疾，将死而忧也。"

人。这恐怕有了逃亡的迹象了吧！否则，就是有疑心病，自知将要死了而为自己担心啊！"

三十七、襄公二十五年
（崔杼弑齐庄公）

二十五年春，齐崔杼师师伐我北鄙，以报孝伯之师也。公患之，使告于晋。孟公绰曰："崔子将有大志，不在病我，必速归，何患焉！其来也不寇，使民不严，异于他日。"齐师徒归。

齐棠公之妻，东郭偃之姊也。东郭偃臣崔武子。棠公死，偃御武子以吊焉。见棠姜而美之，使偃取之。偃曰："男女辨姓，今君出自丁，臣出自桓，不可。"武子筮之，遇《困》三之《大过》三。史皆曰："吉。"示陈文子，文子曰："夫从风，风陨，妻不可娶也。且其《繇》曰：'困于石，据于蒺藜，入于其宫，不见其妻，凶。'困于石，往不济也。据

二十五年春季，齐国的崔杼率领军队进攻鲁国北部边境，报复孝伯那次进攻齐国。鲁襄公担心，派人向晋国报告。孟公绰说："崔子将要有大志，不在于困扰我国，一定会很快回去，担心什么？他来的时候不劫掠，役使百姓不严厉，和以前不一样。"齐军白来了一趟而退兵了。

齐国棠公的妻子，是东郭偃的姐姐。东郭偃是崔武子的家臣。棠公死，东郭偃为崔武子驾车去吊唁。崔武子看到棠姜，觉得她很美，让东郭偃为他娶过来。东郭偃说："男女婚配要辨别姓氏，您是丁公的后代，下臣是桓公的后代，这是不可以的。"崔武子占筮，得到《困》卦变成《大过》，太史都说"吉利"。拿给陈文子看，陈文子说："丈夫跟从风，风坠落妻子，不能娶的。而且它的繇辞说：'为石头所困，据守在蒺藜丛，走进屋，不见妻，凶。'为石头所困，这意味所依靠的东西会使人受伤，走进屋，不见妻，凶，这意味无所归宿。"崔武子说："她是寡妇，有什么妨碍？

于蔟藜，所恃伤也。入于其宫，不见其妻，凶，无所归也。"崔子曰："嫠也何害？先夫当之矣。"遂取之。庄公通焉，骤如崔氏。以崔子之冠赐人，侍者曰："不可。"公曰："不为崔子，其无冠乎？"崔子因是，又以其间伐晋也，曰："晋必将报。"欲弑公以说于晋，而不获间。公鞭侍人贾举而又近之，乃为崔子间公。

夏五月，莒为且于之役故，莒子朝于齐。甲戌，飨诸北郭。崔子称疾，不视事。乙亥，公问崔子，遂从姜氏。姜入于室，与崔子自侧户出。公拊楹而歌。侍人贾举止众从者，而入闭门。甲兴，公登台而请，弗许；请盟，弗许；请自刃于庙，勿许。皆曰："君之臣杼疾病，不能听命。近于公宫，陪臣干掫有淫者，不知

死去的丈夫已经承担过这凶兆了。"于是就娶了棠姜。齐庄公和棠姜私通，屡次到崔家去，把崔武子的帽子赐给别人。侍者说："不行。"齐庄公说："不用崔子的帽子，难道就没有帽子了？"崔武子由此怀恨齐庄公，又因为齐庄公乘晋国的动乱而进攻晋国，说："晋国必然要报复。"崔武子想要杀齐庄公来讨好晋国，而又没有得到机会。齐庄公鞭打了侍人贾举，后来又亲近贾举，贾举就为崔武子找机会杀死齐庄公。

夏五月，由于且于这次战役的缘故，莒子到齐国朝见。六日，齐庄公在北城设享礼招待他，崔武子推说有病，不办公。七日，齐庄公去问候崔武子，乘机又跟棠姜幽会。姜氏进入内室和崔武子从侧门出去。齐庄公拍着柱子唱歌。侍人贾举禁止庄公随从入内，自己走进去，关上大门。甲士们一拥而起，齐庄公登上高台请求免其一死，崔武子不答应；请求结盟，不答应；请求在太庙自杀，不答应。都说："君王的下臣崔杼病得厉害，不能听取您的命令。这里靠近君王的宫室，陪臣巡夜搜捕淫乱的人，不知道有其他命令。"齐庄公跳墙逃跑，

二命。"公逾墙。又射之，中股，反队，遂弑之。贾举、州绰、邴师、公孙敖、封具、铎父、襄伊、偻堙皆死。祝佗父祭于高唐，至，覆命。不说弁而死于崔氏。申蒯侍渔者，退，谓其宰曰："尔以帑免，我将死。"其宰曰："免，是反子之义也。"与之皆死。崔氏杀融蔑于平阴。

晏子立于崔氏之门外，其人曰："死乎？"曰："独吾君也乎哉？吾死也。"曰："行乎？"曰："吾罪也乎哉？吾亡也。""归乎？"曰："君死，安归？君民者，岂以陵民？社稷是主。臣君者，岂为其口实，社稷是养。故君为社稷死，则死之；为社稷亡，则亡之。若为己死而为己亡，非其私昵，谁敢任之？且人有君而弑之，吾焉得死之，而焉得亡之？将庸何归？"门启

有人用箭射他，射中大腿，掉在墙里，于是就杀死了他。贾举、州绰、邴师、公孙敖、封具、铎父、襄伊、偻堙都被杀死。祝佗父在高唐祭祀，到达国都复命，还没有脱掉官帽，就在崔武子家里被杀死。申蒯是管理渔业的人，退出来，对他的家臣头子说："你带着我的妻子儿女逃走，我准备一死。"他的家臣头子说："如果我逃走，就是违背了您的道义了。"就和申蒯一起自杀。崔氏在平阴杀死了融蔑。

晏子立在崔氏的门外边，他的手下人说："死吗？"晏子说："光是我一个人的国君吗？我死？"手下人说："走吗？"晏子说："是我的罪过吗？我逃走？"手下人说："回去吗？"晏子说："国君死了，回到哪儿去？作为百姓的君主，难道是用他的地位来高踞于百姓之上吗？君主应当主持国政。作为君主的臣下，难道是为了他的俸禄？应当保护国家。所以如果君主为国家而死，那么也要为他而死，如果君主为国家而逃亡，那么也要为他而逃亡。如果君主为自己而死，为自己而逃亡，不是君主宠爱的人，谁敢承担这个责任？而且别人有了君主反而杀死了他，我哪能为他而死？哪里能为他而逃亡？又能回到哪里

而入，枕尸股而哭。兴，三踊而出。人谓崔子："必杀之！"崔子曰："民之望也！舍之，得民。"卢蒲癸奔晋，王何奔莒。

叔孙宣伯之在齐也，叔孙还纳其女于灵公。嬖，生景公。丁丑，崔杼立而相之。庆封为左相。盟国人于大宫，曰："所不与崔、庆者……。"晏子仰天叹曰："婴所不唯忠于君利社稷者是与，有如上帝。"乃歃。辛巳，公与大夫及莒子盟。

大史书曰："崔杼弑其君。"崔子杀之。其弟嗣书而死者，二人。其弟又书，乃舍之。南史氏闻大史尽死，执简以往。闻既书矣，乃还。

间丘婴以帷缚其妻而载之，与申鲜虞乘而出，鲜虞推而下之，曰："君昏不能匡，危不能救，死不能死，而知匿其昵，

去呢？"开了大门，晏子进去，头枕在齐庄公尸体的大腿上而号哭起来，往上跳三次以后才出去。有人对崔武子说："一定要杀了他。"崔武子说："他是百姓仰望的人，放了他，可以得民心。"卢蒲癸逃亡到晋国，王何逃亡到莒国。

叔孙宣伯在齐国的时候，叔孙还把叔孙宣伯的女儿嫁给了齐灵公，受到宠爱，生了齐景公。十九日，崔武子拥立景公为国君而自己出任国相，庆封做左相，和国内的人们在太公的宗庙结盟，说："有不亲附崔氏、庆氏的……"晏子向天叹气说："婴如果不亲附忠君利国的人，有天帝为证！"于是歃血发誓。二十三日，齐景公和大夫以及莒子结盟。

太史记载说："崔杼杀了他的国君。"崔武子杀死了太史。太史的弟弟接着这样写，因而被杀的又是两个。太史还有一个弟弟又这样写，崔武子就由他去了。南史氏听说太史都死了，拿了照样写好了的竹简前去，听到已经如实记载了，这才回去。

间丘婴用车子的帷幕包捆妻子，装上车，和申鲜虞坐一辆车逃走。鲜虞把间丘婴的妻子推下车，说："国君昏昧不能纠正，危险不能救援，死了不能跟着死，只知道把自己所亲爱的人藏匿起

其谁纳之？"行及弇中，将舍。婴曰："崔、庆其追我！"鲜虞曰："一与一，谁能惧我？"遂舍，枕辔而寝，食马而食。驾而行，出弇中，谓婴曰："速驱之！崔、庆之众，不可当也。"遂来奔。

崔氏侧庄公于北郭。丁亥，葬诸士孙之里，四翣，不跸，下车七乘，不以兵甲。

晋侯济自泮，会于夷仪，伐齐，以报朝歌之役。齐人以庄公说，使隰钅且请成。庆封如师，男女以班。赂晋侯以宗器、乐器。自六正、五吏、三十帅、三军之大夫、百官之正长、师旅及处守者，皆有赂。晋侯许之。使叔向告于诸侯。公使子服惠伯对曰："君舍有罪，以靖小国，君之惠也。寡君闻命矣！"

晋侯使魏舒、宛没逆卫侯，将使卫与之夷仪。崔子止其帑，以求

来，有谁会接纳我们？"走到弇中狭道，准备住下，间丘婴说："崔氏、庆氏恐怕在追我们。"鲜虞说："一对一，谁能让我们害怕？"于是他们住下来，头枕马鞍而睡，先喂饱马，然后自己吃饭，然后套上马走路，走出弇中，对间丘婴说："快点赶马，崔氏、庆氏人多，是不能抵挡的。"于是就逃亡到鲁国来。

崔氏把齐庄公的棺材在北边外城用土砖围砌起来。二十九日，安葬在士孙之里，葬礼用四把长柄扇，不清道，送葬的破车七辆，不用武器盔甲随葬。

晋平公渡过泮水，和鲁襄公、宋平公、卫殇公、郑简公、曹武公、莒子、邾子、滕子、薛伯、杞伯、小邾子在夷仪会合，进攻齐国，以报复朝歌这一战役。齐国人想用杀齐庄公这件事情向晋国解释，派隰钅且请求媾和。庆封来到军中。男男女女分开排列、捆绑。把宗庙里的祭器和乐器送给晋平公。六卿、五吏、三十个师的将领、各部门的主管、属官和留守的人都赠送了财礼。晋平公答应了。派叔向告诉诸侯。襄公派子服惠伯回答说："君王宽恕有罪，以安定小国，这是君王的恩惠。寡君听到命令了。"

晋平公派魏舒、宛没迎接卫献公，准备让卫国把夷仪给卫献公居住。崔武子留下卫献公的妻子儿女，来谋求五鹿

五鹿。

初，陈侯会楚子伐郑，当陈隧者，井堙木刊。郑人怨之，六月，郑子展、子产帅车七百乘伐陈，宵突陈城，遂入之。陈侯扶其大子偃师奔墓，遇司马桓子，曰："载余！"曰："将巡城。"遇贾获，载其母妻，下之，而授公车。公曰："舍而母！"辞曰："不祥。"与其妻扶其母以奔墓，亦免。子展命师无入公宫，与子产亲御诸门。陈侯使司马桓子赂以宗器。陈侯免，拥社。使其众，男女别而累，以待于朝。子展执絷而见，再拜稽首，承饮而进献。子美入，数俘而出。祝祓社，司徒致民，司马致节，司空致地，乃还。

秋七月己巳，同盟于重丘，齐成故也。

赵文子为政，令薄

这块地方。

当初，陈哀公会合楚王进攻郑国，陈军经过的路上，水井被填，树木被砍，郑国人很怨恨。六月，郑国的子展、子产领着七百辆战车攻打陈国，夜里发动突然袭击，就进了城。陈哀公扶着他的太子偃师逃奔到坟堆里，说："用车装上我！"司马桓子说："我正打算巡城呢。"碰到贾获，车上装着他的母亲和妻子，贾获让他母亲、妻子下车而把车子交给陈哀公。陈哀公说："安置好你的母亲。"贾获辞谢说："妇女和你同坐，不吉祥。"贾获说完就和妻子扶着他母亲逃奔到坟堆里，也免于祸难。子展命令军队不要进入陈哀公的宫室，和子产亲自守卫在宫门口，陈哀公让司马桓子把宗庙的祭器赠送给他们。陈哀公穿上丧服，抱着土地神的神主，让他手下的男男女女分开排列、捆绑，在朝廷上等待。子展拿着绳子进见陈哀公，再拜叩头，捧着酒杯向陈哀公献礼。子美进入，点了点俘虏的人数就出去了。郑国人向陈国的土地神祝告消灾去邪，司徒归还百姓，司马归还兵符，司空归还土地，于是就回国了。

秋七月二十日，诸侯在重丘一起结盟，这是由于跟齐国讲和的缘故。

赵文子执政，命令减轻诸侯的贡品

诸侯之币而重其礼。穆叔见之，谓穆叔曰："自今以往，兵其少弭矣！齐崔、庆新得政，将求善于诸侯。武也知楚令尹。若敬行其礼，道之以文辞，以靖诸侯，兵可以弭。"

楚蒍子冯卒，屈建为令尹。屈荡为莫敖。舒鸠人卒叛楚。令尹子木伐之，及离城。吴人救之，子木遽以右师先，子强、息桓、子捷、子骈、子盂帅左师以退。吴人居其间七日。子强曰："久将垫隘，隘乃禽也。不如速战！请以其私卒诱之，简师陈以待我。我克则进，奔则亦视之，乃可以免。不然，必为吴禽。"从之。五人以其私卒先击吴师。吴师奔，登山以望，见楚师不继，复逐之，傅诸其军。简师会之，吴师大败。遂围舒鸠，舒鸠溃。八月，楚灭舒鸠。

而着重礼仪。穆叔进见他。赵文子对穆叔说："从今以后，战争可能可以稍稍消除了。齐国的崔氏、庆氏新近当政，将要向诸侯谋求友好。武和楚国的令尹亲近。如果恭敬地执行礼仪，用外交辞令加以引导，以安定诸侯，战争便可以消除。"

楚国的蒍子冯死了，屈建做令尹，屈荡做莫敖。舒鸠人终于背叛楚国。屈建率兵进攻舒鸠，到达离城，吴国人救援舒鸠。屈建急忙让右翼部队先出动，子强、息桓、子捷、子骈、子盂率领左翼部队撤退。吴国人处在两军之间七天。子强说："时间久了将会疲弱，疲弱就会被俘，不如快打。我请求带领家兵去引诱他们，你们挑选精兵，摆开阵势等着我。我得胜就前进，我败逃就看情况办，这样就可以免于被俘。如果不这样，一定全被吴国俘虏。"大家听从了他的话。五个人带领他们的家兵先攻吴军，吴军败逃，登山而远望，看到楚军没有后继，就重新追赶，迫近楚军。楚军精选过的部队和家兵会合作战，吴军大败。楚军乘机包围舒鸠，舒鸠溃散。八月，楚国灭亡了舒鸠。

卫献公入于夷仪。

郑子产献捷于晋，戎服将事。晋人问陈之罪，对曰："昔虞阏父为周陶正，以服事我先王。我先王赖其利器用也，与其神明之后也，庸以元女大姬配胡公，而封诸陈，以备三恪。则我周之自出，至于今是赖。桓公之乱，蔡人欲立其出。我先君庄公奉五父而立之，蔡人杀之。我又与蔡人奉戴厉公，至于庄、宣，皆我之自立。夏氏之乱，成公播荡，又我之自入，君所知也。今陈忘周之大德，蔑我大惠，弃我姻亲，介恃楚众，以凭陵我敝邑，不可亿逞。我是以有往年之告。未获成命，则有我东门之役。当陈隧者，井堙木刊。敝邑大惧不竞，而耻大姬。天诱其衷，启敝邑之心。陈知其罪，授手于我。用敢献功！"

卫献公进入夷仪。

郑国的子产向晋国奉献战利品，穿着军服处理事情。晋国人质问陈国的罪状，子产回答说："从前虞阏父做周朝的陶正，以顺服事奉我们先王。我们先王嘉奖他能制作器物，于人有利，并且是虞舜的后代，就把大女儿太姬许配给胡公，封他在陈地，以表示对黄帝、尧、舜的后代的尊敬。所以陈国是我周朝的后代，到今天还依靠着周朝。陈桓公死后发生动乱，蔡国人想要立他们的后代，我们先君庄公奉事五父而立了他，蔡国人杀死了五父。我们又和蔡国人奉事厉公，一直到庄公、宣公，都是我们所立的。夏氏的祸乱杀死了灵公，成公流离失所，又是我们让他回国的，这是君王知道的。现在陈国忘记了周朝的大德，丢掉我们的大恩，抛弃我们这个亲戚，倚仗楚国人多，以进逼我国敝邑，但是仍不能满足，我国因此而有去年请求攻打陈国的报告。没有得到贵国下令允许，反倒有了陈国进攻我国东门的战役。在陈军经过的路上，水井被填，树木被砍。敝邑非常害怕敌兵压境，给太姬带来羞耻。幸而上天厌恶他们，启发了敝邑攻打陈国的念头。陈国知道自己的罪过，在我们这里得到惩罚。因此我们敢于奉献俘虏。"晋国人说："为什么侵犯小国？"

晋人曰："何故侵小？"
对曰："先王之命，唯
罪所在，各致其辟。且
昔天子之地一圻，列国
一同，自是以衰。今大
国多数圻矣！若无侵小，
何以至焉？"晋人曰：
"何故戎服？"对曰："我
先君武、庄，为平、桓
卿士。城濮之役，文公
布命，曰：'各复旧职！'
命我文公戎服辅王，以
授楚捷，不敢废王命故
也。"士庄伯不能诘，
复于赵文子。文子曰：
"其辞顺，犯顺不祥。"
乃受之。

　　冬十月，子展相郑
伯如晋，拜陈之功。子
西复伐陈，陈及郑平。
仲尼曰："《志》有之：
'言以足志，文以足言。'
不言，谁知其志？言之
无文，行而不远。晋为伯，
郑入陈，非文辞不为功。
慎辞也！"

　　楚蒍掩为司马，子
木使庀赋，数甲兵。甲午，

子产回答说："先王有命令，只要是罪
过所在，就要分别给予刑罚。而且从前
天子的土地方圆一千里，诸侯的土地方
圆一百里，以此递减。现在大国的土地
多到方圆几千里，如果没有侵占小国，
怎么能到这地步呢？"晋国人说："为
什么穿上军服？"子产回答说："我们
先君武公、庄公是周平王、周桓王的卿
士。城濮这一战役后，晋文公发布命令，
说：'各人恢复原来的职务。'命令我
郑文公穿着军服辅佐天子，以接受楚国
俘虏献给天子，现在我穿着军服，这是
由于不敢废弃天子命令的缘故。"士庄
伯已经不能再质问子产，于是向赵文子
回复。赵文子说："他的言辞合于情理，
违背了情理，不吉利。"于是就接受郑
国奉献的战利品。

　　冬十月，子展作为郑简公的相礼一
起去到晋国，拜谢晋国接受他们奉献的
陈国战利品。子西再次攻打陈国，陈国
和郑国讲和。孔子说："古书上说：'言
语用来完成意愿，文采用来完成言语。'
不说话，谁知道他的意愿？说话没有文
采，不能到达远方。晋国成为霸主，郑
国进入陈国，不是善于辞令就不能成功。
要谨慎地使用辞令啊！"

　　楚国的蒍掩做司马，子木让他治理
军赋，检点盔甲武器。十月初八日，蒍

蔿掩书土田，度山林，鸠薮泽，辨京陵，表淳卤，数疆潦，规偃猪，町原防，牧隰皋，井衍沃，量入修赋，赋车籍马，赋车兵、徒卒、甲楯之数。既成，以授子木，礼也。

十二月，吴子诸樊伐楚，以报舟师之役。门于巢。巢牛臣曰："吴王勇而轻，若启之，将亲门。我获射之，必殪。是君也死，彊其少安！"从之。吴子门焉，牛臣隐于短墙以射之，卒。

楚子以灭舒鸠赏子木。辞曰："先大夫蔿子之功也。"以与蔿掩。

晋程郑卒。子产始知然明，问为政焉。对曰："视民如子。见不仁者诛之，如鹰鹯之逐鸟雀也。"子产喜，以语子大叔，且曰："他日吾见蔑之面而已，今吾见其心矣。"

蔿掩记载土泽地田的情况：度量山林的木材，聚集水泽的出产，区别高地的不同情况，标出盐碱地，计算水淹地，规划蓄水池，划分小块耕地，在沼泽地上放牧，在肥沃的土地上划定井田。计量收入制定赋税制度，让百姓交纳战车和马匹税，征收战车步卒所用的武器和盔甲盾牌税。完成以后，把它交付给子木，这是合于礼的。

十二月，吴王诸樊攻打楚国，以报复"舟师之役"。吴军进攻巢地的城门，巢牛臣说："吴王勇敢而轻率，如果我们打开城门，他将亲自带头进入。我乘机射他，一定送他的命。这个国君死了，边境上或可以稍为安定一些。"余人听从了他的意见。吴王进入城门，牛臣躲在短墙后用箭射他，吴王死了。

楚康王由于灭亡了舒鸠赏赐子木。子木推辞说："这是先大夫蔿子的功劳。"楚康王就把赏赐给了蔿掩。

晋国的程郑死了，子产才开始了解然明，向他询问怎样施政。然明回答说："把百姓看成儿子一样。见到不仁的人，就诛戮他，好像老鹰追赶鸟雀。"子产很高兴，把这些话告诉子太叔，而且说："以前我见到的只是然明的面貌，现在我见到他的心地了。"

子大叔问政于子产。子产曰："政如农功，日夜思之，思其始而成其终。朝夕而行之，行无越思，如农之有畔。其过鲜矣。"

子太叔向子产询问政事。子产说："政事好像农活，白天黑夜想着它，要想着他的开始又想着要取得好结果。早晨晚上都照想着的去做，所做的不超过所想的，好像农田里有田埂，这样政事的过错就会少一些。"

卫献公自夷仪使与宁喜言，宁喜许之。大叔文子闻之，曰："乌乎！《诗》所谓'我躬不说，皇恤我后'者，宁子可谓不恤其后矣。将可乎哉？殆必不可。君子之行，思其终也，思其复也。《书》曰：'慎始而敬终，终以不困。'《诗》曰：'夙夜匪解，以事一人。'今宁子视君不如弈棋，其何以免乎？弈者举棋不定，不胜其耦。而况置君而弗定乎？必不免矣。九世之卿族，一举而灭之。可哀也哉！"

卫献公从夷仪派人向宁喜谈复位的事情，宁喜同意了。太叔文子听说了，说："啊！《诗》曰：'我的一身还不能被人容纳，哪里来得及顾念我的后代？'宁子可以说是不顾他的后代了。难道可以吗？大概是一定不可的。君子有所行动，要想到结果，想到下次能够照做。《书》说：'慎重于开始，而不怠慢于结果，结果就不会窘迫。'《诗》说：'早晚不敢懈怠，以事奉一人。'现在宁子看待国君不如下棋，他怎么能免于祸难呢？下棋的人举棋不定，就不能击败对方，更何况安置国君而不能决定呢？必定不能免于祸难了。九代相传的卿族，一下子就被灭亡，可悲啊！"

会于夷仪之岁，齐人城郏。其五月，秦、晋为成。晋韩起如秦莅盟，秦伯车如晋莅盟，成而不结。

在夷仪会见的那一年，齐国人在郏地筑城。那年五月，秦国、晋国讲和，晋国的韩起到秦国参加结盟，秦国的伯车到晋国参加结盟。虽然讲和，但是并不巩固。

三十八、襄公二十九年（吴季札观乐）

二十九年春，王正月，公在楚，释不朝正于庙也。楚人使公亲禭，公患之。穆叔曰："被殡而禭，则布币也。"乃使巫以桃、苅先被殡。楚人弗禁，既而悔之。

二月癸卯，齐人葬庄公于北郭。

夏四月，葬楚康王。公及陈侯、郑伯、许男送葬，至于西门之外。诸侯之大夫皆至于墓。楚郏敖即位。王子围为令尹。郑行人子羽曰："是谓不宜，必代之昌。松柏之下，其草不殖。"

公还，及方城。季武子取卞，使公冶问，玺书追而与之，曰："闻守卞者将叛，臣帅徒以讨之，既得之矣，敢告。"

二十九年春季，周历正月，"公在楚"，这是解释不在祖庙听政的原因。楚国人让鲁襄公亲自为楚康王的尸体赠送寿衣，襄公对这感到忧虑。穆叔说："先扫除棺材的凶邪然后给死者赠送衣服，这就等于朝见时陈列皮币。"于是就让巫人用桃棒、笤帚先在棺材上扫除凶邪。楚国人没有禁止，不久以后又感到后悔。

二月初六日，齐国人在外城北部安葬齐庄公。

夏四月，安葬楚康王，鲁襄公和陈哀公、郑简公、许悼公都参加送葬，到达西门外边，各诸侯的大夫都到了墓地。楚国的郏敖即位，王子围做令尹。郑国的使者子羽说："这叫作不相宜，令尹必然要代替楚君王而昌盛。松柏的下面，草是不能繁殖的。"

鲁襄公回来，到达方城山。季武子占取了卞地，派公冶来请示襄公，用封泥加印把信封好了追上去给了公冶，信上说："听到戍守卞地的人打算叛变，下臣率领部下讨伐他，已经得到卞地了，

公冶致使而退，及舍而后闻取卞。公曰："欲之而言叛，只见疏也。"

公谓公冶曰："吾可以入乎？"对曰："君实有国，谁敢违君！"公与公冶冕服。固辞，强之而后受。公欲无入，荣成伯赋《式微》，乃归。五月，公至自楚。

公冶致其邑于季氏，而终不入焉。曰："欺其君，何必使余？"季孙见之，则言季氏如他日。不见，则终不言季氏。及疾，聚其臣，曰："我死，必无以冕服敛，非德赏也。且无使季氏葬我。"

葬灵王，郑上卿有事，子展使印段往。伯有曰："弱，不可。"子展曰："与其莫往，弱不犹愈乎？《诗》云：'王事靡盬，不遑启处。'东西南北，谁敢宁处？坚事晋、楚，以蕃王室也。王事无旷，何常之有？"

谨此报告。"公冶表达了使命就退出去了，到达帐篷以后才听到占取了卞地。鲁襄公说："想要这块地方而又说叛变，这只能是对我表示疏远罢了。"

鲁襄公对公冶说："我可以进入国境吗？"公冶回答说："君王据有国家，谁敢违背君王？"鲁襄公赐给公冶冕服，公冶坚决辞谢，勉强他接受，然后才接受了。鲁襄公不想进入国境，荣成伯赋《式微》这首诗，鲁襄公这才回国。五月，鲁襄公从楚国回来。

公冶把他的封邑送还给季氏，而且始终不再进入季孙的家门，说："欺骗国君，何必派我？"季孙和他见面，就像以前一样和季孙说话。不相见时，公冶始终不谈季氏。公冶病危，聚集他的家臣，说："我死了以后，一定不要用冕服入敛，因为这不是由于德行而所得的赏赐。并且也不要让季氏来安葬我。"

周灵王要安葬了。郑国的上卿子展有事不能去，他派印段前去。伯有说："年轻，不行。"子展说："与其没有人去，尽管年轻，比没人去总还要好一点吧？《诗》说：'王事应当细致，没有工夫安居。'东西南北，谁敢安安稳稳地居住？坚定地事奉晋国、楚国，用以捍卫王室。王事没有缺失，有什么常例不常例？"于是就派印段前去成周。

遂使印段如周。

吴人伐越，获俘焉，以为阍，使守舟。吴子余祭观舟，阍以刀弑之。

郑子展卒，子皮即位。于是郑饥而未及麦，民病。子皮以子展之命，饩国人粟，户一钟，是以得郑国之民。故罕氏常掌国政，以为上卿。宋司城子罕闻之，曰："邻于善，民之望也。"宋亦饥，请于平公，出公粟以贷。使大夫皆贷。司城氏贷而不书，为大夫之无者贷。宋无饥人。叔向闻之，曰："郑之罕，宋之乐，其后亡者也！二者其皆得国乎！民之归也。施而不德，乐氏加焉，其以宋升降乎！"

晋平公，杞出也，故治杞。六月，知悼子合诸侯之大夫以城杞，孟孝伯会之。郑子大叔与伯石往。子大叔见大叔文子，与之语。文子曰："甚乎！其城杞也。"

吴国人进攻越国，抓到了俘虏，让他做看门人，派他看守船只。吴王余祭观看船只，看门人用刀杀死了吴王。

郑国的子展死了，子皮即位为上卿。当时郑国有饥荒而还没有到麦收时节，百姓困乏。子皮用子展的遗命把粮食赠给国内的人们，每户一钟，因此得到郑国百姓的拥护。所以罕氏经常掌握国政，作为上卿。宋国的司城子罕听到了，说："接近于善，这是百姓的期望。"宋国也发生了饥荒，司城子罕向宋平公请求，拿出公家的粮食借给百姓，让大夫也都出借粮食。司城氏出借粮食不写契约，又替缺少粮食的大夫借给百姓。宋国没有挨饿的人。叔向听到了，说："郑国的罕氏，宋国的乐氏，大约是最后灭亡的啊，两家恐怕都要掌握国政吧！这是因为百姓归向他们的缘故。施舍而不自以为给人恩惠，乐氏就更高出一筹了，这一家大概是会随着宋国的盛衰而盛衰吧！"

晋平公，是杞女所生的，所以修整杞国的城墙。六月，知悼子会合诸侯的大夫为杞国筑城，孟孝伯参加了。郑国的子太叔和伯石前去。子太叔见到太叔文子，和他说话。文子说："为杞国筑城这件事太过分了！"子太叔说："拿

子大叔曰："若之何哉？晋国不恤周宗之阙，而夏肆是屏。其弃诸姬，亦可知也已。诸姬是弃，其谁归之？吉也闻之，弃同即异，是谓离德。《诗》曰：'协比其邻，昏姻孔云。'晋不邻矣，其谁云之？"

齐高子容与宋司徒见知伯，女齐相礼。宾出，司马侯言于知伯曰："二子皆将不免。子容专，司徒侈，皆亡家之主也。"知伯曰："何如？"对曰："专则速及，侈将以其力毙，专则人实毙之，将及矣。"

范献子来聘，拜城杞也。公享之，展庄叔执币。射者三耦，公臣不足，取于家臣，家臣：展瑕、展王父为一耦。公臣：公巫召伯、仲颜庄叔为一耦，鄅鼓父、党叔为一耦。

晋侯使司马女叔侯来治杞田，弗尽归也。

他怎么办好啊！晋国不担心周室的衰微，反而保护夏朝的残余，它会丢弃姬姓诸国，也就可以想到了。姬姓诸国还要丢弃，还有谁去归向他？吉听说：'丢弃同姓而亲近异姓，这叫作离德。'《诗》说：'和谐他的近亲，姻亲就会和他友好来往。'晋国把近亲不看作近亲，还有谁来和他友好往来？"

齐国的高子容和宋国的司徒进见知伯，女齐作为相礼者，客人出去了，女齐对知伯说："这两位将不免于祸。子容专权，司徒奢侈，都是使家族灭亡的大夫。"知伯说："怎么说呢？"女齐回答说："专横就会很快及于祸患，奢侈将会由于力量强大而致死，态度专横，别人就会要他的命，他将要及于祸患了。"

范献子来鲁国聘问，拜谢在杞国筑城。鲁襄公设享礼招待他，展庄叔拿着束帛。参加射礼的要有三对人。公臣的人选不够，在家臣中选取。家臣：展瑕、展王父作为一对；公臣：公巫召伯、仲颜庄叔作为一对，鄅鼓父、党叔作为一对。

晋平公派司马女叔侯来鲁国办理使鲁国归还杞国土田的事情，但没有全部

晋悼夫人愠曰："齐也取货。先君若有知也，不尚取之！"公告叔侯，叔侯曰："虞、虢、焦、滑、霍、杨、韩、魏，皆姬姓也，晋是以大。若非侵小，将何所取？武、献以下，兼国多矣，谁得治之？杞，夏余也，而即东夷。鲁，周公之后也，而睦于晋。以杞封鲁犹可，而何有焉？鲁之于晋也，职贡不乏，玩好时至，公卿大夫相继于朝，史不绝书，府无虚月。如是可矣，何必瘠鲁以肥杞？且先君而有知也，毋宁夫人，而焉用老臣？"

杞文公来盟。书曰"子"，贱之也。

吴公子札来聘，见叔孙穆子，说之。谓穆子曰："子其不得死乎？好善而不能择人。吾闻'君子务在择人'。吾子为鲁宗卿，而任其大政，不慎举，何以堪之？

归还给杞国。晋悼公夫人很生气地说："女齐办事不得力，先君如果有知，不会赞助他这样办事的。"晋平公把这件事告诉了叔侯。叔侯说："虞国、虢国、焦国、滑国、霍国、杨国、韩国、魏国，都是姬姓，晋国因此而扩大。如果不入侵小国，将要从哪里取得？武公、献公以来，兼并的国家多了，谁能够治理它？杞国，是夏朝的后代，而接近东夷。鲁国，是周公的后代，而和晋国和睦。把杞国封给鲁国还是可以的，有什么杞国不杞国？鲁国对于晋国，贡品不缺乏，玩物按时送到，公卿大夫一个接一个前来朝见，史官没有中断过记载，国库没有一个月不接受鲁国的贡品。像这样就可以了，何必要削弱鲁国而增强杞国？如果先君有知，宁可让夫人自己去办，又哪里用得着老臣？"

杞文公来鲁国结盟，《春秋》称他为"子"，这是表示对他不尊重。

吴国的公子札来鲁国聘问，见到叔孙穆子，很喜欢他。对穆子说："您恐怕不得善终吧！喜欢善良而不能够选择贤人，我听说君子应当致力选择贤人。您做鲁国的宗卿而主持国政，不慎重举拔善人，怎么能承担责任呢？祸患必然降到您身上。"

祸必及子！"

请观于周乐。使工为之歌《周南》《召南》，曰："美哉！始基之矣，犹未也。然勤而不怨矣。"为之歌《邶》《鄘》《卫》，曰："美哉，渊乎！忧而不困者也。吾闻卫康叔、武公之德如是，是其《卫风》乎？"为之歌《王》，曰："美哉！思而不惧，其周之东乎？"为之歌《郑》，曰："美哉！其细已甚，民弗堪也，是其先亡乎！"为之歌《齐》，曰："美哉！泱泱乎！大风也哉！表东海者，其大公乎！国未可量也。"为之歌《豳》，曰："美哉！荡乎！乐而不淫，其周公之东乎？"为之歌《秦》，曰："此之谓夏声。夫能夏则大，大之至也，其周之旧乎？"为之歌《魏》，曰："美哉！渢渢乎！大而婉，险而易行，以德辅此，则明主也。"

公子札请求聆听、观看周朝的音乐和舞蹈。于是让乐工为他歌唱《周南》《召南》。季札说："美啊！王业开始奠定基础了，还没有完成，然而百姓勤劳而不怨恨了。"为他歌唱《邶风》《鄘风》《卫风》之歌，他说："美好又深厚啊！忧愁而不窘迫。我听说卫康叔、武公的德行就像这样，这大概就是《卫风》吧！"为他歌唱《王风》之歌，他说："美好啊！思虑而不恐惧，大概是周室东迁以后的音乐吧！"为他歌唱《郑风》之歌，他说："美好啊！但是它琐碎得太过分了，百姓不能忍受。这大概是郑国要先灭亡的原因吧！"为他歌唱《齐风》之歌，他说："美好啊，宏大啊！这是大国的音乐啊！作为东海的表率的，大概是太公的国家吧！国家前途不可限量。"为他歌唱《豳风》之歌，他说："美好啊，平正啊！欢乐而不过度，大概是周公东征的音乐吧！"为他歌唱《秦风》之歌，他说："这就叫作西方的夏声。夏就是大，大到极点了，恐怕是周朝的旧乐吧！"为他歌唱《魏风》，他说："美好啊！抑扬顿挫呵！粗犷而又婉转，艰难而易于推行，再用德行加以辅助，就是贤明的君主了。"为他歌唱《唐风》，他说："思虑很深啊！大概有陶唐氏的遗民吧？否

为之歌《唐》，曰："思深哉！其有陶唐氏之遗民乎？不然，何忧之远也？非令德之后，谁能若是？"为之歌《陈》，曰："国无主，其能久乎？"自《郐》以下无讥焉。为之歌《小雅》，曰："美哉！思而不贰，怨而不言，其周德之衰乎？犹有先王之遗民焉。"为之歌《大雅》，曰："广哉！熙熙乎！曲而有直体，其文王之德乎？"为之歌《颂》，曰："至矣哉！直而不倨，曲而不屈，迩而不逼，远而不携，迁而不淫，复而不厌，哀而不愁，乐而不荒，用而不匮，广而不宣，施而不费，取而不贪，处而不底，行而不流，五声和，八风平，节有度，守有序，盛德之所同也。"

见舞《象箾》《南籥》者，曰："美哉！犹有憾。"见舞《大武》者，曰："美哉！周之盛也，其若此

则，为什么那么忧思深远呢？不是美德者的后代，谁能像这样？"为他歌唱《陈风》，他说："国家没有主人，难道能够长久吗？"从《郐风》以下的诗歌，季札听了就没有评论了。乐师为他歌唱《小雅》，他说："美好啊！忧愁而没有三心二意，怨恨却不表现在语言中，恐怕是周朝德行衰微的乐章吧！还是有先王的遗民啊。"为他歌唱《大雅》，他说："广博啊，和美啊！抑扬曲折而本体刚健劲直，大概是文王的德行吧！"为他歌唱《颂》，他说："到达顶点了！正直而不倨傲，曲折而不卑下，亲近而不相逼，疏远而不离心，活泼而不邪乱，反复而不厌倦，哀伤而不忧愁，欢乐而不荒淫，使用而不匮乏，宽广而不显露，施舍而不浪费，收取而不贪婪，静止而不停滞，行进而不流荡。五声和谐，八风协调。节拍有一定的尺度，乐器都按次序，这都是盛德之人所共同具有的。"

公子札看了《象箾》《南籥》舞，说："美好啊，但还有遗憾。"看到跳《大武》舞，说："美好啊！周朝兴盛的时候，大概就像这样吧！"看到跳《韶

乎！"见舞《韶濩》者，曰："圣人之弘也，而犹有惭德，圣人之难也。"见舞《大夏》者，曰："美哉！勤而不德，非禹其谁能修之？"见舞《韶箾》者，曰："德至矣哉！大矣！如天之无不帱也，如地之无不载也，虽甚盛德，其蔑以加于此矣。观止矣！若有他乐，吾不敢请已！"

其出聘也，通嗣君也。故遂聘于齐，说晏平仲，谓之曰："子速纳邑与政！无邑无政，乃免于难。齐国之政，将有所归，未获所归，难未歇也。"故晏子因陈桓子以纳政与邑，是以免于栾、高之难。

聘于郑，见子产，如旧相识，与之缟带，子产献丝宁衣焉。谓子产曰："郑之执政侈，难将至矣！政必及子。子为政，慎之以礼。不然，郑国将败。"

濩》舞，说："像圣人那样的宏大，尚且还有所惭愧，可见当圣人不容易啊！"看到跳《大夏》舞，说："美好啊！勤劳而不自以为有德，不是禹，还有谁能做到呢？"看到跳《韶箾》舞，说："功德到达顶点了，伟大啊！像上天的没有不覆盖，像大地的没有不承载。盛德到达顶点，就不能再比这更有所增加了，聆听、观看就到这里了。如果还有别的音乐，我不敢再请求欣赏了。"

公子札的出国聘问，是为了新立的国君通好的缘故，因此就到齐国聘问，他喜欢晏平仲，对他说："您赶快交还封邑和政权。没有封邑没有政权，这才能免于祸难。齐国的政权将会有所归属，如果没有得到归属，祸难不会停止。"所以晏子通过陈桓子交还了政权和封邑，因为这样，而免于了栾氏、高氏发动的祸难。

季札到郑国聘问，见到子产，好像老相识一样。给子产赠送白绢大带，子产给季札献上麻布衣服。公子札对子产说："郑国的执政者奢侈，祸难将要来临了！政权必然落到您手中。您执政，要用礼来谨慎地处事。否则，郑国将会败亡。"

适卫，说蘧瑗、史狗、史鰌，公子荆、公叔发、公子朝，曰："卫多君子，未有患也。"

自卫如晋，将宿于戚。闻钟声焉，曰："异哉！吾闻之也：'辩而不德，必加于戮。'夫子获罪于君以在此，惧犹不足，而又何乐？夫子之在此也，犹燕之巢于幕上。君又在殡，而可以乐乎？"遂去之。文子闻之，终身不听琴瑟。

适晋，说赵文子、韩宣子、魏献子，曰："晋国其萃于三族乎！"说叔向，将行，谓叔向曰："吾子勉之！君侈而多良，大夫皆富，政将在家。吾子好直，必思自免于难。"

秋九月，齐公孙虿、公孙灶放其大夫高止于北燕。乙未，出。书曰："出奔。"罪高止也。高止好以事自为功，且

季札到达卫国，与蘧瑗、史狗、史鰌、公子荆、公叔发、公子朝谈得很投机，他说："卫国有很多贤能的君子，不会有什么祸患。"

公子札从卫国去晋国，准备在戚地住宿。听到钟声，说："奇怪啊！我听说了，发动变乱，没有德行，必然遭到诛戮。这一位在这地方得罪国君，害怕还来不及，又有什么可以寻欢作乐的？这一位在这地方，就像燕子在帐幕上做窝。国君又正停棺还没有安葬，难道可以寻欢作乐吗？"于是季札就离开了戚地。孙文子听到了这番话，到死不再听音乐。

公子札到了晋国，喜爱赵文子、韩宣子、魏献子，说："晋国的政权大约要聚集在这三家了！"他喜爱叔向，离别时，对叔向说："您努力吧！国君奢侈而优秀的臣下很多，大夫都富有，政权将要归于私家。您好直话直说，一定要考虑使自己免于祸难。"

秋九月，齐国的公孙虿、公孙灶放逐他们的大夫高止到北燕。初二日，出国。《春秋》记载说"出奔"，这是归罪于高止。高止喜欢生事，而且自己居功，同时又专权，所以祸难到了他身上。

专，故难及之。

冬，孟孝伯如晋，报范叔也。为高氏之难故，高竖以卢叛。十月庚寅，闾丘婴帅师围卢。高竖曰："苟请高氏有后，请致邑。"齐人立敬仲之曾孙酀，良敬仲也。十一月乙卯，高竖致卢而出奔晋，晋人城绵而置旃。

郑伯有使公孙黑如楚，辞曰："楚、郑方恶，而使余往，是杀余也。"伯有曰："世行也。"子皙曰："可则往，难则已，何世之有？"伯有将强使之。子皙怒，将伐伯有氏，大夫和之。十二月己巳，郑大夫盟于伯有氏。裨谌曰："是盟也，其与几何？《诗》曰：'君子屡盟，乱是用长。'今是长乱之道也。祸未歇也，必三年而后能纾。"然明曰："政将焉往？"裨谌曰："善之代不善，天命也，

冬季，孟孝伯到晋国，去回报范叔的聘问。由于高氏受到放逐的缘故，高竖在卢地发动叛乱。十月二十七日，闾丘婴带兵包围卢地。高竖说："如果让高氏有后代，我请求把封邑交还给国君。"齐国人立了敬仲的曾孙酀，这是由于他们认为敬仲贤良。十一月二十三日，高竖归还卢地而逃亡到晋国，晋国人在绵地筑城，把他安置在那里。

郑国的伯有派公孙黑去楚国，公孙黑不肯去，说："楚国和郑国正在互相憎恨，而派我去，这等于是杀死我。"伯有说："你家世世代代都是去外国办外交的。"公孙黑说："可以去就去，有危难就不去，有什么世世代代不世世代代的。"伯有打算强迫他去。公孙黑发怒，准备攻打伯有氏，大夫们为他们和解。十二月初七日，郑国的大夫们在伯有家里结盟。裨谌说："这次结盟，它能管多久呢？《诗》说：'君子多次结盟，动乱因此滋长。'现在这样是滋长动乱的做法，祸乱不能停歇，一定要三年然后才能解除。"然明说："政权将会到哪家去？"裨谌说："善人代替坏人，这是天命，政权哪能避开子产？如果不越级举拔别人，那么按班次也应

其焉辟子产？举不逾等，则位班也。择善而举，则世隆也。天又除之，夺伯有魄，子西即世，将焉辟之？天祸郑久矣，其必使子产息之，乃犹可以戾。不然，将亡矣。"

该子产执政了。选择贤人而举拔，这是为大家所尊重的。上天又为子产清除障碍，使伯有丧失了精神，子西又去世了，子产不能辞其责。上天降祸于郑国很久了，一定要让子产平息它；国家才可以安定。不这样，就将会灭亡了。"

三十九、襄公三十年 （绛县人疑年）

三十年春，王正月，楚子使蓬罢来聘，通嗣君也。穆叔问："王子之为政何如？"对曰："吾侪小人，食而听事，犹惧不给命而不免于戾，焉与知政？"固问焉，不告。穆叔告大夫曰："楚令尹将有大事，子荡将与焉，助之匿其情矣。"

子产相郑伯以如晋，叔向问郑国之政焉。对曰："吾得见与否，在此岁也。驷、良方争，未知所成。若有所成，吾得见，乃可知也。"叔向曰："不既和矣乎？"对曰："伯有侈而愎，子晳好在人上，莫能相下也。虽其和也，犹相积恶也，恶至无日矣。"

二月癸未，晋悼夫人食舆人之城杞者。绛

三十年春季，周历正月，楚王郏敖派遣蓬罢来鲁国聘问，这是为新立的国君通好。穆叔问："王子围执政的情况怎么样？"蓬罢回答说："我辈小人吃饭听使唤，还害怕不能完成使命而不能免于罪过，哪里能参与政事？"再三地询问，他还是不回答。穆叔告诉大夫说："楚国的令尹将要发动大乱，蓬罢将参与，他在掩盖内情。"

子产辅助郑简公去到晋国，叔向问起郑国的政事。子产回答说："我能不能见到，就在这一年了。驷氏、良氏正在争夺，不知道怎么和解。如果能调和，我能够见到，这就可以知道了。"叔向说："不是已经和好了吗？"子产回答说："伯有奢侈而又倔强固执，子晳喜欢居于别人之上，两人互不相让，虽然他们已经和好，但还是积聚了憎恶，矛盾的来到不会有几天了。"

二月二十二日，晋悼公夫人赐给杞国筑城的役卒饭吃。绛县人中间有一个

县人或年长矣，无子，而往与于食。有与疑年，使之年。曰："臣小人也，不知纪年。臣生之岁，正月甲子朔，四百有四十五甲子矣，其季于今三之一也。"吏走问诸朝，师旷曰："鲁叔仲惠伯会郤成子于承匡之岁也。是岁也，狄伐鲁。叔孙庄叔于是乎败狄于咸，获长狄侨如及虺也豹也，而皆以名其子。七十三年矣。"史赵曰："亥有二首六身，下二如身，是其日数也。"士文伯曰："然则二万六千六百有六旬也。"

　　赵孟问其县大夫，则其属也。召之，而谢过焉，曰："武不才，任君之大事，以晋国之多虞，不能由吾子，使吾子辱在泥涂久矣，武之罪也。敢谢不才。"遂仕之，使助为政。辞以老。与之田，使为君

人年纪很大了，没有儿子而自己服役，也去接受夫人的饭食。有人怀疑他的年龄，让他说出自己的年龄。他说："下臣是小人，不知道记录年龄。下臣生的那一年，是正月初一甲子日，已经过了四百四十五个甲子日了，最末一个甲子日到今天正好是二十天。"官吏走到朝廷里询问，师旷说："这是鲁国的叔仲惠伯在承匡会见郤成子的那一年。这一年，狄人进攻鲁国，叔孙庄叔当时在咸地打败狄人，俘虏了长狄侨如和虺、豹，而都用来命名他儿子。满七十三岁了。"史赵说："亥字是'二'字头'六'字身，把'二'拿下来当作身子，这就是他的日子数。"士文伯说："那么是二万六千六百六十天了。"

　　赵孟问起老人的县大夫是谁，原来就是他的下属。赵孟把老人召来向他道歉，说："武没有才能，担负了国君的重要职务，由于晋国多有忧患，没有能任用您，让您屈居卑下已经很久了，这是武的罪过。谨由于没有才能而向您道歉。"于是就任命老人做官，让他辅助自己执政。老人因年纪大了而辞谢，赵孟就给了他土地，让他为国君办理免除

复陶，以为绛县师，而废其舆尉。

于是，鲁使者在晋，归以语诸大夫。季武子曰："晋未可婾也。有赵孟以为大夫，有伯瑕以为佐，有史赵、师旷而咨度焉，有叔向、女齐以师保其君。其朝多君子，其庸可婾乎？勉事之而后可。"

夏四月己亥，郑伯及其大夫盟。君子是以知郑难之不已也。蔡景侯为大子般娶于楚，通焉。大子弑景侯。

初，王儋季卒，其子括将见王，而叹。单公子愆期为灵王御士，过诸廷，闻其叹而言曰："乌乎！必有此夫！"入以告王，且曰："必杀之！不戚而愿大，视躁而足高，心在他矣。不杀，必害。"王曰："童子何知？"及灵王崩，儋括欲立王子佞夫，佞夫弗知。戊子，儋括围蒍，

徭役的事务，做绛地县师，而撤去了征发他的舆尉的职务。

当时鲁国的使臣正在晋国，回去把这件事告诉了大夫们。季武子说："晋国不能轻视啊。有赵孟做正卿，有伯瑕做辅佐，有史赵、师旷可以咨询，有叔向、女齐做国君的师保。他们朝廷上君子很多，哪里能够轻视呢？尽力事奉他们才可以。"

夏四月某一天，郑简公和他的大夫结盟。君子因此而知道郑国的祸难还没有结束。蔡景侯为太子般在楚国娶妻，又和儿媳妇私通。太子杀死了蔡景侯。

当初，周灵王的弟弟儋季死了，他的儿子括将要进见灵王，叹了口气。单国的公子愆期做灵王侍卫，经过朝廷，听到叹气声，就说："啊，一定是想着占有这里吧！"进去把情况报告灵王，而且说："一定要杀了他！他不哀戚而愿望大，目光到处张望而抬高脚，心已经在其他地方了。不杀，必然造成危害。"灵王说："小孩子知道什么？"等到灵王死去，儋括想要立王子佞夫。佞夫不知道。二十八日，儋括包围蒍地，赶走成愆。成愆逃亡到平畤。五月初四日，

逐成愆。成愆奔平畤。五月癸巳，尹言多、刘毅、单蔑、甘过、巩成杀佞夫。括、瑕、廖奔晋。书曰"天王杀其弟佞夫。"罪在王也。

或叫于宋大庙，曰："譆譆！出出！"鸟鸣于亳社，如曰："譆譆。"甲午，宋大灾。宋伯姬卒，待姆也。君子谓："宋共姬，女而不妇。女待人，妇义事也。"

六月，郑子产如陈莅盟。归，覆命。告大夫曰："陈，亡国也，不可与也。聚禾粟，缮城郭，恃此二者，而不抚其民。其君弱植，公子侈，大子卑，大夫敖，政多门，以介于大国，能无亡乎？不过十年矣。"

秋七月，叔弓如宋，葬共姬也。

郑伯有耆酒，为窟室，而夜饮酒击钟焉，

尹言多、刘毅、单蔑、甘过、巩成杀了佞夫。括、瑕、廖逃亡到晋国。《春秋》记载说："天王杀死他的兄弟佞夫。"这是由于罪过在于周天子。

有人在宋国太庙里大喊大叫，说："嘻嘻，出出。"鸟在亳社上鸣叫，声音好像在说："嘻嘻。"五月初五日，宋国发生大火灾。宋伯姬被烧死，是为了等待保姆来。君子认为："宋伯姬奉行的是大闺女而不是媳妇的守则。大闺女应当等待保姆，媳妇就可以根据具体情况来决定行动。"

六月，郑国的子产去到陈国参加结盟，回来，复命。告诉大夫们说："陈国，是要灭亡的国家，不能亲附。他们积聚粮食，修理城郭，靠了这两条而不安抚百姓，他们的国君根基不巩固，公子奢侈，太子卑微，大夫骄傲，政事各行其是，谁也管不了谁，在这种情况下处于大国之间，能够不灭亡吗？不超过十年就要灭亡了。"

秋季，七月，叔弓去到宋国，这是为了安葬共姬。

郑国的伯有喜欢喝酒，造了地下室，并在夜里喝酒，奏乐。朝见的人来到，

朝至未已。朝者曰："公
焉在？"其人曰："吾
公在壑谷。"皆自朝布
路而罢。既而朝，则又
将使子晳如楚，归而饮
酒。庚子，子晳以驷氏
之甲伐而焚之。伯有奔
雍梁，醒而后知之，遂
奔许。大夫聚谋，子皮曰：
"《仲虺之志》云：'乱
者取之，亡者侮之。推
亡固存，国之利也。'罕、
驷、丰同生。伯有汰侈，
故不免。"

人谓子产："就直
助强！"子产曰："岂
为我徒？国之祸难，谁
知所敝？或主强直，难
乃不生。姑成吾所。"
辛丑，子产敛伯有氏之
死者而殡之，不乃谋而
遂行。印段从之。子皮
止之，众曰："人不我
顺，何止焉？"子皮曰：
"夫人礼于死者，况生
者乎？"遂自止之。壬寅，
子产入。癸卯，子石入。
皆受盟于子晳氏。

他还没有喝完酒。朝见的人说："主人
在哪里？"他的手下人说："我们的主
人在地下室。"朝见的人都分路回去。
不久伯有去朝见郑伯，又要派子晳去楚
国，回家以后又喝酒。七月十一日，子
晳带着驷氏的甲士攻打伯有，并且放火
烧了他的家。伯有逃亡到雍梁，酒醒以
后才明白是怎么回事，于是又逃亡到许
国。大夫们聚在一起商量。子皮说："《仲
虺之志》说：'动乱的就攻取它，灭亡
的就欺侮它。摧毁灭亡的而巩固存在的，
这是国家的利益。'罕氏、驷氏、丰氏
本来是同胞兄弟，伯有骄傲奢侈，所以
不免于祸难。"

有人对子产说："要靠拢正直的，
帮助强大的。"子产说："他们难道是
我的同伙？国家的祸难，谁知道如何平
定？如果主持国政的人强大而且正直，
祸难就不会发生。姑且保住我的地位
吧。"十二日，子产收了伯有氏死者的
尸体而加以殡葬，来不及和大夫们商量
就出走了。印段跟从他。子皮不让他走。
大伙说："别人不顺从我们，为什么不
让他走？"子皮说："这个人对死去的
人有礼，何况对活着的人呢？"于是就
亲自劝阻子产。十三日，子产进入国都。
十四日，印段进入国都。两个人都在子
晳家里接受了盟约。

乙巳，郑伯及其大夫盟于大宫。盟国人于师之梁之外。伯有闻郑人之盟己也，怒。闻子皮之甲不与攻己也，喜。曰："子皮与我矣。"癸丑，晨，自墓门之渎入，因马师颉介于襄库，以伐旧北门。驷带率国人以伐之。皆召子产。子产曰："兄弟而及此，吾从天所与。"伯有死于羊肆，子产襚之，枕之股而哭之，敛而殡诸伯有之臣在市侧者。既而葬诸斗城。子驷氏欲攻子产，子皮怒之曰："礼，国之干也，杀有礼，祸莫大焉。"乃止。

于是游吉如晋还，闻难不入，覆命于介。八月甲子，奔晋。驷带追之，及酸枣。与子上盟，用两珪质于河。使公孙胖入盟大夫。己巳，复归。书曰"郑人杀良霄"。不称大夫，言自外入也。

十六日，郑简公和他的大夫们在太庙结盟，又与国内的人们在师之梁门外结盟。伯有听到郑国人为他结盟，很生气；听到子皮的甲士没有参加攻打自己的行动，很高兴，说："子皮帮助我了。"二十四日，从墓门的排水洞进入，靠着马师颉，用襄库的皮甲装备士兵，带着他们攻打旧北门。驷带率领国内的人们攻打伯有。两家都召请子产。子产说："兄弟之间到达这地步，我服从上天所要保佑的一家。"伯有死在了买卖羊的街市上，子产给伯有的尸体穿上衣服，头枕在尸体的大腿上而为他号哭，收尸并把棺材停放在街市旁边伯有部下的家里，不久又葬在斗城。驷氏想要攻打子产。子皮为这发怒，说："礼仪，是国家的支柱。杀死有礼的人，没有比这再大的祸患了。"于是就停止了。

当时，游吉出使晋国回来，听说发生祸难，不进入国都。让副手回来复命。八月初六日，逃亡到晋国。驷带追赶他，到达酸枣。游吉和驷带结盟，把两件玉珪沉在黄河里表示诚意。让公孙胖进入国都和大夫结盟。十一日，游吉再次回到国内。《春秋》记载说："郑人杀良霄"。不称他为大夫，这是说伯有从国外进来，已经丧失官位了。

于子蟜之卒也，将葬，公孙挥与裨灶晨会事焉。过伯有氏，其门上生莠。子羽曰："其莠犹在乎？"于是岁在降娄，降娄中而旦。裨灶指之曰："犹可以终岁，岁不及此次也已。"及其亡也，岁在娵訾之口。其明年，乃及降娄。

仆展从伯有，与之皆死。羽颉出奔晋，为任大夫。鸡泽之会，郑乐成奔楚，遂适晋。羽颉因之，与之比，而事赵文子，言伐郑之说焉。以宋之盟故，不可。子皮以公孙鉏为马师。

楚公子围杀大司马蒍掩而取其室。申无宇曰："王子必不免。善人，国之主也。王子相楚国，将善是封殖，而虐之，是祸国也。且司马，令尹之偏，而王之四体也。绝民之主，去身之偏，艾王之体，以祸其国，无不祥大焉！何以

当子蟜死了，将要安葬时，公孙挥和裨灶早晨会商丧事。他们路过伯有氏家时，看见门上长了狗尾草，公孙挥说："他们门上的狗尾巴草还在吗？"当时岁星在降娄，降娄星在天空中部，天亮了。裨灶指着降娄星，说："还可以等岁星绕一周，不过活不到岁星再到这个位次就是了。"等到伯有被杀，岁星正在娵訾的口上，第二年才能到达降娄。

仆展跟从伯有，和他一起死去。羽颉逃亡到晋国，做了任邑的长官。鸡泽的会见，郑国的乐成逃亡到楚国，乘机去到晋国。羽颉靠着他，和他勾结着一起奉事赵文子，提出了进攻郑国的建议。由于有宋国盟誓的缘故，赵文子不同意。子皮让公孙鉏代替羽颉做了马师。

楚国的公子围杀了大司马蒍掩而占取了他的家财。申无宇说："王子必然不能免于祸难。善人，是国家的栋梁。王子辅助楚国处理政事，应该培养善人，现在反倒对他们暴虐，这是危害国家。而且司马是令尹的辅佐，也是国君的手足。断绝百姓的栋梁，去掉自己的辅佐，斩除国君的手足，以危害国家，没有比这再大的不吉利了。怎么能免于祸难呢？"

得免？"

为宋灾故，诸侯之大夫会，以谋归宋财。冬十月，叔孙豹会晋赵武、齐公孙虿、宋向戌、卫北宫佗、郑罕虎及小邾之大夫，会于澶渊。既而无归于宋，故不书其人。

君子曰："信其不可不慎乎！澶渊之会，卿不书，不信也夫！诸侯之上卿，会而不信，宠名皆弃，不信之不可也如是！《诗》曰：'文王陟降，在帝左右。'信之谓也。又曰：'淑慎尔止，无载尔伪。'不信之谓也。"书曰"某人某人会于澶渊，宋灾故。"尤之也。不书鲁大夫，讳之也。

郑子皮授子产政，辞曰："国小而逼，族大宠多，不可为也。"子皮曰："虎帅以听，谁敢犯子？子善相之，国无小，小能事大，国

为了宋国火灾的缘故，诸侯的大夫会见，以商量给宋国赠送财货。冬十月，叔孙豹和晋国赵武、齐国的公孙虿、宋国的向戌、卫国的北宫佗、郑国的罕虎以及小邾国的大夫在澶渊会见，事情完了又没有向宋国赠送什么东西，所以《春秋》没有记载与会者的姓名。

君子说："信用恐怕不能不谨慎吧！澶渊的会见，不记载卿的名字，这是由于不守信用的缘故。诸侯的上卿，会见了又不守信用，他们尊贵的姓名全都丢掉了，不守信用是这样的不可以啊！《诗》说，'文王或升或降，都在天帝的左右'，这是说要守信用。又说，'好好地谨慎你的行动，不要表现你的虚伪'，这是说不守信用。"《春秋》记载说"某人某人会于澶渊，宋灾故"，这是为了责备他们。不记载鲁国的大夫，这是为了为他隐瞒。

郑国的子皮把政权交给子产，子产辞谢说："国家小而逼近大国，家族庞大而受宠的人又多，不能治理好。"子皮说："虎率领他们听从，谁敢触犯您？您好好地辅助国政吧。国家不在于小，小国能够事奉大国，国家就可以得到缓

乃宽。"

子产为政，有事伯石，赂与之邑。子大叔曰："国，皆其国也。奚独赂焉？"子产曰："无欲实难。皆得其欲，以从其事，而要其成，非我有成，其在人乎？何爱于邑？邑将焉往？"子大叔曰："若四国何？"子产曰："非相违也，而相从也，四国何尤焉？《郑书》有之曰：'安定国家，必大焉先。'姑先安大，以待其所归。"既，伯石惧而归邑，卒与之。伯有既死，使大史命伯石为卿，辞。大史退，则请命焉。覆命之，又辞。如是三，乃受策入拜。子产是以恶其为人也，使次己位。

子产使都鄙有章，上下有服，田有封洫，庐井有伍。大人之忠俭者，从而与之。泰侈者，因而毙之。

和了。"

子产治理政事，有事情要伯石去办，赠送给他城邑，子太叔说："国家是大家的国家，为什么独给他送东西？"子产说："没有欲望确实是难的。使他们满足欲望，去办他们的事情而取得成功。这不是我的成功，难道是别人的成功吗？城邑有什么爱惜的，它会跑到哪里去？"子太叔说："四方邻国将怎么看待我们？"子产说："这样做不是为了互相违背，而是为了互相顺从，四方的领国对我们有什么可责备的？《郑书》有这样的话：'安定国家，一定要优先照顾大族。'姑且先照顾大族，以等待它的后果。"不久，伯石由于害怕而把封邑归还，最终子产还是把城邑给了他。伯有死了以后，郑简公让太史去命伯石做卿，伯石辞谢。太史退出，伯石又请求太史重新发布命令，命令下来了又辞谢。像这样一连三次，这才接受策书入朝拜谢。子产因此讨厌伯石的为人，但又怕他作乱，就让他居于仅次于自己的地位。

子产让城市和乡村有所区别，上下尊卑各有职责，土田四界有水沟，庐舍和耕地能互相适应。对卿大夫中忠诚俭朴的，听从他，亲近他；骄傲奢侈的，依法惩办。

丰卷将祭，请田焉。弗许，曰："唯君用鲜，众给而已。"子张怒，退而征役。子产奔晋，子皮止之而逐丰卷。丰卷奔晋。子产请其田里，三年而复之，反其田里及其人焉。

从政一年，舆人诵之，曰："取我衣冠而褚之，取我田畴而伍之。孰杀子产，吾其与之！"及三年，又诵之，曰；"我有子弟，子产诲之。我有田畴，子产殖之。子产而死，谁其嗣之？"

丰卷准备祭祀，请求猎取祭品。子产不答应，说："只有国君祭祀才用新猎取的野兽，一般人只要大致足够就可以了。"丰卷发怒，退出以后就召集士兵。子产要逃亡到晋国，子皮阻止他而驱逐了丰卷。丰卷逃亡到晋国，子产请求不要没收他的田地住宅，三年以后让丰卷回国复位，把他的田地住宅和一切收入都还给他。

子产治理政事一年，人们歌唱道："计算我的家产而收财物税，丈量我的耕地而征收田税。谁杀死子产，我就助他一臂之力。"到了三年，又歌唱道："我有子弟，子产教诲；我有土田，子产栽培。子产死了，谁来继位？"

四十、襄公三十一年
（子产不毁乡校）

三十一年春，王正月，穆叔至自会，见孟孝伯，语之曰："赵孟将死矣。其语偷，不似民主。且年未盈五十，而谆谆焉如八九十者，弗能久矣。若赵孟死，为政者其韩子乎！吾子盍与季孙言之，可以树善，君子也。晋君将失政矣，若不树焉，使早备鲁，既而政在大夫，韩子懦弱，大夫多贪，求欲无厌，齐、楚未足与也，鲁其惧哉！"孝伯曰："人生几何？谁能无偷？朝不及夕，将安用树？"穆叔出而告人曰："孟孙将死矣。吾语诸赵孟之偷也，而又甚焉。"又与季孙语晋故，季孙不从。

及赵文子卒，晋公

三十一年春季，周历正月，穆叔从澶渊参加会见回来，进见孟孝伯，对他说："赵孟将要死了。他的话毫无远虑，不像百姓的主人。而且年纪不到五十，就絮絮叨叨，好像八九十岁的人，他不能活得很长了。如果赵孟死了，掌握政权的恐怕是韩起吧！您为何不对季孙说这件事，这样可以及早建立友好关系，他是个君子。晋国的国君将要失去治国权力了，如果不去建立友好关系，让韩子早点为鲁国做些工作，不久以后政权落在大夫手里，韩起又懦弱，大夫大多贪婪，要求和欲望没有个止境，齐国、楚国却不足以亲附，鲁国恐怕危险了！"孟孝伯说："人的一辈子能活多久，谁能说没有点得过且过的思想？早晨活着还怕到不了晚上，哪里用得着去建立友好关系呢？"穆叔出去，告诉别人说："孟孝伯将要死了。我告诉他赵孟的得过且过，但他又超过了赵孟。"穆叔又和季孙说到晋国的事情，季孙不听从。

等到赵文子死了，晋国公室的地位

室卑，政在侈家。韩宣子为政，为能图诸侯。鲁不堪晋求，谗慝弘多，是以有平丘之会。

齐子尾害闾丘婴，欲杀之，使帅师以伐阳州。我问师故。夏五月，子尾杀闾丘婴以说于我师。工偻洒、渻灶、孔虺、贾寅出奔莒。出群公子。

公作楚宫。穆叔曰："《大誓》云：'民之所欲，天必从之。'君欲楚也夫！故作其宫。若不复适楚，必死是宫也。"六月辛巳，公薨于楚宫。叔仲带窃其拱璧，以与御人，纳诸其怀而从取之，由是得罪。

立胡女敬归之子子野，次于季氏。秋九月癸巳，卒，毁也。

己亥，孟孝伯卒。

立敬归之娣齐归之子公子裯，穆叔不欲，曰："大子死，有母弟则立之，无则长立。年钧择贤，义钧则卜，古之道也。

下降，政权落在豪奢的家族手里。韩宣子掌握国政，不能为诸侯所拥护。鲁国难以负担晋国的要求，奸邪小人很多，因此有了平丘的会见。

齐国的子尾惧怕闾丘婴，想杀死他，派他带兵进攻阳州。我国询问他们为什么要出兵。夏五月，子尾杀了闾丘婴，来向我军解释。工偻洒、渻灶、孔虺、贾寅逃亡到莒国。子尾驱逐了公子们。

鲁襄公建造了楚国式的宫殿。穆叔说："《大誓》说：'百姓所要求的，上天必然听从。'国君想要楚国，所以建造楚国式的宫殿。如果不再去楚国，必然死在这座宫殿里。"六月二十八日，鲁襄公死在楚宫里。叔仲带偷了襄公的大玉璧，给了驾车的人，放在他的怀里，又从他那里拿了过来，因此而得罪。

鲁国拥立胡国女人敬归的儿子子野，住在季氏那里。秋九月十一日，子野死，这是由于哀痛过度。十七日，孟孝伯死了。

鲁国拥立敬归的妹妹齐归生的儿子公子裯为国君。穆叔不愿意，说："太子死了，有同母兄弟就立他，没有就立年长的。年纪差不多就选择贤能的，贤能又差不多就占卜，这是古代的常规。

非适嗣，何必娣之子？且是人也，居丧而不哀，在戚而有嘉容，是谓不度。不度之人，鲜不为患。若果立之，必为季氏忧。"武子不听，卒立之。比及葬，三易衰，衰衽如故衰。于是昭公十九年矣，犹有童心，君子是以知其不能终也。

冬十月，滕成公来会葬，惰而多涕。子服惠伯曰："滕君将死矣！怠于其位，而哀已甚，兆于死所矣。能无从乎？"癸酉，葬襄公。

公薨之月，子产相郑伯以如晋，晋侯以我丧故，未之见也。子产使尽坏其馆之垣而纳车马焉。士文伯让之，曰："敝邑以政刑之不修，寇盗充斥，无若诸侯之属辱在寡君何？是以令吏人完客所馆，高其闬闳，厚其墙垣，以无忧客使。今吾子坏之，虽从者能戒，其若异客

死去的子野并不是嫡子，何必非要立他母亲妹妹的儿子？而且这个人，在丧事里不哀痛，父母死了反而有喜悦的脸色，这叫作不孝。不孝的人，很少不出乱子的。假如立了他，必然造成季氏的忧患。"季武子不听，终于立了公子裯。等到安葬襄公时，公子裯三次更换丧服，丧服的衣襟脏得好像旧丧服一样。当时昭公已十九岁了，还有孩子脾气，君子因此知道他不能善终。

冬十月，滕成公来鲁国参加葬礼，表现得不恭敬而眼泪很多。子服惠伯说："滕国的国君将要死了。他在吊丧的位置上表现懈怠，而哀痛太过分。在葬礼中已经显出将死的预兆了，能够不跟着死吗？"十月二十一日，安葬鲁襄公。

襄公死去的那一个月，子产陪同郑简公去到晋国，晋平公由于我国有丧事，没有接见。子产派人将晋国宾馆的围墙全部拆毁而安放自己的车马。士文伯责备他，说："敝邑由于政事刑罚不能修明，盗贼到处都是，无奈诸侯的属官来向寡君朝聘，因此派官吏修缮宾客所住的馆舍，加高大门，增厚围墙，以不让宾客使者担忧。现在您拆毁了它，虽然您的随从能够自己戒备，让别国的宾客又怎么办呢？由于敝邑是盟主，必须修缮围墙，以接待宾客。如果都毁了，那

何？以敝邑之为盟主，
缮完葺墙，以待宾客，
若皆毁之，其何以共命？
寡君使匄请命。"对曰：
"以敝邑褊小，介于大国，
诛求无时，是以不敢宁
居，悉索敝赋，以来会
时事。逢执事之不间，
而未得见，又不获闻命，
未知见时，不敢输币，
亦不敢暴露。其输之，
则君之府实也，非荐陈
之，不敢输也。其暴露
之，则恐燥湿之不时而
朽蠹，以重敝邑之罪。
侨闻文公之为盟主也，
宫室卑庳，无观台榭，
以崇大诸侯之馆。馆如
公寝，库厩缮修，司空
以时平易道路，圬人以
时塓馆宫室。诸侯宾至，
甸设庭燎，仆人巡宫，
车马有所，宾从有代，
巾车脂辖，隶人牧圉，
各瞻其事，百官之属，
各展其物。公不留宾，
而亦无废事，忧乐同之，
事则巡之，教其不知，

么将怎么供应宾客的需要呢？寡君派匄
前来请问拆墙的意图。"子产回答说："由
于敝邑狭小，处在大国之间，而大国索
取贡品又没有一定的时候，因此不敢安
居，搜索敝邑全部的财富，以前来朝会。
碰上执事没有空闲，而没有能够见到；
又得不到命令，不知道什么时候才能接
见。我们不敢献上财币，也不敢让它日
晒夜露。如果奉献，那么它就是君王府
库中的财物，不经过庭院里陈列的仪式，
就不敢奉献。如果让它日晒夜露，就又
害怕时而干燥时而潮湿因而朽坏，以加
重敝邑的罪过。侨听说晋文公做盟主的
时候，宫室矮小，没有可供观望的台榭，
而把接待诸侯的宾馆修得又高又大，好
像现在君王的寝宫一样。对宾馆内的库
房、马厩都加以修缮，司空及时整修道
路，泥瓦工按时粉刷墙壁，诸侯的宾客
来了，甸人点起火把，仆人巡逻宫馆。
车马有一定的处所，宾客的随从有人替
代服役，管理车子的管理员为车轴加油，
打扫的人、牧羊人、养马的人各人做自
己分内的事情。各部官吏各自陈列他的
礼品。文公不让宾客耽搁，也没有因为
这样而荒废宾主的公事。和宾客忧乐相
同有事就加以安抚，对宾客不知者就加
以教导，对宾客缺少什么就加以周济。
宾客来到晋国就像在自己家里一样，还

而恤其不足。宾至如归，无宁灾患？不畏寇盗，而亦不患燥湿。今铜鞮之宫数里，而诸侯舍于隶人。门不容车，而不可逾越。盗贼公行，而天厉不戒。宾见无时，命不可知。若又勿坏，是无所藏币，以重罪也。敢请执事，将何以命之？虽君之有鲁丧，亦敝邑之忧也。若获荐币，修垣而行，君之惠也，敢惮勤劳？"文伯覆命，赵文子曰："信！我实不德，而以隶人之垣以赢诸侯，是吾罪也。"使士文伯谢不敏焉。晋侯见郑伯，有加礼，厚其宴好而归之。乃筑诸侯之馆。

叔向曰："辞之不可以已也如是夫！子产有辞，诸侯赖之，若之何其释辞也？《诗》曰：'辞之辑矣，民之协矣。辞之绎矣，民之莫矣。'其知之矣。"

有什么灾患？不怕抢劫偷盗，也不怕干燥潮湿。现在铜鞮山的宫室绵延几里，而诸侯住在像奴隶住的屋子里，门口进不去车子，而又不能翻墙而入。盗贼公然横行，而传染病又不能防止。宾客进见诸侯没有准时候，君王接见的命令也不知道什么时候发布。如果还不拆毁围墙，就没有地方收藏财礼，这反而要加重罪过了。谨敢请问执事，对我们将有什么指示？虽然君王遇到鲁国的丧事，但这同样也是敝国的忧虑。如果能够奉上财礼，我们愿把围墙修好了再走。这是君王的恩惠，岂敢害怕修墙的辛勤劳苦！"文伯回到朝廷汇报。赵文子说："确实是这样。我们实在德行有亏，用容纳奴隶的房屋去接待诸侯，这是我们的罪过啊。"就派士文伯去表示歉意并说自己无能。晋平公接见郑简公，礼仪有加，举行极隆重的宴会，赠送更加丰厚，然后让他回去。于是晋国就建造了接待诸侯的宾馆。

叔向说："辞令的不能废弃就是这样吧！子产善于辞令，诸侯因他而得利。为什么要放弃辞令呢？《诗》说：'辞令和谐，百姓团结，辞令动听，百姓安定。'他已经懂得这个道理了。"

郑子皮使印段如楚，以适晋告，礼也。

莒犁比公生去疾及展舆，既立展舆，又废之。犁比公虐，国人患之。十一月，展舆因国人以攻莒子，弑之，乃立。去疾奔齐，齐出也。展舆，吴出也。书曰"莒人弑其君买朱鉏"。言罪之在也。

吴子使屈狐庸聘于晋，通路也。赵文子问焉，曰："延州来季子其果立乎？巢陨诸樊，阍戕戴吴，天似启之，何如？"对曰："不立。是二王之命也，非启季子也。若天所启，其在今嗣君乎！甚德而度，德不失民，度不失事，民亲而事有序，其天所启也。有吴国者，必此君之子孙实终之。季子，守节者也。虽有国，不立。"

十二月，北宫文子

郑国的子皮派印段去楚国，先到晋国报告这件事，这是合于礼的。

莒犁比公生了去疾和展舆，已经立了展舆，又废了他。犁比公暴虐，国内的人们为此感到担心。十一月，展舆倚靠国内的人们攻打莒犁比公，杀死了他，就自立为国君。去疾逃亡到齐国，因为他是齐女所生的。展舆是吴女所生。《春秋》记载说"莒人弑其君买朱鉏"，这是说罪过在于莒犁比公。

吴王派屈狐庸到晋国聘问，这是为了沟通吴、晋两国交往的道路。赵文子询问他，说："延州来季子最终能立为国君吗？从前进攻巢地死了诸樊，看门人杀了戴吴，上天似乎为季子打开了做国君的大门，怎么样？"屈狐庸回答说："不立。这是两位国王的命运不好，不是为季子打开做国君的大门。如果上天打开了大门，恐怕是为了现在的国君吧！他很有德行而行为合于法度。有德行就不会失去百姓，合于法度就不会办错事情。百姓亲附而事情有秩序，这是上天为他打开了大门。保有吴国的，最终一定是这位国君的子孙。季子，是保持节操的人，就算把国家给他，他也是不肯做国君的。"

十二月，北宫文子陪同卫襄公到楚

相卫襄公以如楚，宋之盟故也。过郑，印段迓劳于棐林，如聘礼而以劳辞。文子入聘。子羽为行人，冯简子与子大叔逆客。事毕而出，言于卫侯曰："郑有礼，其数世之福也，其无大国之讨乎！《诗》曰：'谁能执热，逝不以濯。'礼之于政，如热之有濯也。濯以救热，何患之有？"

子产之从政也，择能而使之。冯简子能断大事，子大叔美秀而文，公孙挥能知四国之为，而辨于其大夫之族姓、班位、贵贱、能否，而又善为辞令，裨谌能谋，谋于野则获，谋于邑则否。郑国将有诸侯之事，子产乃问四国之为于子羽，且使多为辞令。与裨谌乘以适野，使谋可否。而告冯简子，使断之。事成，乃授子大叔使行之，以应对宾客。是以

国去，这是由于在宋国结盟的缘故。经过郑国，印段到棐林去慰劳他们，依照聘问的礼仪，而使用慰劳的辞令。文子进入国都聘问。子羽做行人，冯简子和子太叔迎接客人。事情完毕以后，文子出来，对卫襄公说："郑国讲究礼仪，这是几代的福气，恐怕不会有大国去讨伐它吧！《诗》说：'天气热得要命，谁能不去洗澡。'礼仪对于政事，好像天热必须洗澡。用洗澡来消除炎热，有什么可担心的？

子产参与政事，选择贤能而任用他们：冯简子能决断大事。子太叔外貌秀美而内有文采。子羽能明白四方诸侯的政令而且了解他们大夫的家族姓氏、官职爵位、地位贵贱、才能高低，又善于辞令。裨谌能出谋划策，在野外策划就正确，在城里策划就不行。郑国如果有外交上的事情，子产就向子羽询问四方诸侯的政令，并且让他草拟几份外交辞令稿；和裨谌一起坐车到野外去，让他策划是否可行；把结果告诉冯简子，让他决断。计划完成，就交给子太叔执行，交往诸侯应对宾客，因此很少有把事情办坏的时候。这就是北宫文子所说的讲究礼节。

鲜有败事。北宫文子所谓有礼也。

郑人游于乡校，以论执政。然明谓子产曰："毁乡校，何如？"子产曰："何为？夫人朝夕退而游焉，以议执政之善否。其所善者，吾则行之。其所恶者，吾则改之。是吾师也，若之何毁之？我闻忠善以损怨，不闻作威以防怨。岂不遽止，然犹防川，大决所犯，伤人必多，吾不克救也。不如小决使道。不如吾闻而药之也。"然明曰："蔑也今而后知吾子之信可事也。小人实不才，若果行此，其郑国实赖之，岂唯二三臣？"仲尼闻是语也，曰："以是观之，人谓子产不仁，吾不信也。"

子皮欲使尹何为邑。子产曰："少，未知可否？"子皮曰："愿，吾爱之，不吾叛也。使

郑国人在乡校里游玩聚会，议论国家政事的得失。然明对子产说："毁了乡校怎么样？"子产说："为什么？人们早晚的事情做完了，到那里游玩，来议论政事的好坏。他们认为好的，我就推行它；他们所讨厌的，我就改掉它。这是我的老师。为什么要毁掉它？我听说要以忠于为善来减少怨恨，没有听说摆出权威来防止怨恨。立威可以很快制止议论，但是就像防止河水一样。洪水冲破大口子，伤人必然很多，我就不能挽救。不如把水小小地放掉一点加以疏导，不如让我听到这些话而作为药石。"然明说："蔑从今以后知道您确实是可以事奉的了。小人实在没有才能。这样做下去，确实有利于郑国，岂独有利于二三位大臣？"孔子听到这些话，说："从这里来看，别人说子产不仁，我不相信。"

子皮想要让尹何来治理自己的封邑。子产说："尹何年纪轻，不知道行不行。"子皮说："这个人谨慎顺从，我喜欢他，不会背叛我的。让他去学习

夫往而学焉，夫亦愈知治矣。"子产曰："不可。人之爱人，求利之也。今吾子爱人则以政，犹未能操刀而使割也，其伤实多。子之爱人，伤之而已，其谁敢求爱于子？子于郑国，栋也，栋折榱崩，侨将厌焉，敢不尽言？子有美锦，不使人学制焉。大官、大邑，身之所庇也，而使学者制焉，其为美锦，不亦多乎？侨闻学而后入政，未闻以政学者也。若果行此，必有所害。譬如田猎，射御贯则能获禽，若未尝登车射御，则败绩厌覆是惧，何暇思获？"子皮曰："善哉！虎不敏。吾闻君子务知大者、远者，小人务知小者、近者。我，小人也。衣服附在吾身，我知而慎之。大官、大邑所以庇身也，我远而慢之。微子之言，吾不知也。他日我曰：'子为

一下，他就更能知道怎么办事情了。"子产说："不行。人家喜欢一个人，总是想要对这个人有利。现在您喜欢一个人却把政事交给他，这好像一个人不会用刀，而让他去割东西。在多数情况下是要损伤他自己的。您喜欢他，不过是伤害他罢了，有谁还敢在您这里求得喜欢？您在郑国是栋梁。栋梁折断，椽子就会崩塌，侨将会被压在底下，岂敢不把话全部说出来？您有漂亮的彩绸，是不会让别人用它来学习裁制的。大官和大的封邑，是自身的庇护，让学习的人去治理，这比起漂亮的丝绸来，价值不就更多吗？侨听说学习以后才能从政，没有听说用从政学习的。如果真是这么办，一定有所伤害。譬如打猎，熟悉射箭驾车的，就能获得猎物，如果从没有登车，射过箭驾过车，那么只会担心翻车被压，哪里有工夫想获得猎物？"子皮说："好啊！虎真是不聪明。我听说君子致力于了解大的远的，小人只懂得小的近的。我，是小人啊。衣服穿在我身上，我知道而且慎重对待它，大官和大的封邑是用来庇护自身的，我却疏远而且轻视它。要没有您的话，我是不知道的。从前我说，'您治理郑国，我治

郑国，我为吾家，以庇焉，其可也。'今而后知不足。自今，请虽吾家，听子而行。"子产曰："人心之不同，如其面焉。吾岂敢谓子面如吾面乎？抑心所谓危，亦以告也。"子皮以为忠，故委政焉。子产是以能为郑国。

卫侯在楚，北宫文子见令尹围之威仪，言于卫侯曰："令尹似君矣！将有他志，虽获其志，不能终也。《诗》云：'靡不有初，鲜克有终。'终之实难，令尹其将不免？"公曰："子何以知之？"对曰："《诗》云：'敬慎威仪，惟民之则。'令尹无威仪，民无则焉。民所不则，以在民上，不可以终。"公曰："善哉！何谓威仪？"对曰："有威而可畏谓之威，有仪而可象谓之仪。君有君之威仪，其臣畏而爱之，则

理我的家族以庇护我自己，这就可以了'。从今以后才知道这样不行。从现在起我请求，虽然是我家族的事情，也要听从您的意见去办理。"子产说："人心不一样，好像他的面孔，我哪里敢说您的面孔像我的面孔呢？不过心里如果觉得危险，也会把它告诉您。"子皮认为他忠诚，所以把政事全交付给他。子产因此能够治理郑国。

卫襄公在楚国，北宫文子见到楚国令尹围的仪表，对卫襄公说："令尹的言行像国君，他将要有别的想法。虽然能实现这种想法，但是不能善终。《诗》说：'什么都有个开头，很少能有好的结束。'善终实在很难，令尹恐怕不能免于祸难。"卫襄公说："你怎么知道？"北宫文子回答说："《诗》说：'不要滥用威仪，因为它是百姓的准则。'令尹没有威仪，百姓就没有准则。百姓不去效法的人，在百姓之上，就不能善终。"卫襄公说："好啊！什么叫作威仪？"北宫文子回答说："有威严而使人害怕叫作威，有仪表而使人能仿效叫作仪。国君有国君的威仪，他的臣子便敬畏而爱戴他，把他作为准则而仿效他，所以能保有他的国家，有好名声，传于子孙后代。臣子有臣子的威仪，他的下面害

而象之，故能有其国家，令闻长世。臣有臣之威仪，其下畏而爱之，故能守其官职，保族宜家。顺是以下皆如是，是以上下能相固也。《卫诗》曰：'威仪棣棣，不可选也。'言君臣、上下、父子、兄弟、内外、大小皆有威仪也。《周诗》曰：'朋友攸摄，摄以威仪。'言朋友之道，必相教训以威仪也。《周书》数文王之德，曰：'大国畏其力，小国怀其德。'言畏而爱之也。《诗》云：'不识不知，顺帝之则。'言则而象之也。纣囚文王七年，诸侯皆从之囚。纣于是乎惧而归之，可谓爱之。文王伐崇，再驾而降为臣，蛮夷帅服，可谓畏之。文王之功，天下诵而歌舞之，可谓则之，文王之行，至今为法，可谓象之。有威仪也。故君子在位可畏，施舍可爱，进退可度，

怕而爱护他，所以能保住他的官职，保护家族，使家庭和睦。顺着这个次序，以下都像这样，因此上下能够互相巩固。《卫诗》说'威仪安详，好处不能计量'，这是说君臣、上下、父子、兄弟、内外、大小都有威仪。《周诗》说，'朋友之间互相辅助，所用的就是威仪'，这是说朋友之道一定要用威仪来互相教导。《周书》列举文王的德行，说'大国害怕他的力量，小国怀念他的恩德'，这是说对他既害怕而又爱护。《诗》说，'无知无识，顺着天帝的准则'，这是说把他作为准则而加以仿效。殷纣王囚禁周文王七年，诸侯跟着他去坐牢，纣王于是就害怕了，把文王放了回去。这可以说是敬爱文王了。文王攻打崇国，两次发兵，崇国就降服为臣，蛮夷相继归服，可以说是害怕文王了。文王的功业，天下赞而为歌舞，可以说以文王为准则了。文王的措施，到今天还是作为规范，可以说是仿效文王了。这是因为有威仪的缘故。所以君子在官位上可使人怕他，施舍可使人爱他，进退可以作为法度，

周旋可则，容止可观，作事可法，德行可像，声气可乐，动作有文，言语有章，以临其下，谓之有威仪也。"

揖让可以作为准则，形容举止可以值得观赏，做事情可以让人学习，德行可以仿效，声音气度可以使人高兴，举动有修养，说话有条理，用这些来对待下面的人，这就叫作有威仪。"

四十一、昭公元年
（子产论晋侯疾）

元年春，楚公子围聘于郑，且娶于公孙段氏，伍举为介。将入馆，郑人恶之，使行人子羽与之言，乃馆于外。既聘，将以众逆。子产患之，使子羽辞，曰："以敝邑褊小，不足以容从者，请墠听命！"令尹命大宰伯州犁对曰："君辱贶寡大夫围，谓围：'将使丰氏抚有而室。'围布几筵，告于庄、共之庙而来。若野赐之，是委君贶于草莽也！是寡大夫不得列于诸卿也！不宁唯是，又使围蒙其先君，将不得为寡君老，其蔑以复矣。唯大夫图之！"子羽曰："小国无罪，恃实其罪。将恃大国之安靖己，而无乃包藏祸心以图之。小国

元年春季，楚国的公子围到郑国去聘问，同时娶了公孙段的女儿为妻。伍举作为副使，将要进入宾馆，郑国人讨厌他，派行人子羽婉辞拒绝，于是就住在城外。聘礼举行以后，公子围打算带领兵士去迎娶。子产担心这件事，派子羽辞谢，说："由于敝邑狭小，不足以容纳您的随从，请求让我们清除地面作可以祭祀的地方，再听取您的命令。"令尹命令太宰伯州犁回答说："贵君赐给寡大夫围恩惠，对围说'将要让丰氏的女儿嫁给你做妻子'。围陈列几筵，在庄王、共王的神庙中祭告然后前来娶妇。如果在野外赐给围，这是把贵君的恩赐丢在草丛里了，这也是让寡大夫不能处在卿的行列里了。不仅如此，又让围欺骗了我的先君，这使他不再能做寡君的大臣了，恐怕也不能回去复命了。请大夫考虑一下！"子羽说："小国没有罪过，依靠大国而不设防备就是他的罪过。小国打算依靠大国安定自己，而大国却恐怕是包藏祸心来打小国的主意吧！怕的是小国失去了依靠，就让诸侯

失恃而惩诸侯，使莫不憾者，距违君命，而有所壅塞不行是惧！不然，敝邑，馆人之属也，其敢爱丰氏之祧？"伍举知其有备也，请垂櫜而入。许之。正月乙未，入，逆而出。遂会于虢，寻宋之盟也。

祁午谓赵文子曰："宋之盟，楚人得志于晋。今令尹之不信，诸侯之所闻也。子弗戒，惧又如宋。子木之信称于诸侯，犹诈晋而驾焉，况不信之尤者乎？楚重得志于晋，晋之耻也。子相晋国以为盟主，于今七年矣！再合诸侯，三合大夫，服齐、狄，宁东夏，平秦乱，城淳于，师徒不顿，国家不罢，民无谤讟，诸侯无怨，天无大灾，子之力也。有令名矣，而终之以耻，午也是惧。吾子其不可以不戒！"文子曰："武

得到戒惧而全都怨恨大国，抗拒违背国君的命令，使它行不通。否则，我国就等于贵国的宾馆了，岂敢爱惜丰氏的祖庙？"伍举知道郑国有了准备，请求倒转弓袋子而入国都。郑国才同意了。正月十五日，公子围进入国都，迎娶之后出来。于是就和叔孙豹、晋国赵武、齐国国弱、宋国向戌、陈国公子招、蔡国公子归生、郑国罕虎、许国人、曹国人在虢地会见，这是为了重温宋国会盟的友好。

祁午对赵文子说："在宋国的盟会，楚国人占了晋国的先。现在令尹不守信用，这是诸侯都听说的。您如果还不戒备，怕的是又像在宋国一样。子木的信用为诸侯所称道，尚且还欺骗晋国而要凌驾在上面，何况是不守信用的人中的拔尖人物呢？您辅佐晋国作为盟主，到现在七年了。两次会合诸侯，三次会合大夫，使齐国、狄人归服，使华夏的东方安宁，平定秦国造成的动乱，在淳于修筑城墙，军队不疲弊，国家不疲乏，百姓没有诽谤，诸侯没有怨恨。上天不降大灾，这是您的力量。有了好名声了，反而用耻辱来结束，午就是害怕这个，您不能不警惕。"赵文子说："武接受您的恩赐。然而在宋国的结盟，子木有害人之心，武有爱人之心，这就是楚国

受赐矣！然宋之盟，子木有祸人之心，武有仁人之心，是楚所以驾于晋也。今武犹是心也，楚又行僭，非所害也。武将信以为本，循而行之。譬如农夫，是穮是蓘，虽有饥馑，必有丰年。且吾闻之：'能信不为人下。'吾未能也。《诗》曰：'不僭不贼，鲜不为则。'信也。能为人则者，不为人下矣。吾不能是难，楚不为患。"楚令尹围请用牲，读旧书，加于牲上而已。晋人许之。

三月甲辰，盟。楚公子围设服离卫。叔孙穆子曰："楚公子美矣，君哉！"郑子皮曰："二执戈者前矣！"蔡子家曰："蒲宫有前，不亦可乎？"楚伯州犁曰："此行也，辞而假之寡君。"郑行人挥曰："假不反矣！"伯州犁曰："子姑忧子皙之欲背诞

所以压在晋国上面的缘故。现在武还是这样的心，楚国又干不守信用的事，这可不是它所能伤害的了。武将要用信用作为根本，以此去做。譬如农夫，只要勤于除草培土，虽然有一时灾荒，但最终必然获得丰收。而且我听说，能守信用就不会在别人下面，可能我还是不能做到守信用啊。《诗》说，'待人以信，很少不能做榜样'，这是由于守信用的缘故。能够做别人典范的人，不会在别人的下面。我的难处是不能做到这一点。楚国不能造成祸患。"楚国的令尹围请求使用牺牲，仅仅宣读了一遍过去的盟约，然后放在牺牲上面而已。晋国人答应了。

三月二十五日，结盟。楚国公子围陈列了国君的服饰，两个卫士拿着戈站在旁边。叔孙穆子说："楚国的公子很神气，像个国君啊！"郑国的子皮说："两个拿着戈的人站在前面来了。"蔡国的子家说："蒲宫有一对执戈卫士站在前面，不也可以吗？"楚国的伯州犁说："这些东西是这次出来的时候，向国君请求而借来的。"郑国的行人子羽说："借了就不还了。"伯州犁说："您还是去担心一下你们子皙想要违命作乱

也。"子羽曰："当璧犹在，假而不反，子其无忧乎？"齐国子曰："吾代二子愍矣！"陈公子招曰："不忧何成，二子乐矣。"卫齐子曰："苟或知之，虽忧何害？"宋合左师曰："大国令，小国共。吾知共而已。"晋乐王鲋曰："《小旻》之卒章善矣，吾从之。"

退会，子羽谓子皮曰："叔孙绞而婉，宋左师简而礼，乐王鲋字而敬，子与子家持之，皆保世之主也。齐、卫、陈大夫其不免乎？国子代人忧，子招乐忧，齐子虽忧弗害。夫弗及而忧，与可忧而乐，与忧而弗害，皆取忧之道也，忧必及之。《大誓》曰：'民之所欲，天必从之。'三大夫兆忧，能无至乎？言以知物，其是之谓矣。"

季武子伐莒，取郓，莒人告于会。楚告于晋

的事吧。"子羽说："楚王还在，借了不还，您难道没有忧虑吗？"齐国的国子说："我替这两位担心呐。"陈国的公子招说："不忧愁怎么能办成事情？这两位可高兴啦。"卫国的齐子说："如果有人事先知道，虽然有忧虑又有什么危害？"宋国的合左师说："大国发令，小国供职，我知道恭敬就是了。"晋国的乐王鲋说："《小旻》的最后一章很好，我要照着那样做。"

退出会场，子羽对子皮说："叔孙言辞恰切而委婉，宋国左师语言简明而合于礼仪，乐王鲋自爱而恭敬，您和子家说话得体，都是可以保持几代爵禄的大夫。齐国、卫国、陈国的大夫恐怕不能免于祸难吧！国子替人忧虑，子招以高兴代替忧虑，齐子虽然有忧虑却不当作危害。自身没有忧虑而替人忧虑，需要忧虑却高兴，和把忧虑不当作危害，这都是招来忧虑的缘由，忧虑必然会到他的身上来。《大誓》说：'百姓所要求的，上天必然听从。'三位大夫有了忧虑的兆头，忧虑能不来吗？从言语来了解事情的后果，说的就是这个了。"

季武子进攻莒国，占据了郓地，莒国人向盟会报告。楚国对晋国说："重

曰："寻盟未退，而鲁伐莒，渎齐盟，请戮其使。"乐桓子相赵文子，欲求货于叔孙而为之请，使请带焉，弗与。梁其踁曰："货以藩身，子何爱焉？"叔孙曰："诸侯之会，卫社稷也。我以货免，鲁必受师。是祸之也，何卫之为？人之有墙，以蔽恶也。墙之隙坏，谁之咎也？卫而恶之，吾又甚焉。虽怨季孙，鲁国何罪？叔出季处，有自来矣，吾又谁怨？然鲋也贿，弗与，不已。"召使者，裂裳帛而与之，曰："带其褊矣。"赵孟闻之，曰："临患不忘国，忠也。思难不越官，信也；图国忘死，贞也；谋主三者，义也。有是四者，又可戮乎？"乃请诸楚曰："鲁虽有罪，其执事不辟难，畏威而敬命矣。子若免之，以劝左右可也。若子之群吏处不辟污，出

温过去的盟会还没有结束，鲁国就进攻莒国，轻视盟约，请求诛杀鲁国的使者。"

乐桓子辅佐赵文子，想要向叔孙豹索取财货，而为叔孙豹向赵文子说情。派人向叔孙豹要他的带子，叔孙豹不给。梁其踁说："财货用来保护身体，您有什么可吝惜呢？"叔孙豹说："诸侯的会见，是为了保卫国家。我用财货来免于祸患，鲁国就必然要受到进攻了，这是为它带来祸患啊，还有什么可保卫的？人有墙壁，是用来遮挡坏人的。墙壁裂缝，这是谁的过错？为了保卫反而让鲁国受攻击，我的罪过又超过了墙壁。虽然应当埋怨季孙，但是鲁国有什么罪过呢？叔孙出使，季孙守国，一向就是这样的，我又去怨谁呢？然而鲋喜欢财货，不给他，事情没有完。"召见使者，叔孙豹撕下一片做裙子的帛给他，说："身上的带子恐怕太窄了。"赵孟听说了，说："面临祸患而不忘记国家，这是忠心。想到危难而不放弃职守，这是诚意。为国家打算而不惜一死，这是坚定。计谋以上述三点作为主体，这是道义。有了这四点，难道可以诛戮吗？"就向楚国请求说："鲁国虽然有罪，它的执事却不避祸难，而且畏惧贵国的威严而恭敬地奉命了。您如果赦免他，用来勉励您的左右，这是可以的。如果您

不逃难，其何患之有？患之所生，污而不治，难而不守，所由来也。能是二者，又何患焉？不靖其能，其谁从之？鲁叔孙豹可谓能矣，请免之以靖能者。子会而赦有罪，又赏其贤，诸侯其谁不欣焉望楚而归之，视远如迩？疆埸之邑，一彼一此，何常之有？王伯之令也，引其封疆，而树之官。举之表旗，而着之制令。过则有刑，犹不可壹。于是乎虞有三苗，夏有观、扈，商有姺、邳，周有徐、奄。自无令王，诸侯逐进，狎主齐盟，其又可壹乎？恤大舍小，足以为盟主，又焉用之？封疆之削，何国蔑有？主齐盟者，谁能辩焉？吴、濮有衅，楚之执事岂其顾盟？莒之疆事，楚勿与知，诸侯无烦，不亦可乎？莒、鲁争郓，为日久矣，苟无大害于其社稷，可无

的官吏们在国内不避污浊，在国外不逃避祸难，还有什么可忧虑的？忧虑之所以产生，就是由于有污浊而不治理，祸难来了而不顶住。能做到这两点，又忧虑什么？不安定贤能的人，有谁去跟从他？鲁国的叔孙豹可以说是贤能的人，请求赦免他，用来安定贤能的人。您参加了盟会而赦免了有罪的国家，又奖励它的贤能的人，还有谁不高高兴兴地望着楚国而归服，把疏远看成亲近呢？国境上的城邑，一时属那边，一时属这边，有什么一定的？三王五伯的政令，划定疆界，在那里设置官员，树立界碑，而写明在章程法令中，越境就要惩罚，尽管这样，尚且不能一成不变。在这种情况下虞舜时代有三苗，夏朝有观氏、扈氏，商朝有姺氏、邳氏，周朝有徐国、奄国。自从没有英明的天子以后，诸侯争相扩张，交替主持结盟，难道又能够一成不变吗？担心大祸不计较小错，足以做盟主，又哪里用得着管这些小事？边境被侵削的情况，哪个国家没有？主持结盟的，谁能治理得了？吴国、百濮有隙可乘，楚国的执事难道只顾盟约而不去进攻？莒国边境上的事情，楚国不要过问，诸侯不要烦劳，不也可以吗？莒国、鲁国争夺郓地，日子很久了。只要对他们国家没有大妨害，可以不必去

亢也。去烦宥善，莫不
竞劝。子其图之！”固
请诸楚，楚人许之，乃
免叔孙。

令尹享赵孟，赋《大
明》之首章。赵孟赋《小
宛》之二章。事毕，赵
孟谓叔向曰：“令尹自
以为王矣，何如？”对曰：
“王弱，令尹强，其可哉！
虽可，不终。”赵孟曰：
“何故？”对曰：“强
以克弱而安之，强不义
也。不义而强，其毙必速。
《诗》曰：‘赫赫宗周，
褒姒灭之。’强不义也。
令尹为王，必求诸侯。
晋少懦矣，诸侯将往。
若获诸侯，其虐滋甚。
民弗堪也，将何以终？
夫以强取，不义而克，
必以为道。道以淫虐，
弗可久已矣！”

夏四月，赵孟、叔
孙豹、曹大夫入于郑，
郑伯兼享之。子皮戒赵
孟，礼终，赵孟赋《瓠
叶》。子皮遂戒穆叔，
且告之。

保护。免除烦劳，赦免善人，就没有不
争相努力为善。您还是考虑一下。”晋
国人坚决向楚国请求，楚国人答应了，
就赦免了叔孙。

令尹设宴招待赵孟，赋《大明》的
第一章。赵孟赋《小宛》的第二章。事
情完了，赵孟对叔向说：“令尹自以为
是国王了，怎么样？”叔向回答说：“国
王弱，令尹强，大概是可以成功的吧！
虽然可以成功，但不能善终。”赵孟说：
“为什么？”叔向回答说：“用强大制
服弱小而心安理得，这是强大而不合于
道义。不合于道义而强大，他的灭亡必
然很快到来。《诗》说‘声威赫赫的宗
周，褒姒灭亡了它’，这是由于强大而
不合道义的缘故。令尹做了国王，必然
谋求诸侯的拥护。晋国有些衰弱了，诸
侯就会投靠他。如果得到了诸侯，他的
暴虐就更厉害了，百姓不能忍受他的残
暴，他如何能善终？用强力来取得君位，
不合于道义而能取胜，必然把这作为常
道。把荒淫暴虐作为常道，是不能持久
的啊！”

夏四月，赵孟、叔孙豹、曹国的大
夫进入郑国，郑简公同时设享礼招待他
们。子皮正式通知赵孟，通知的礼仪结
束，赵孟赋《瓠叶》这首诗。子皮就正

穆叔曰："赵孟欲一献，子其从之！"子皮曰："敢乎？"穆叔曰："夫人之所欲也，又何不敢？"及享，具五献之笾豆于幕下。赵孟辞，私于子产曰："武请于冢宰矣。"乃用一献。赵孟为客，礼终乃宴。穆叔赋《鹊巢》。赵孟曰："武不堪也。"又赋《采蘩》，曰："小国为蘩，大国省穑而用之，其何实非命？"子皮赋《野有死麕》之卒章。赵孟赋《常棣》，且曰："吾兄弟比以安，尨也可使无吠。"穆叔、子皮及曹大夫兴，拜，举兕爵，曰："小国赖子，知免于戾矣。"饮酒乐。赵孟出，曰："吾不复此矣。"

天王使刘定公劳赵孟于颍，馆于洛汭。刘子曰："美哉禹功，明德远矣！微禹，吾其鱼乎！吾与子弁冕端委，以治民临诸侯，禹之力

式通知叔孙豹，同时告诉他赵孟赋诗的情况。叔孙豹说："赵孟想要一献之宴，您还是听从他吧。"子皮说："敢吗？"叔孙豹说："那个人想要这样，又有什么不敢？"等到举行享礼时，在东房准备了五献的用具。赵孟辞谢，私下对子产说："武已经向上卿请求过了。"于是就使用了一献。赵孟作为主宾，享礼完毕就饮宴。叔孙豹赋《鹊巢》这首诗，赵孟说："武不敢当啊。"叔孙豹又赋《采蘩》这首诗，说："小国献上薄礼，大国爱惜而加以使用，岂敢不服从大国的命令？"子皮赋《野有死麕》的最后一章，赵孟赋《常棣》这首诗，同时说："我们兄弟亲密而安好，可以让狗别叫了。"叔孙豹、子皮和曹国的大夫起立，下拜，举起牛角杯，说："小国靠着您，知道免于罪过了。"大家喝酒喝得很高兴。赵孟出来，说："我不会再见到这样的欢乐了。"

周天子派刘定公在颍地慰劳赵孟，让他住在洛水边上。刘定公说："美好啊，禹的功绩！他光明的德行多么深远。如果没有禹，我们大约要变成鱼了吧！我和您戴着礼帽穿着礼服，来治理百姓、面对诸侯，都是靠了禹的力量。您何不

也。子盍亦远绩禹功，而大庇民乎？"对曰："老夫罪戾是惧，焉能恤远？吾侪偷食，朝不谋夕，何其长也？"刘子归，以语王曰："谚所为老将知而耄及之者，其赵孟之谓乎！为晋正卿，以主诸侯，而侪于隶人，朝不谋夕，弃神人矣。神怒民叛，何以能久？赵孟不复年矣。神怒，不歆其祀；民叛，不即其事。祀事不从，又何以年？"

叔孙归，曾夭御季孙以劳之。旦及日中不出。曾夭谓曾阜曰："旦及日中，吾知罪矣。鲁以相忍为国也，忍其外不忍其内，焉用之？"阜曰："数月于外，一旦于是，庸何伤？贾而欲赢，而恶嚣乎？"阜谓叔孙曰："可以出矣！"叔孙指楹曰："虽恶是，其可去乎？"乃出见之。

郑徐吾犯之妹美，

远继禹的功绩，而大大地庇护百姓呢？"赵孟回答说："老夫我唯恐犯下罪过，哪里能考虑长远的事情？我们这些人吃饭混日子，早晨不想到晚上，哪里能够作长远考虑呢？"刘子回去，把情况告诉周天子，说："俗话说，老了会聪明些，可是糊涂也跟着来了，这说的就是赵孟吧！做晋国的正卿以主持诸侯，反而把自己等同于那些下贱的人，早晨不想到晚上，这是丢弃了神灵和百姓。神灵发怒，百姓背叛，何以能长久？赵孟不能过得了今年了。神灵发怒，不享用他的祭祀。百姓背叛，不干事情。祭祀和国事不能办理，又怎么能过得了今年？"

叔孙回国，曾夭为季孙驾车去慰劳他。从早晨等到中午，叔孙没有出来。曾夭对曾阜说："从早晨一直等到中午，我们已经知道罪过了。鲁国是用互相忍让来治理国家的。在国外忍让，在国内不忍让，那又何必呢？"曾阜说："他几个月在外边，我们在这里只一早晨，有什么妨碍？商人要赢利，还能讨厌喧闹吗？"曾阜对叔孙说："可以出去了。"叔孙指着柱子说："虽然讨厌这个柱子，难道能够去掉它吗？"于是就出去接见季孙。

郑国徐吾犯的妹妹很漂亮，公孙楚

公孙楚聘之矣，公孙黑又使强委禽焉。犯惧，告子产。子产曰："是国无政，非子之患也。唯所欲与。"犯请于二子，请使女择焉。皆许之，子晳盛饰入，布币而出。子南戎服入。左右射，超乘而出。女自房观之，曰："子晳信美矣，抑子南夫也。夫夫妇妇，所谓顺也。"适子南氏。子晳怒，既而囊甲以见子南，欲杀之而取其妻。子南知之，执戈逐之。及冲，击之以戈。子晳伤而归，告大夫曰："我好见之，不知其有异志也，故伤。"

大夫皆谋之。子产曰："直钧，幼贱有罪。罪在楚也。"乃执子南而数之，曰："国之大节有五，女皆奸之：畏君之威，听其政，尊其贵，事其长，养其亲。五者所以为国也。今君在国，女用兵焉，不畏威也。

已经聘她为妻，但公孙黑又派人硬送去聘礼。徐吾犯害怕，告诉子产。子产说："这是国家的政事混乱，不是您的忧患。她愿意嫁给谁就嫁给谁。"徐吾犯请求这二位，让女孩儿自己选择。他们都答应了。公孙黑打扮得非常华丽，进来，陈设财礼然后出去了。公孙楚穿着军服进来，左右开弓，一跃登车而去。女子在房间内观看他们，说："子晳确实是很漂亮，不过子南是个真正的男子汉。丈夫要像丈夫，妻子要像妻子，这就是所谓的顺。"徐女嫁给了公孙楚家。公孙黑发怒，不久以后就把皮甲穿在外衣里而去见公孙楚，想要杀死他而占取他的妻子。公孙楚知道他的企图，拿了戈追赶他，到达交叉路口，用戈敲击他。公孙黑受伤回去，告诉大夫说："我很友好地去见他，不知道他有别的想法，所以受了伤。"

大夫们都议论这件事。子产说："如果各有理由，年幼地位低的便有罪，罪在于公孙楚。"于是就抓住公孙楚而列举他的罪状，说："国家的大节有五条，你都触犯了：惧怕国君的威严、听从他的政令、尊重贵人、事奉长者、奉养亲属，这五条是用来治理国家的。现在国君在国都里，你动用武器，这是不惧怕

奸国之纪，不听政也。子晳，上大夫，女，嬖大夫，而弗下之，不尊贵也。幼而不忌，不事长也。兵其从兄，不养亲也。君曰：'余不女忍杀，宥女以远。'勉，速行乎，无重而罪！"

威严。触犯国家的法纪，这是不听从政令。子晳是上大夫，你是下大夫，而又不肯在他下面，这是不尊重贵人。年纪小而不恭敬，这是不事奉长者。用武器对付堂兄，这是不奉养亲属。国君说：'我不忍杀你，赦免你，让你到远地去。'尽你的力量，快走吧，不要加重你的罪过！"

五月庚辰，郑放游楚于吴，将行子南，子产咨于大叔。大叔曰："吉不能亢身，焉能亢宗？彼，国政也，非私难也。子图郑国，利则行之，又何疑焉？周公杀管叔而蔡蔡叔，夫岂不爱？王室故也。吉若获戾，子将行之，何有于诸游？"

五月初二日，郑国放逐公孙楚到吴国。准备让公孙楚启程，子产征求太叔的意见。太叔说："吉不能保护自身，哪里能保护一族？他的事情属于国政，不是私家的危难。您为郑国打算，有利于国家就去办，又有什么疑惑呢？周公杀死管叔，放逐了蔡叔，难道是不爱他们？这是为了巩固王室，吉如果得罪了，您也将要执行惩罚，何必把游氏诸人放在心上？"

秦后子有宠于桓，如二君于景。其母曰："弗去，惧选。"癸卯，鍼适晋，其车千乘。书曰："秦伯之弟鍼出奔晋。"罪秦伯也。后子享晋侯，造舟于河，十里舍车，自雍及绛。归取酬币，终事八反。司马侯问焉，

秦国的后子受到秦桓公的宠信，在秦景公即位的时候，和景公如同两君并列一样。他的母亲说："如果不离开，恐怕会要被放逐的。"五月二十日，后子到晋国去，他的车子有一千辆。《春秋》记载说"秦伯之弟鍼出奔晋"，这是把罪责归于秦景公。后子设享礼招待晋平公，在黄河里排列船只搭了浮桥，每隔十里就停放一批车辆，从雍城绵延到绛

曰："子之车，尽于此而已乎？"对曰："此之谓多矣！若能少此，吾何以得见？"女叔齐以告公，且曰："秦公子必归。臣闻君子能知其过，必有令图。令图，天所赞也。"

后子见赵孟。赵孟曰："吾子其曷归？"对曰："鍼惧选于寡君，是以在此，将待嗣君。"赵孟曰："秦君何如？"对曰："无道。"赵孟曰："亡乎？"对曰："何为？一世无道，国未艾也。国于天地，有与立焉。不数世淫，弗能毙也。"赵孟曰："天乎？"对曰："有焉。"赵孟曰："其几何？"对曰："鍼闻之，国无道而年谷和熟，天赞之也。鲜不五稔。"赵孟视荫，曰："朝夕不相及，谁能待五？"后子出，而告人曰："赵孟将死矣。主民，玩岁

城，回去取奉献的礼物，到享礼结束往返取币八次。司马侯询问说："您的车辆都在这里了吗？"后子回答说："这已经算够多的了。如果能比这些少，我怎么能见到你呢？"司马侯把这些话报告晋平公，而且说："秦公子必然会回国。下臣听说君子能够知道自己的过错，一定有好的计谋。好的计谋，这是上天所赞助的。"

后子进见赵孟。赵孟说："您大约什么时候回去呢？"后子回答说："鍼害怕被国君放逐，因此留在这里，准备等到新君即位再回国。"赵孟说："秦国的国君怎么样？"后子回答说："无道。"赵孟说："国家会灭亡吗？"后子回答说："为什么？一代的君主无道，国家还不致到达绝境。立国在天地之间，必然有辅助的人。如果没有几代的荒淫，是不能灭亡的。"赵孟说："国君会短命吗？"后子回答说："会的。"赵孟说："大约多久呢？"后子回答说："鍼听说，国家无道而粮食丰收，这是上天在辅助他。少则不过五年。"赵孟看着太阳的影子，说："早晨等不到晚上，谁能等待五年？"后子出来，告诉别人说："赵孟将要死了。主持百姓的事情既想混日子，又怕自己活不久，他还能活多久呢？"

而惕日，其与几何？"

郑为游楚乱故，六月丁巳，郑伯及其大夫盟于公孙段氏，罕虎、公孙侨、公孙段、印段、游吉、驷带私盟于闺门之外，实薰隧。公孙黑强与于盟，使大史书其名，且曰七子。子产弗讨。

郑国由于游楚作乱的缘故，六月初九日，郑简公和他的大夫们在公孙段家里结盟。罕虎、公孙侨、公孙段、印段、游吉、驷带在闺门外边私下结盟，盟地就在薰隧。公孙黑硬要参加结盟，让太史写下他的名字，而且称为"七子"。子产并没有加以讨伐。

晋中行穆子败无终及群狄于大原，崇卒也。将战，魏舒曰："彼徒我车，所遇又厄，以什共车必克。困诸厄，又克。请皆卒，自我始。"乃毁车以为行，五乘为三伍。荀吴之嬖人不肯即卒，斩以徇。为五陈以相离，两于前，伍于后，专为右角，参为左角，偏为前拒，以诱之。翟人笑之。未陈而薄之，大败之。

晋国的中行穆子在大原打败了无终和各部狄人，这是由于重视了步兵的缘故。即将作战时，魏舒说："他们是步兵，我们是车兵，两军相遇的地方形势险要，用十个步兵对付一辆战车，必然得胜。把他们围困在险地，我们又能打胜他们。请将军队全部改为步兵，从我开始。"于是就放弃战车改为步兵的行列，五乘战车改成三个伍。荀吴的宠臣不肯编入步兵，就把他杀了巡行示众。晋军摆成五种阵势以互相呼应，两在前面，伍在后面，专作为右翼，参作为左翼，偏作为前锋方阵，用这个来诱敌。狄人讥笑他们。没等狄人摆开阵势，晋兵就迫近进攻，大胜狄人。

莒展舆立，而夺群公子秋。公子召去疾于齐。秋，齐公子鉏纳去疾，展舆奔吴。

莒国的展舆即位，夺去了公子们的俸禄。公子们把去疾从齐国召回来。秋季，齐国的公子鉏把去疾送回莒国，展舆逃亡到吴国。

叔弓帅师疆郓田，因莒乱也。于是莒务娄、瞀胡及公子灭明以大厖与常仪靡奔齐。君子曰："莒展之不立，弃人也夫！人可弃乎？《诗》曰：'无竞维人。'善矣。"

晋侯有疾，郑伯使公孙侨如晋聘，且问疾。叔向问焉，曰："寡君之疾病，卜人曰：'实沈、台骀为祟。'史莫之知，敢问此何神也？"子产曰："昔高辛氏有二子，伯曰阏伯，季曰实沈，居于旷林，不相能也。日寻干戈，以相征讨。后帝不臧，迁阏伯于商丘，主辰。商人是因，故辰为商星。迁实沈于大夏，主参。唐人是因，以服事夏、商。其季世曰唐叔虞。当武王邑姜方震大叔，梦帝谓己：'余命而子曰虞，将与之唐，属诸参，其蕃育其子孙。'及生，有文在其手曰：'虞'，遂以命之。及

叔弓率领军队划定郓地的疆界，这是趁莒国发生内乱的缘故。在这时候，莒国的务娄、瞀胡和公子灭明带着大厖和常仪靡逃亡到齐国。君子说："莒展不能被立，这是由于失去了人才的缘故吧！人才可以丢掉吗？《诗》说，'要强大，只有得到贤人'。很正确啊。"

晋平公有病，郑伯派子产到晋国聘问，同时探视病情。叔向询问子产："寡君的重病，卜人说'是实沈、台骀在作怪'，太史不知道他们，谨敢请问这是什么神灵？"子产说："从前高辛氏有两个儿子，大的叫阏伯，小的叫实沈，住在大树林里，不能相容，每天使用武器互相攻打。帝尧认为他们不好，把阏伯迁移到商丘，用大火星来定时节。商朝人沿袭下来，所以大火星成了商星。把实沈迁移到大夏，用参星来定时节，唐国人沿袭下来，以归服事奉夏朝、商朝。它的末世叫作唐叔虞。武王的邑姜怀着太叔的时候，梦见天帝对自己说：'我为你的儿子起名为虞，准备将唐国给他，属于参星，而繁衍养育他的子孙。'等到孩子生下来，有纹路在他掌心像虞字，就名为虞。等到成王灭了唐国，就把这里封给了太叔，所以参星是晋国的星宿。从这里看来，那么实沈就是参星之神了。从前金天氏有后代叫作昧，做

成王灭唐而封大叔焉，故参为晋星。由是观之，则实沈，参神也。昔金天氏有裔子曰昧，为玄冥师，生允格、台骀。台骀能业其官，宣汾、洮，障大泽，以处大原。帝用嘉之，封诸汾川。沈、姒、蓐、黄，实守其祀。今晋主汾而灭之矣。由是观之，则台骀，汾神也。抑此二者，不及君身。山川之神，则水旱疠疫之灾，于是乎禜之。日月星辰之神，则雪霜风雨之不时，于是乎禜之。若君身，则亦出入饮食哀乐之事也，山川星辰之神，又何为焉？侨闻之，君子有四时：朝以听政，昼以访问，夕以修令，夜以安身。于是乎节宣其气，勿使有所壅闭湫底，以露其体。兹心不爽，而昏乱百度。今无乃壹之，则生疾矣。侨又闻之，内官不及同姓，其生不殖，美先尽

水官，生了允格、台骀。台骀能世代相承他的官位，疏通汾水、洮水，堵住大泽，带领人们住在广阔的高平地区。颛顼因此嘉奖他，把他封在汾川，沈、姒、蓐、黄四国世代守着他的祭祀。现在晋国主宰了汾水一带而灭掉了这四个国家。从这里看来，那么台骀就是汾水之神了。然而这两位神灵与晋君之病无关。山川的神灵，遇到水旱瘟疫这些灾祸就要向他们祭祀禳灾。日月星辰的神灵，遇到雪霜风雨不合时令，就要向他们祭祀禳灾。至于疾病在您身上，也就是由于劳逸、饮食、哀乐不适度的缘故。山川、星辰的神灵又哪能降病给您呢？侨听说，君子有四段时间：早晨用来听取政事，白天用来调查咨询，晚上用来确定政令，夜里用来安歇身体。这样就可以有节制地散发体气，别让它有所壅塞，以使身体衰弱。心里不明白这些，就会使百事昏乱。现在恐怕是体气用在一处，就生病了。侨又听说，国君的妻妾不能有同姓的，因为子孙不能昌盛。美丽都集中在一个人身上，那么就会得

矣，则相生疾，君子是以恶之。故《志》曰：'买妾不知其姓，则卜之。'违此二者，古之所慎也。男女辨姓，礼之大司也。今君内实有四姬焉，其无乃是也乎？若由是二者，弗可为也已。四姬有省犹可，无则必生疾矣。"叔向曰："善哉！肸未之闻也。此皆然矣。"

叔向出，行人挥送之。叔向问郑故焉，且问子皙。对曰："其与几何？无礼而好陵人，怙富而卑其上，弗能久矣。"

晋侯闻子产之言，曰："博物君子也。"重贿之。

晋侯求医于秦。秦伯使医和视之，曰："疾不可为也。是谓：'近女，室疾如蛊。非鬼非食，惑以丧志。良臣将死，天命不佑。'"公曰："女不可近乎？"对曰："节之。先王之乐，所

病，君子因此讨厌这个。所以《志》说：'买姬妾侍女如果不知道她的姓，就占卜一下。'对于违反这两条，古代是很慎重的。男女要辨别姓氏，这是礼仪的大事。现在君王的宫里有四个姬姓侍妾，恐怕就是为了这个缘故吧！如果是由于这两条，病就不能治了。去掉这四个姬姓女子还可以，否则就必然得病了。叔向说："好啊，肸没有听说过呢，这都是真的啊。"

叔向出来，行人子羽送他。叔向询问郑国的政事，同时询问子皙的情况。子羽回答说："他还能活多久？没有礼仪而喜欢凌驾于人，仗着富有而轻视他的上级，不能长久了。"

晋平公听了子产的话，说："他是知识渊博的君子啊。"送给子产以很厚的财物。

晋平公在秦国求医，秦景公让医和为他看病。医和说："病不能治了，这叫作亲近女人，得病好像蛊惑。不是由于鬼神，也不是由于饮食，而是被女色迷惑而丧失了意志。良臣将要死去，上天不能保佑。"晋平公问："女人不能亲近吗？"医和回答说："节制它。先王的音乐是用来节制百事的，

以节百事也。故有五节，迟速本末以相及，中声以降，五降之后，不容弹矣。于是有烦手淫声，慆堙心耳，乃忘平和，君子弗德也。物亦如之，至于烦，乃舍也已，无以生疾。君子之近琴瑟，以仪节也，非以慆心也。天有六气，降生五味，发为五色，征为五声，淫生六疾。六气曰阴、阳、风、雨、晦、明也。分为四时，序为五节，过则为灾。阴淫寒疾，阳淫热疾，风淫末疾，雨淫腹疾，晦淫惑疾，明淫心疾。女，阳物而晦时，淫则生内热惑蛊之疾。今君不节不时，能无及此乎？"

出，告赵孟。赵孟曰："谁当良臣？"对曰："主是谓矣！主相晋国，于今八年，晋国无乱，诸侯无阙，可谓良矣。和闻之，国之大臣，荣其宠禄，任其宠节，有

所以有五声的节奏，有快慢、本末以互相调节，声音和谐然后降下来。五声下降而停止以后，就不允许再弹了。这时候再弹就有了繁复的手法和靡靡之音，使人心烦耳乱，就会忘记了平正和谐，君子是不听这些的。事情也像音乐一样，一到过度，就应该罢手，不要因此得病。君子接近妻室，是用礼来节制的，不是用来烦心的。天有六种气候，派生为五种口味，表现为五种颜色，应验为五种声音。以上种种过了头就会发生六种疾病。六种气候叫作阴、晴、风、雨、夜、昼，分为四段时间，顺序为五声的节奏，过了头就是灾祸；阴没有节制是寒病，阳没有节制是热病，风没有节制是四肢病，雨没有节制是腹病，夜里没有节制是迷惑病，白天没有节制是心病。女人，属于阳物而活动时间在夜里，对女人没有节制，会发生内热蛊惑的疾病。现在您没有节制不分昼夜，能不到这个地步吗？"

医和出来，告诉赵孟。赵孟说："谁相当于良臣？"医和说："就是您了。您辅佐晋国，到现在八年，晋国没有动乱，诸侯没有缺失，可以说是良了。和听说，国家的大臣，光荣地受到信任和爵禄，承担国家的大事。有灾祸发生而不能改变做法，必然受到灾殃。现在国

灾祸兴而无改焉，必受其咎。今君至于淫以生疾，将不能图恤社稷，祸孰大焉！主不能御，吾是以云也。"赵孟曰："何谓蛊？"对曰："淫溺惑乱之所生也。于文，皿虫为蛊。谷之飞亦为蛊。在《周易》，女惑男，风落山，谓之《蛊》☷。皆同物也。"赵孟曰："良医也。"厚其礼归之。

楚公子围使公子黑肱、伯州犁城犫、栎、郏，郑人惧。子产曰："不害。令尹将行大事，而先除二子也。祸不及郑，何患焉？"

冬，楚公子围将聘于郑，伍举为介。未出竟，闻王有疾而还。伍举遂聘。十一月己酉，公子围至，入问王疾，缢而弑之。遂杀其二子幕及平夏。右尹子干出奔晋。宫厩尹子皙出奔郑。杀大宰伯州犁于郏。葬王于郏，谓之郏敖。使赴

君到了没有节制的程度，因而得病，将要不能为国家图谋考虑，还有比这更大的灾祸吗？您不能禁止，我因此才这样说。"赵孟说："什么叫作蛊？"医和回答说："这是沉迷惑乱所引起的。在文字里，器皿中的毒虫是蛊。稻谷中的飞虫也是蛊。在《周易》里，女人迷惑男人，大风吹落山木叫作《蛊》。这都是同类事物。"赵孟说："真是好医生啊。"赠给他很重的礼物而让他回去。

楚国的公子围派公子黑肱、伯州犁在犫、栎、郏地筑城，郑国人害怕。子产说："没有妨害。令尹准备干大事而要先除掉这两位。祸患不会到达郑国，担心什么？"

冬季，楚国的公子围准备到晋国聘问，伍举作为副手。没有走出国境，听说楚王有病而回来。伍举就到郑国聘问。十一月初四日，公子围到达都城，进宫问候楚王的病情，把楚王勒死了，并乘机杀了他的两个儿子幕和平夏。右尹子干逃亡到晋国，宫厩尹子皙逃亡到郑国。把太宰伯州犁杀死在郏地。把楚王葬在郏地，称他为郏敖。派使者发讣告到郑国，伍举问使者关于继承人的措辞，使

于郑，伍举问应为后之辞焉。对曰："寡大夫围。"伍举更之曰："共王之子围为长。"

子干奔晋，从车五乘。叔向使与秦公子同食，皆百人之饩。赵文子曰："秦公子富。"叔向曰："底禄以德，德钧以年，年同以尊。公子以国，不闻以富。且夫以千乘去其国，强御已甚。《诗》曰：'不侮鳏寡，不畏强御。'秦、楚，匹也。"使后子与子干齿。辞曰："鍼惧选，楚公子不获，是以皆来，亦唯命。且臣与羁齿，无乃不可乎？史佚有言曰：'非羁何忌？'"

楚灵王即位，薳罢为令尹，薳启强为大宰。郑游吉如楚，葬郏敖，且聘立君。归，谓子产曰："具行器矣！楚王汰侈而自说其事，必合诸侯。吾往无日矣。"子产曰："不数年，未能也。"

者说："寡大夫围。"伍举改正说："共王的儿子围是长子。"

子干逃亡到晋国，跟从的车子有五辆，叔向让他和秦公子后子食禄相同，都是一百人的口粮。赵文子说："秦公子富有。"叔向说："得到俸禄要根据德行，德行相等要根据年龄，年龄相等要根据地位。公子的食禄根据他国家的大小，没有听说根据富有情况来给的。而且带着一千辆车子离开他的国家，太过强暴了。《诗》说：'不欺侮鳏寡，不害怕强暴。'秦国、楚国是地位相同的大国。"于是就让后子和子干并列。后子辞谢说："鍼害怕被放逐，楚公子怕被怀疑，所以都来晋国，也就唯命是听。而且下臣和旅客并列，恐怕不可吧！史佚有句话说：'不是旅客，为什么要对他恭敬？'"

楚灵王即位，薳罢做令尹，薳启强做太宰。郑国的游吉到楚国参加郏敖的葬礼，同时为新国君的即位聘问。回国后对子产说："准备行装吧。楚王骄傲奢侈而自我欣赏自己的所作所为，必然要会合诸侯，我没有几天就要前去开会了。"子产说："没有几年是办不到的。"

十二月，晋既烝，赵孟适南阳，将会孟子余。甲辰朔，烝于温。庚戌，卒。郑伯如晋吊，及雍乃复。

十二月，晋国举行了冬祭。赵孟去到南阳，准备祭祀孟子余。初一日，在温地家庙举行冬祭。初七日，赵孟死去。郑简公到晋国吊唁，到达雍地就回去了。

四十二、昭公五年
（女叔齐论礼之本末）

五年春，王正月，舍中军，卑公室也。毁中军于施氏，成诸臧氏。初作中军，三分公室而各有其一。季氏尽征之，叔孙氏臣其子弟，孟氏取其半焉。及其舍之也，四分公室，季氏择二，二子各一。皆尽征之，而贡于公。以书使杜泄告于殡，曰："子固欲毁中军，既毁之矣，故告。"杜泄曰："夫子唯不欲毁也，故盟诸僖闳，诅诸五父之衢。"受其书而投之，帅士而哭之。叔仲子谓季孙曰："带受命于子叔孙曰：'葬鲜者自西门。'"季孙命杜泄。杜泄曰："卿丧自朝，鲁礼也。吾子为国政，未改礼，而又迁之。群臣惧死，不敢

五年春季，周历正月，鲁国废除中军，这是为了降低公室的地位。在施氏家里讨论废除，在臧氏家里达成协议。开始编定中军的时候，把公室的军队一分为三而各家掌握一军。季氏掌握的公室军队采用征兵或者征税的方式；叔孙氏让壮丁作为奴隶，老弱的作为自由民；孟氏则把一半作为奴隶，一半作为自由民。等到这次废除中军，就把公室的军队一分为四，季氏择取了四分之二，叔孙氏、孟氏各有四分之一。全都改为征兵或者征税，而向昭公交纳贡赋。季氏用策书让杜泄向叔孙的棺材报告说："您本来要废除中军，现在已经废除了，所以向您报告。"杜泄说："他老人家正因为不想废掉中军，所以在僖公宗庙前门口盟誓，在五父之衢诅咒。"杜泄接了策书扔在地上，率领他手下人哭泣。叔仲子对季孙说："带在子叔孙那里接受命令，说：'安葬不得善终的人从西门出去。'"季孙命令杜泄执行。杜泄说："卿的丧礼从朝门出去，这是鲁国的礼仪。您主持国政，没有正式修改礼仪，

自也。"既葬而行。

仲至自齐，季孙欲立之。南遗曰："叔孙氏厚则季氏薄。彼实家乱，子勿与知，不亦可乎？"南遗使国人助竖牛以攻诸大库之庭。司宫射之，中目而死。竖牛取东鄙三十邑，以与南遗。

昭子即位，朝其家众，曰："竖牛祸叔孙氏，使乱大从，杀适立庶，又披其邑，将以赦罪，罪莫大焉。必速杀之。"竖牛惧，奔齐。孟、仲之子杀诸塞关之外，投其首于宁风之棘上。仲尼曰："叔孙昭子之不劳，不可能也。周任有言曰：'为政者不赏私劳，不罚私怨。'《诗》云：'有觉德行，四国顺之。'"

初，穆子之生也，庄叔以《周易》筮之，遇《明夷》之《谦》，以示卜楚丘。曰："是

现在又自己加以改变。下臣们害怕被杀戮，不敢服从。"安葬完毕就出走了。

仲壬从齐国来到鲁国，季孙想要立他为叔孙的继承人。南遗说："叔孙氏势力强大，季氏势力就弱小。他发生家乱，您不要参与，不也是可以的吗？"南遗让国内的人们帮助竖牛在大库的庭院里攻打仲壬。司宫用箭射仲壬，射中眼睛死了。竖牛取得了东部边境的三十个城邑，把它送给了南遗。

昭子即位，召集他家族的人来朝见，说："竖牛给叔孙氏造成祸乱，搅乱了正常秩序，杀死嫡子立庶子，又分裂封邑，打算以此逃避罪责，罪过没有比这再大的了。一定要赶紧杀死他！"竖牛害怕，出奔齐国。孟丙、仲壬的儿子把他杀死在塞关之外，把脑袋扔在宁风的荆棘上。孔子说："叔孙昭子不酬劳竖牛，这是一般人做不到的。周任说：'掌握政权的人不赏赐私劳，不惩罚私怨。'《诗》说：'具有正直的德行，四方的国家都来归顺。'"

当初，穆子出生的时候，庄叔用《周易》来卜筮，得到《明夷》之《谦》卦，把卦象给卜楚丘看。楚丘说："这个孩子将会出奔，而又能回来为您祭祀。领

将行，而归为子祀。以谗人人，其名曰牛，卒以馁死。《明夷》，日也。日之数十，故有十时，亦当十位。自王已下，其二为公，其三为卿。日上其中，食日为二，旦日为三。《明夷》之《谦》，明而未融，其当旦乎，故曰：‘为子祀’。日之《谦》，当鸟，故曰‘明夷于飞’。明之未融，故曰‘垂其翼’。象日之动，故曰‘君子于行’。当三在旦，故曰‘三日不食’。《离》，火也。《艮》，山也。《离》为火，火焚山，山败。于人为言，败言为谗，故曰‘有攸往，主人有言’，言必谗也。纯《离》为牛，世乱谗胜，胜将适《离》，故曰‘其名曰牛’。谦不足，飞不翔，垂不峻，翼不广，故曰‘其为子后乎’。吾子，亚卿也，抑少不终。”

着坏人回来，他名叫牛，这个孩子最终会因饥饿而死。《明夷》，是日。日的数目是十，所以有十时，也和十日的位次相配。从王以下，第二位是公，第三位是卿。日从地下上升，这个时候最为尊贵，露一点头是二，刚刚升起是第三。《明夷》变为《谦》，已经明亮然而不高，大约是正相当于刚刚升起的时候吧；所以说可以继承卿位为您祭祀。日变为《谦》，和鸟相配，所以说《明夷》飞翔。已经明亮然而不高，所以说‘垂下它的翅膀’。象征日的运动，所以说君子在路上。位在刚刚升起的时候相当于第三，所以说三天不吃饭。《离》，是火。《艮》，是山。《离》是火，火烧山，山就毁坏。《艮》对人来说就是语言。毁坏语言就是诬罔，所以说‘有人离开，主人有话’，这话一定是诬罔，配合《离》的是牛，世道动乱而诬罔得到胜利，胜利将会归向于《离》，所以说他名叫牛。《谦》就是不满足，所以虽然能飞而不能回旋，下垂就是不高，所以虽有翅膀而不能行远。所以说大约是您的继承人吧。您是副卿，但是却有可能不得善终。”

楚子以屈申为贰于吴，乃杀之。以屈生为莫敖，使与令尹子荡如晋逆女。过郑，郑伯劳子荡于氾，劳屈生于菟氏。晋侯送女于邢丘。子产相郑伯，会晋侯于邢丘。

公如晋，自郊劳至于赠贿，无失礼。晋侯谓女叔齐曰："鲁侯不亦善于礼乎？"对曰："鲁侯焉知礼？"公曰："何为？自郊劳至于赠贿，礼无违者，何故不知？"对曰："是仪也，不可谓礼。礼所以守其国，行其政令，无失其民者也。今政令在家，不能取也。有子家羁，弗能用也。奸大国之盟，陵虐小国。利人之难，不知其私。公室四分，民食于他。思莫在公，不图其终。为国君，难将及身，不恤其所。礼之本末，将于此乎在，而屑屑焉习仪以亟。言善

楚灵王认为屈申和吴国有勾结，就杀了他。让屈生做莫敖，派他和令尹子荡到晋国迎接晋女。经过郑国，郑简公在氾地慰劳子荡，在菟氏慰劳屈生。晋平公送女儿到邢丘，子产辅佐郑简公在邢丘会见晋平公。

鲁昭公到了晋国，从郊外慰劳一直到赠送财货，从没有失礼。晋平公对女叔齐说："鲁侯不也是很懂礼吗？"女叔齐回答说："鲁侯哪里懂得礼？"晋平公说："为什么？从郊外慰劳直到赠送财货，没有违背礼节，为什么不懂得？"女叔齐回答说："这是仪式，不能说是礼。礼，是用来保有国家、推行政令，不失去百姓的。现在政令在于私家，不能拿回来。有子家羁，不能任用。触犯大国的盟约，欺侮虐待小国。利用别人的危难，却不知道自己也有危难。公室的军队一分为四，百姓靠三家大夫养活。民心不在国君，国君不考虑后果。作为一个国君，危难将要到他身上，却不去忧虑自己的处境。礼的根本和枝节就在于此，他却琐琐屑屑地急于学习仪式。说他懂得礼，不也是距离太远了吗？"君子认为："女叔齐在这里是懂得礼的。"

于礼，不亦远乎？君子谓："叔侯于是乎知礼。"

晋韩宣子如楚送女，叔向为介。郑子皮、子大叔劳诸索氏。大叔谓叔向曰："楚王汰侈已甚，子其戒之。"叔向曰："汰侈已甚，身之灾也，焉能及人？若奉吾币帛，慎吾威仪，守之以信，行之以礼，敬始而思终，终无不复，从而不失仪，敬而不失威，道之以训辞，奉之以旧法，考之以先王，度之以二国，虽汰侈，若我何？"

及楚，楚子朝其大夫，曰："晋，吾仇敌也。苟得志焉，无恤其他。今其来者，上卿、上大夫也。若吾以韩起为阍，以羊舌肸为司宫，足以辱晋，吾亦得志矣。可乎？"大夫莫对。薳启疆曰："可。苟有其备，何故不可？耻匹夫不可以无备，况耻国乎？是以圣王务行礼，不求耻

晋国的韩宣子到楚国护送晋女，叔向做副手。郑国的子皮、子太叔在索氏慰劳他们。太叔对叔向说："楚王骄纵太过分，您还是警惕一点吧。"叔向说："骄纵太过分是自身的灾殃，哪能波及别人？只要奉献我们的财礼，谨慎地保持我们的威仪，守信用，行礼仪，开始恭敬而考虑结果，以后就可以照样办。顺从而不失分寸，恭敬而不失身份，以古圣先贤的言语作为引导，对传统的法度加以奉行，考核先王的法则，把两国的利害得失加以衡量，楚王虽然骄纵，能把我怎么样？"

到了楚国，楚灵王让大夫们上朝，说："晋国，是我们的仇敌。如果我们能够满足愿望，就不用顾虑其他。现在他们来的人，是上卿、上大夫。假使我们让韩起做守门人，让叔向做内宫司宫，这足以羞辱晋国，我们也就满足了愿望。行吗？"大夫没有一个人回答。薳启疆说："行。如果有防备，为什么不行？羞辱一个普通人还不能不作防备，何况羞辱一个国家呢？因此圣王致力于推行礼仪，不想羞辱别人。朝觐聘问有璋，宴享进见有璋，小国有述职的规定，大

人，朝聘有珪，享覜有璋。小有述职，大有巡功。设机而不倚，爵盈而不饮；宴有好货，飨有陪鼎，人有郊劳，出有赠贿，礼之至也。国家之败，失之道也，则祸乱兴。城濮之役，晋无楚备，以败于邲。邲之役，楚无晋备，以败于鄢。自鄢以来，晋不失备，而加之以礼，重之以睦，是以楚弗能报而求亲焉。既获姻亲，又欲耻之，以召寇仇，备之若何？谁其重此？若有其人，耻之可也。若其未有，君亦图之。晋之事君，臣曰可矣：求诸侯而麇至；求昏而荐女，君亲送之，上卿及上大夫致之。犹欲耻之，君其亦有备矣。不然，奈何？韩起之下，赵成、中行吴、魏舒、范鞅、知盈；羊舌肸之下，祁午、张趯、籍谈、女齐、梁丙、张骼、辅跞、苗贲皇，

国有巡狩的制度。设置了几而不靠，爵中酒满而不饮；宴会时有友好的礼品，吃饭时有很多的菜肴。入境有郊外的慰劳，离开有赠送的财货，这都是礼仪的最高形式。国家的败亡，是由于不履行这种常道，祸乱因而发生。城濮那次战役，晋国得胜而没有防备楚国，因此在邲地吃了败仗。邲地那次战役，楚国得胜而没有防备晋国，因此在鄢地吃了败仗。自从鄢地战役以来，晋国没有丧失防备，而且对楚国礼仪有加，以和睦为重，因此楚国不能报复，而只能请求亲善了。已经得到了婚姻的亲戚关系，又想要羞辱他们，以此自寻敌人，又怎么防备它？谁来承担这个责任？如果有能承担责任的人，羞辱他们是可以的。如果没有，君王还是考虑一下。晋国事奉君王，下臣认为很可以了。君王要求会见诸侯，大家就都来了，求婚就进奉女子。晋国国君亲自送她，上卿和上大夫送到我国。如果还要羞辱他们，君王恐怕也要有所防备。不这样，怎么办？韩起的下面，有赵成、中行吴、魏舒、范鞅、知盈；叔向的下面，有祁午、张趯、籍谈、女齐、梁丙、张骼、辅跞、苗贲皇，都是诸侯所选拔的能人。韩襄做公族大夫，韩须接受命令而出使了。箕襄、邢带、叔禽、叔椒、子羽，都是大家族。韩氏

皆诸侯之选也。韩襄为公族大夫，韩须受命而使矣。箕襄、邢带、叔禽、叔椒、子羽，皆大家也。韩赋七邑，皆成县也。羊舌四族，皆强家也。晋人若丧韩起、杨肸，五卿八大夫辅韩须、杨石，因其十家九县，长毂九百，其余四十县，遗守四千，奋其武怒，以报其大耻，伯华谋之，中行伯、魏舒帅之，其蔑不济矣。君将以亲易怨，实无礼以速寇，而未有其备，使群臣往遗之禽，以逞君心，何不可之有？"王曰："不穀之过也，大夫无辱。"厚为韩子礼。王欲敖叔向以其所不知，而不能，亦厚其礼。

韩起反，郑伯劳诸圉。辞不敢见，礼也。

郑罕虎如齐，娶于子尾氏。晏子骤见之，陈桓子问其故，对曰："能用善人，民之主也。"

征收赋税的七个城邑，都是大县。羊舌氏四族，都是强盛的家族。晋国人如果丧失韩起、叔向，五卿、八大夫辅助韩须、杨石，靠了他们的十家九县，战车九百辆，其余四十县，留守的战车有四千辆，发扬他们的勇武，发泄他们的愤怒，以报复他们的奇耻大辱。伯华为他们出谋划策，中行伯、魏舒率领他们，就没有不成功的了。君王将要把亲善换成怨恨，确实违背礼仪以招致敌人，而又没有应有的防备，让下臣们去当俘虏以满足君王的心意，有什么不行呢？"楚灵王说："这是我的过错，大夫不用再说了。"楚灵王对韩起厚加礼遇，想要用叔向不知道的事物来傲视他，没有做到，于是也对他厚加礼遇。

韩起回国，郑简公在圉地慰劳他。他辞谢不敢进见，这是合于礼的。

郑国的罕虎到齐国去，在子尾氏那里娶亲。晏子屡次进见。陈桓子问什么缘故，晏子回答说："他能够任用好人，是百姓的主人。"

夏，莒牟夷以牟娄及防兹来奔。牟夷非卿而书，尊地也。莒人愬于晋。晋侯欲止公，范献子曰："不可。人朝而执之，诱也。讨不以师，而诱以成之，惰也。为盟主而犯此二者，无乃不可乎？请归之，间而以师讨焉。"乃归公。秋七月，公至自晋。

莒人来讨，不设备。戊辰，叔弓败诸蚡泉，莒未陈也。

冬十月，楚子以诸侯及东夷伐吴，以报棘、栎、麻之役。薳射以繁扬之师，会于夏汭。越大夫常寿过帅师会楚子于琐。闻吴师出，薳启强帅师从之，薳不设备，吴人败诸鹊岸。楚子以馹至于罗汭。

吴子使其弟蹶由犒师，楚人执之，将以衅鼓。王使问焉，曰："女卜来吉乎？"对曰："吉。

夏季，莒国的牟夷以牟娄和防地、兹地投奔鲁国。牟夷不是卿，但《春秋》加以记载，这是由于重视这些地方。莒人向晋国起诉，晋平公想要扣留昭公。范献子说："不行。别人来朝见而囚禁人家，这就如同引诱。讨伐他不用武力，而用引诱来取得成功，这是怠惰。做盟主而犯了这两条，恐怕不行吧！请让他回去，等有机会时再用武力去讨伐他们。"于是就让昭公回国了。秋七月，昭公从晋国回到鲁国。

莒国人前来攻打鲁国，但他们自己却不设防。十四日，叔弓在蚡泉击败了他们，这是由于莒国人没有摆开阵势的缘故。

冬十月，楚灵王带领诸侯和东夷的军队进攻吴国，以报复棘地、栎地、麻地的那次战役。薳射带领繁扬的军队在夏汭会师，越国的大夫常寿过领兵和楚王在琐地会合。听到吴军出动，薳启强领兵迎战，匆忙中没有设防，吴国人在鹊岸击败了他。楚灵王乘坐驿车到达罗汭。

吴王派他的兄弟蹶由到楚营犒劳军队，楚国人把他抓起来，准备杀了他用血祭鼓。楚灵王派人询问，说："你占卜过来这里吉利吗？"蹶由回答说："吉

寡君闻君将治兵于敝邑，卜之以守龟，曰：'余姑使人犒师，请行以观王怒之疾徐，而为之备，尚克知之。'龟兆告吉，曰：'克可知也。'君若欢焉，好逆使臣，滋邑休殆，而忘其死，亡无日矣。今君奋焉，震电冯怒，虐执使臣，将以衅鼓，则吴知所备矣。敝邑虽羸，若早修完，其可以息师。难易有备，可谓吉矣。且吴社稷是卜，岂为一人？使臣获衅军鼓，而敝邑知备，以御不虞，其为吉孰大焉？国之守龟，其何事不卜？一臧一否，其谁能常之？城濮之兆，其报在邲。今此行也，其庸有报志？"乃弗杀。

楚师济于罗汭，沈尹赤会楚子，次于莱山。薳射帅繁扬之师，先入南怀，楚师从之。及汝清，吴不可入。楚子遂观兵于坻箕之山。是行也，

利。寡君听说君王将要在敝邑出兵，就用守龟占卜，致告龟甲说：'我赶紧派人去犒劳军，请前去以观察楚王火气的大小而加以戒备，请神能使我预先知道吉凶。'占卜的卦象告诉我们说吉利，说：'得胜是可以预知的。'君王如果高高兴兴地迎接使臣，增加敝邑的懈怠而忘记危险，我们离灭亡就没有几天了。现在君王勃然大发雷霆，虐待和逮捕使臣，将要用使臣的血来祭鼓，那么吴国就知道该怎么戒备了。敝邑虽然疲弱，但如果早日把城郭武器修缮完备，也许可以阻止贵军。无论对患难还是平安都有准备，这可以说是吉利了。而且吴国为国家而占卜，难道是为了使臣一个人占卜吗？使臣被血祭祀军鼓，而敝邑因此知道防备，抵御意外，难道说还有比这更大的吉利吗？国家的守护神龟，有什么事情不能占卜？一吉一凶，谁能够肯定落在哪件事情上？城濮的卦象，在邲城应验。现在这一趟出使，占卜的卦象也许会应验。"楚灵王于是就没有杀蹶由。

楚国的军队在罗汭渡河，沈尹赤和楚灵王会合，驻扎在莱山，薳射率领繁扬的军队先进入南怀，楚军跟上去。到达汝清，不能进入吴国。楚灵王就在坻箕之山检阅军队。这一次行动，吴国早已设防，楚国没有建功就回去了，带着

吴早设备，楚无功而还，以蹶由归。楚子惧吴，使沈尹射待命于巢。薳启强待命于雩娄。礼也。

秦后子复归于秦，景公卒故也。

蹶由回国。楚灵王惧怕吴国，派沈尹射在巢地待命，薳启强在雩娄待命，这是合于礼的。

秦国的后子再次回到秦国，这是由于秦景公死去的缘故。

四十三、昭公九年
（詹桓伯责晋专弃谋主）

九年春，叔弓、宋华亥、郑游吉、卫赵鼍会楚子于陈。

二月庚申，楚公子弃疾迁许于夷，实城父，取州来淮北之田以益之。伍举授许男田。然丹迁城父人于陈，以夷濮西田益之。迁方城外人于许。

周甘人与晋阎嘉争阎田。晋梁丙、张趯率阴戎伐颍。王使詹桓伯辞于晋曰："我自夏以后稷，魏、骀、芮、岐、毕，吾西土也。及武王克商，蒲姑、商奄，吾东土也；巴、濮、楚、邓，吾南土也；肃慎、燕、亳，吾北土也。吾何迩封之有？文、武、成、康之建母弟，以蕃屏周，亦其废队是为，岂如弁

九年春季，叔弓、宋国华亥、郑国游吉、卫国赵鼍在陈国会见楚灵王。

二月庚申日，楚国的公子弃疾把许国迁到夷地，其实就是城父。拿州来、淮北的土田补给许国，由伍举把土田授给许男。然丹把城父的人迁到陈地，用濮地、夷地西部的土田补给陈地。把方城山外边的人迁到许地。

周朝的甘地人和晋国的阎嘉争夺阎地的土田。晋国的梁丙、张趯率领阴戎进攻颍地。周天子派詹桓伯去责备晋国说："在夏代，我们由于后稷的功劳，魏国、骀国、芮国、岐国、毕国，成为我们的西部领土。到武王战胜商朝，蒲姑、商奄成为我们的东部领土。巴国、濮国、楚国、邓国，是我们的南部领土。肃慎、燕国、亳国，是我们的北部领土。我们有什么近处的封疆领土？文王、武王、成王、康王建立同母兄弟的国家，是用来护卫周室，也是为了防止周室的毁坏衰落的，难道只是像黑布帽子和儿

髦而因以敝之？先王居梼杌于四裔，以御螭魅，故允姓之奸，居于瓜州，伯父惠公归自秦，而诱以来，使逼我诸姬，入我郊甸，则戎焉取之。戎有中国，谁之咎也？后稷封殖天下，今戎制之，不亦难乎？伯父图之。我在伯父，犹衣服之有冠冕，木水之有本原，民人之有谋主也。伯父若裂冠毁冕，拔本塞原，专弃谋主，虽戎狄其何有余一人？”叔向谓宣子曰：“文之伯也，岂能改物？翼戴天子而加之以共。自文以来，世有衰德而暴灭宗周，以宣示其侈，诸侯之贰，不亦宜乎？且王辞直，子其图之。”宣子说。

童剪去的头发，事情完了就抛弃了它？先王让梼杌住在四方边远的地方，以抵御山中的精怪，所以允姓中的坏人住在瓜州。伯父惠公从秦国回去，就引诱他们前来，让他们逼迫我们姬姓的国家，进入我们的郊区，戎人于是就占取了这些地方。戎人占有中原，这是谁的罪责？后稷缔造了天下，现在被戎人割据，不也让我这天子为难吗？伯父考虑一下，我们对于伯父来说，犹如衣服之有帽子，树木流水之有本源，百姓之有谋主。伯父如果都撕毁了帽子，拔掉树木塞断水源，专断并抛弃谋主，那戎狄他们心里还哪里有我这天子？”叔向对宣子说：“文公称霸诸侯，也不能改变旧制。他辅佐拥戴天子，而又加上恭敬。从文公以来，每一代都德行衰减，而且损害和轻视王室，以此宣扬它的骄横，诸侯有三心二意，不也是应该的吗？而且天子的辞令理直气壮，您还是考虑一下。”宣子表示心服。

王有姻丧，使赵成如周吊，且致阎田与襚，反颍俘。王亦使宾滑执甘大夫襄以说于晋，晋人礼而归之。

周天子有姻亲办丧事，宣子就派赵成到成周吊唁，而且送去阎地的土田和入殓的衣服，遣返在颍地抓到的俘虏。周天子也派宾滑抓了甘地的大夫襄来讨晋国的欢心，晋国人对他加以礼遇而放他回去了。

夏四月，陈灾。郑裨灶曰："五年，陈将复封。封五十二年而遂亡。"子产问其故，对曰："陈，水属也，火，水妃也，而楚所相也。今火出而火陈，逐楚而建陈也。妃以五成，故曰五年。岁五及鹑火，而后陈卒亡，楚克有之，天之道也，故曰五十二年。"

晋荀盈如齐逆女，还，六月，卒于戏阳。殡于绛，未葬。晋侯饮酒，乐。膳宰屠蒯趋入，请佐公使尊，许之。而遂酬以饮工，曰："女为君耳，将司聪也。辰在子卯，谓之疾日。君彻宴乐，学人舍业，为疾故也。君之卿佐，是谓股肱。股肱或亏，何痛如之？女弗闻而乐，是不聪也。"又饮外嬖嬖叔曰："女为君目，将司明也。服以旌礼，礼以行事，事有其物，物有其容。今君之容，非

夏四月，陈地发生火灾。郑国的裨灶说："过五年陈国将会重新受封，受封以后五十二年被灭亡。"子产问这样说的缘故。裨灶回答说："陈国，是水的隶属；火，是水的配偶，而是楚国所主治的。现在大火星出现而陈国发生火灾，这是驱逐楚国而建立陈国。阴阳五行用五来相配，所以说五年。岁星过五年将到达鹑火，然后陈国终于灭亡，楚国战胜而占有它，这是上天之道，所以说是五十二年。"

晋国的荀盈到齐国去迎接齐女，回来，六月，死在戏阳。停棺在绛地，没有安葬。晋平公喝酒，奏乐。主持饮食的官员屠蒯快步走进，请求帮着斟酒，晋平公答应了，屠蒯就斟酒给乐工喝，说："你作为国君的耳朵，职责是让它灵敏。日子在甲子乙卯，叫作忌日，国君撤除音乐，学乐的人停止演习，这是为了避忌的缘故。国君的卿佐，叫作股肱之臣。股肱之臣有了亏损，多么痛心呀！你没有让国君知道而奏乐，这是耳朵不灵敏。"又给宠臣嬖叔喝酒，说："你作为国君的眼睛，职责是让它明亮。服饰用来表示礼仪，礼仪用来推行事情，事情有它的类别，类别有它的外貌。现在国君的外貌，不是他应有的样子，而你看不见，这是眼睛不明亮。"屠蒯自

其物也，而女不见。是
不明也。"亦自饮也，曰：
"味以行气，气以实志，
志以定言，言以出令。
臣实司味，二御失官，
而君弗命，臣之罪也。"
公说，彻酒。

初，公欲废知氏而
立其外嬖，为是悛而止。
秋八月，使荀跞佐下军
以说焉。

孟僖子如齐殷聘，
礼也。

冬，筑郎囿，书，
时也。季平子欲其速成
也，叔孙昭子曰："《诗》
曰：'经始勿亟，庶民
子来。'焉用速成？其
以剿民也？无囿犹可，
无民其可乎？"

己也喝了一杯，说："口味用来让气血
流通，气血用来充实意志，意志用来确
定语言，语言用来发布命令。下臣的职
责是管理调和口味，两个侍候国君的人
失职，而国君没有下令治罪，这是下臣
的罪过。"晋平公很高兴，撤除了酒宴。

当初，晋平公想要废掉知氏而立他
的宠臣，因为上述这件事就改变了想法，
而没有办。秋八月，派荀跞辅佐下军以
表明自己的意思。

孟僖子去到齐国举行盛大的聘问，
这是合于礼的。

冬季，修造郎囿。《春秋》加以记
载，这是由于合于时令。季平子想要快
点完成，叔孙昭子说："《诗》说：'营
造开始不要着急，百姓会像儿子一样自
动跑来。'哪里用得着加快完成来劳累
百姓呢？没有园林还是可以的，没有百
姓可以吗？"

四十四、昭公十二年
（楚灵王狩猎）

十二年春，齐高偃纳北燕伯款于唐，因其众也。

三月，郑简公卒，将为葬除。及游氏之庙，将毁焉。子大叔使其除徒执用以立，而无庸毁，曰："子产过女，而问何故不毁，乃曰：'不忍庙也！诺，将毁矣！'"既如是，子产乃使辟之。司墓之室有当道者，毁之，则朝而堋；弗毁，则日中而堋。子大叔请毁之，曰："无若诸侯之宾何！"子产曰："诸侯之宾，能来会吾丧，岂惮日中？无损于宾，而民不害，何故不为？"遂弗毁，日中而葬。君子谓："子产于是乎知礼。礼，无毁人以自成也。"

夏，宋华定来聘，

十二年春季，齐国的高偃把北燕伯款送到唐地，这是因为唐地的民众愿意接纳他。

三月，郑简公死了，打算为安葬而清除道路上的障碍。到达游氏的祖庙，准备拆毁它。子太叔让他手下清道的人拿着工具站着，而不要去拆，说："子产经过你们这里，如果问你们为什么不拆，就说：'不忍毁掉祖庙啊。对，准备拆了。'"这样一番以后，子产就让清道的人避开游氏的祖庙。管理坟墓的人的房屋，有挡路的。拆了它，就可以在早晨下葬，不拆，就要到中午才能下葬。子太叔请求拆了它，说："不拆，让各国的宾客怎么办？"子产说："各国的宾客能够前来参加我国的丧礼，难道会怕推到中午？对宾客没有损害，而百姓也不遭危害，为什么不做？"于是就不拆，到中午下葬。君子认为："子产在这件事情上懂得礼。礼规定，不毁坏别人而成全自己的事。"

夏季，宋国的华定来鲁国聘问，为

通嗣君也。享之，为赋《蓼萧》，弗知，又不答赋。昭子曰："必亡。宴语之不怀，宠光之不宣，令德之不知，同福之不受，将何以在？"

齐侯、卫侯、郑伯如晋，朝嗣君也。公如晋，至河乃复。取郠之役，莒人诉于晋，晋有平公之丧，未之治也，故辞公。公子慭遂如晋。

晋侯享诸侯，子产相郑伯，辞于享，请免丧而后听命。晋人许之，礼也。晋侯以齐侯宴，中行穆子相。投壶，晋侯先。穆子曰："有酒如淮，有肉如坻。寡君中此，为诸侯师。"中之。齐侯举矢，曰："有酒如渑，有肉如陵。寡人中此，与君代兴。"亦中之。伯瑕谓穆子曰："子失辞。吾固师诸侯矣，壶何为焉，其以中俊也？齐君弱吾君，归弗来矣！"穆子曰："吾

新即位的宋君通好。设享礼招待他，为他赋《蓼萧》这首诗，他不知道，又不赋诗回答。昭子说："他必然会逃亡。诗中所说宴会的笑语不怀念，宠信和光耀不宣扬，美好的德行不知道，共同的福禄不接受，他将怎么能终于其位？"

齐景公、卫灵公、郑定公到晋国去，朝见新立的国君。昭公到晋国去，到达黄河边就返回去了。占取郠地的那一次战役，莒国人向晋国控诉，晋国正好有平公的丧事，没有能够办理，所以辞谢昭公。于是公子慭就到了晋国。

晋昭公设享礼招待诸侯，子产辅佐郑定公，请求不参加享礼，请求丧服期满然后听取命令。晋国人答应了，这是合于礼的。晋昭公和齐景公饮宴，中行穆子相礼。以箭投壶取乐，晋昭公先投，穆子说："有酒像淮流，有肉像高丘。寡君投中壶，统帅诸侯。"投中了。齐景公举起矢，说："有酒如渑水，有肉像山陵。寡人投中壶，代君兴盛。"也投中了。伯瑕对穆子说："您的话不恰当。我们本来就称霸诸侯了，壶有什么用？还是不要把投中看成希罕事。齐君认为我们国君软弱，回去以后不会来了。"穆子说："我们军队统帅强而有力，士

军帅强御，卒乘竞劝，今犹古也，齐将何事？"公孙傻趋进曰："日旰君勤，可以出矣！"以齐侯出。

楚子谓成虎若敖之余也，遂杀之。或谮成虎于楚子，成虎知之而不能行。书曰："楚杀其大夫成虎。"怀宠也。

六月，葬郑简公。

晋荀吴伪会齐师者，假道于鲜虞，遂入昔阳。秋八月壬午，灭肥，以肥子绵皋归。

周原伯绞虐，其舆臣使曹逃。冬十月壬申朔，原舆人逐绞而立公子跪寻，绞奔郊。

甘简公无子，立其弟过。过将去成、景之族，成、景之族赂刘献公。丙申，杀甘悼公，而立成公之孙鳍。丁酉，杀献太子之傅庚皮之子过，杀瑕辛于市，及宫嬖绰、王孙没、刘州鸠、阴忌、老阳子。

兵争相勉励，今天就像从前一样强大，齐国能做些什么？"公孙傻快步走进，说："天晚了，国君也累了，可以出去了！"就和齐景公一起出去了。

楚灵王认为成虎是若敖的余党，就杀死了他。有人在楚灵王那里诬陷成虎，成虎知道了，但是不能出走。《春秋》记载说"楚杀其大夫成虎"，这是由于他舍不得放弃宠幸。

六月，安葬郑简公。

晋国的荀吴假装会合齐军的样子，向鲜虞借路，就乘机进入昔阳。秋八月初十日，灭亡肥国，带了肥子绵皋回国。

周朝的原伯绞残暴，他的许多手下人成群结队地逃走。冬十月初一，原地大众赶走绞，立了公子跪寻。绞逃亡到郊地。

甘简公没有儿子，立了他兄弟甘过做国君。过准备去掉成公、景公的族人。成公、景公的族人贿赂刘献公，二十五日，杀死了甘悼公，立了成公的孙子鳍。二十六日，杀了献太子保傅、庚皮的儿子过，在市上杀了瑕辛，又杀了宫嬖绰、王孙没、刘州鸠、阴忌、老阳子。

季平子立，而不礼于南蒯。南蒯谓子仲："吾出季氏，而归其室于公。子更其位。我以费为公臣。"子仲许之。南蒯语叔仲穆子，且告之故。

季悼子之卒也，叔孙昭子以再命为卿。及平子伐莒，克之，更受三命。叔仲子欲构二家，谓平子曰："三命逾父兄，非礼也。"平子曰："然。"故使昭子。昭子曰："叔孙氏有家祸，杀适立庶，故婼也及此。若因祸以毙之，则闻命矣。若不废君命，则固有著矣。"昭子朝，而命吏曰："婼将与季氏讼，书辞无颇。"季孙惧，而归罪于叔仲子。故叔仲小、南蒯、公子憖谋季氏。憖告公，而遂从公如晋。南蒯惧不克，以费叛如齐。子仲还，及卫，闻乱，逃介而先。及郊，闻费叛，遂奔齐。

南蒯之将叛也，其

季平子即位后，对南蒯不加礼遇。南蒯对子仲说："我赶走季氏，把他的家产归公，您取代他的地位，我在费地做公臣。"子仲答应了。南蒯告诉叔仲穆子，同时把原因告诉了他。

季悼子死的时候，叔孙昭子由于再命而做了卿士。等到季平子进攻莒国得胜的时候，昭子改受三命。叔仲穆子想要离间季氏和叔孙氏两家，对平子说："三命超过了父兄，这是不合于礼的。"平子说："是这样。"所以就让昭子自己辞谢。昭子说："叔孙氏发生家祸，杀死嫡子立了庶子，所以婼才到了这一步。如因祸乱而来讨伐，那么婼遵从命令。如不废除国君命令，那么本来就有婼的位次。"昭子朝见，命令官吏说："婼打算和季氏打官司，写诉讼词的时候不要偏袒。"季平子畏惧，就归罪于叔仲子。因此叔仲子、南蒯、子仲就打季氏的主意。子仲告诉昭公，跟随昭公去了晋国。南蒯害怕打不赢，带了费地叛变到了齐国。子仲回国，到达卫国，听到动乱的情况，丢下副使先行逃回国内，到达郊外，听到费地叛乱，就逃亡到了齐国。

南蒯将要叛变的时候，他的家乡有

乡人或知之，过之而叹，且言曰："恤恤乎，湫乎，攸乎！深思而浅谋，迩身而远志，家臣而君图，有人矣哉！"南蒯枚筮之，遇《坤》之《比》，曰："黄裳元吉。"以为大吉也，示子服惠伯，曰："即欲有事，何如？"惠伯曰："吾尝学此矣，忠信之事则可，不然必败。外强内温，忠也。和以率贞，信也。故曰'黄裳元吉'。黄，中之色也。裳，下之饰也。元，善之长也。中不忠，不得其色。下不共，不得其饰。事不善，不得其极。外内倡和为忠，率事以信为共，供养三德为善，非此三者弗当。且夫《易》，不可以占险，将何事也？且可饰乎？中美能黄，上美为元，下美则裳，参成可筮。犹有阙也，筮虽吉，未也。"

将适费，饮乡人酒。

人知道情况，走过他门口，叹了口气说："忧愁啊，愁啊，忧啊！想法高而智谋浅，关系近而志向远，作为家臣而想为国君图谋，要有人才才行啊！"南蒯不提出所问的事情而占筮，得到《坤》卦变为《比》卦，卦辞说"黄裳元吉"，南蒯认为是大吉大利。把它给子服惠伯看，说："如果有事情，怎么样？"惠伯说："我曾经学习过《易》，如果是忠信的事情就符合卦辞的预测，不然就必定失败。外表强盛内部温顺，这是忠诚，用温顺来实行占卜，这是信用，所以说'黄裳元吉'。黄，是内衣的颜色。裳，是下身的服装。元，是善的第一位。内心不忠诚，就和颜色不相符合。在下面不恭敬，就和服装不相符合。事情办理不好，就和标准不相符合。内外和谐就是忠，根据诚信办事就是恭，崇尚上述三种德行，就是善，不是这三种德行就当不起卦辞的预测。而且《易》不能用来预测冒险的事情，您打算做什么呢？能不能在下位而恭敬呢？守美就是黄，上美就是元，下美就是裳，这三者都具备了才可以合于卦辞的预测。如果有所缺少，卦辞虽然吉利，却还是不行的。"

南蒯打算到费地去，请乡里的人喝

乡人或歌之曰："我有圃，生之杞乎！从我者子乎，去我者鄙乎，倍其邻者耻乎！已乎已乎，非吾党之士乎！"

平子欲使昭子逐叔仲小。小闻之，不敢朝。昭子命吏谓小待政于朝，曰："吾不为怨府。"

楚子狩于州来，次于颍尾，使荡侯、潘子、司马督、嚣尹午、陵尹喜帅师围徐以惧吴。楚子次于乾溪，以为之援。雨雪，王皮冠，秦复陶，翠被，豹舄，执鞭以出，仆析父从。右尹子革夕，王见之，去冠、被，舍鞭，与之语曰："昔我先王熊绎，与吕伋、王孙牟、燮父、禽父，并事康王，四国皆有分，我独无有。今吾使人于周，求鼎以为分，王其与我乎？"对曰："与君王哉！昔我先王熊绎，辟在荆山，筚路蓝缕，以处草莽。跋涉山林，

酒。乡里有人唱歌说："我有块菜地，却生长了杞柳啊！跟我走的是大丈夫呵，不跟我走的不是东西呵，背弃他亲人的可耻呵！得了得了，不是我们一伙的人士呵！"

季平子想要让昭子赶走叔仲子。叔仲子听到了，不敢朝见。昭子命令官吏告诉叔仲子在朝廷上等待办公，说："我不充当聚集怨恨的角色。"

楚灵王在州来狩猎阅兵，驻扎在颍尾，派荡侯、潘子、司马督、嚣尹午、陵尹喜带兵包围徐国以威胁吴国。楚灵王驻在乾黔，作为他们的后援。下雪了，楚灵王头戴皮帽子，身穿秦国的陶羽衣，披着翠羽披肩，脚穿豹皮鞋，手拿鞭子走出来。仆析父作为随从。右尹子革晚上去朝见，楚王接见他，脱去帽子、披肩，放下鞭子，和他说话，说："从前我们先王熊绎，和吕伋、王孙牟、燮父、禽父一起事奉康王，齐、晋、鲁、卫国都分赐了宝器，唯独我国没有。现在我派人到成周，请求把鼎作为颁赐，周天子会给我吗？"子革回答说："会给君王啊！从前我们先王熊绎住在荆山僻处，乘柴车、穿破衣以开辟丛生的杂草，跋山涉水以事奉天子，只能用桃木弓、枣木箭作为贡物。齐国，是天子的舅父。晋国和鲁国、卫国，是天子的同胞兄弟。

以事天子。唯是桃弧、棘矢，以共御王事。齐，王舅也。晋及鲁、卫，王母弟也。楚是以无分，而彼皆有。今周与四国服事君王，将唯命是从，岂其爱鼎？"王曰："昔我皇祖伯父昆吾，旧许是宅。今郑人贪赖其田，而不我与。我若求之，其与我乎？"对曰："与君王哉！周不爱鼎，郑敢爱田？"王曰："昔诸侯远我而畏晋，今我大城陈、蔡、不羹，赋皆千乘，子与有劳焉。诸侯其畏我乎？"对曰："畏君王哉！是四国者，专足畏也，又加之以楚，敢不畏君王哉！"

工尹路请曰："君王命剥圭以为鏚柲，敢请命。"王入视之。析父谓子革："吾子，楚国之望也！今与王言如响，国其若之何？"子革曰："摩厉以须，王出，吾刃将斩矣。"王出，

楚国因此没有得到颁赐，而他们却有，现在轮到周朝和四国顺服事奉君王了。周朝将会唯命是从，难道还爱惜鼎吗？"楚灵王说："以前我们的皇祖伯父昆吾，居住在旧许，现在郑国人贪图这里的土田而不给我们。如果我们求取，他会给我们吗？"子革回答说："会给君王啊！周朝不爱惜鼎，郑国还敢爱惜土田吗？"楚灵王说："从前诸侯认为我国偏僻而害怕晋国，现在我们大大地修筑陈国、蔡国，以及两个不羹城的城墙，每地都有战车一千辆，您是有功劳的，诸侯会害怕我们了吧？"子革回答说："害怕君王啊！光是这四个城邑，也就足够使人害怕了，又加上楚国全国的力量，岂敢不怕君王呢？"

工尹路请求说："君王命令破开圭玉以装饰斧柄，谨请发布命令。"楚灵王走进去察看。析父对子革说："您，是楚国有声望的人。现在和君王说话，答对好像回声一样，国家将怎么办？"子革说："我磨快了刀刃等着，君王出来，我的刀刃就将砍下去了。"楚灵王出来，又和子革说话。左史倚相快步走过，楚

复语。左史倚相趋过。王曰："是良史也，子善视之。是能读《三坟》《五典》《八索》《九丘》。"对曰："臣尝问焉。昔穆王欲肆其心，周行天下，将皆必有车辙马迹焉。祭公谋父作《祈招》之诗，以止王心，王是以获没于祗宫。臣问其诗而不知也。若问远焉，其焉能知之？"王曰："子能乎？"对曰："能。其诗曰：'祈招之愔愔，式昭德音。思我王度，式如玉，式如金。形民之力，而无醉饱之心。'"王揖而入，馈不食，寝不寐，数日，不能自克，以及于难。

仲尼曰："古也有志：'克己复礼，仁也。'信善哉！楚灵王若能如是，岂其辱于乾溪？"

晋伐鲜虞，因肥之役也。

灵王说："这个人是好史官，您要好好看待他，这个人能够读《三坟》《五典》《八索》《九丘》。"子革回答说："下臣曾经问过他。从前周穆王想要放纵他自己的私心，周游天下，想要让天下到处都有他的车辙马迹。祭公谋父作了《祈招》这首诗来劝阻穆王的私心，穆王因此得以善终于祗宫。下臣问他这首诗，他都不知道。如果问更远的事情，他哪里能知道？"楚灵王说："您能知道吗？"子革回答说："能。这首诗说：'祈招安详和悦，表现有德者的声音。想起我们君王的风度，样子好像玉好像金。保存百姓的力量，而自己没有醉饱之心。'"楚灵王向子革作揖，便走了进去，送上饭来不吃，睡觉睡不着，有好几天都这样，不能克制自己，所以终于遇上了祸难。

孔子说："古时候有话说：'克制自己回到礼仪上，这就是仁。'真是说得好啊！楚灵王如果能够这样，难道还会在乾溪受到羞辱？"

晋国进攻鲜虞，这是乘灭亡肥国之机而顺路进攻的。

四十五、昭公十五年
（籍谈数典忘祖）

十五年春，将禘于武公，戒百官。梓慎曰："禘之日，其有咎乎！吾见赤黑之祲，非祭祥也，丧氛也。其在莅事乎？"二月癸酉，禘，叔弓莅事，籥入而卒。去乐，卒事，礼也。

楚费无极害朝吴之在蔡也，欲去之。乃谓之曰："王唯信子，故处子于蔡。子亦长矣，而在下位，辱。必求之，吾助子请。"又谓其上之人曰："王唯信吴，故处诸蔡，二三子莫之如也。而在其上，不亦难乎？弗图，必及于难。"夏，蔡人逐朝吴。朝吴出奔郑。王怒，曰："余唯信吴，故置诸蔡。且微吴，吾不及此。女何

十五年春季，晋国将要对武公举行大的祭祀，告诫百官斋戒，梓慎说："祭祀那一天恐怕会有灾祸吧！我看到了红黑色的妖气，这不是祭祀的祥瑞，是丧事的迷雾。恐怕会应在主持祭祀者的身上吧！"二月十五日，举行禘祭。叔弓主持祭祀，在奏籥的人进入时，突然死去。撤去音乐，把祭祀进行完毕，这是合于礼的。

楚国的费无极嫉妒朝吴在蔡国，想要除掉他，于是，就对朝吴说："君王唯独相信您，所以把您安置在蔡国。您的年纪也不小了，还处在下位，这是耻辱。一定要求得上位，我帮助您请求。"又对位在朝吴之上的人说："君王唯独相信朝吴，所以把他安置在蔡国，您几位比不上他，而在他上面，不也很为难吗？不加考虑，必然遭到祸难。"夏季，蔡国人赶走了朝吴，朝吴逃亡到郑国。楚平王发怒，说："我唯独相信朝吴，所以把他安置在蔡国。而且如果没有朝吴，我到不了今天的地步。你为什么去掉他？"费无极回答说："下臣难道不

故去之？"无极对曰："臣岂不欲吴？然而前知其为人之异也。吴在蔡，蔡必速飞。去吴，所以翦其翼也。"

六月乙丑，王大子寿卒。秋八月戊寅，王穆后崩。

晋荀吴帅师伐鲜虞，围鼓。鼓人或请以城叛，穆子弗许。左右曰："师徒不勤，而可以获城，何故不为？"穆子曰："吾闻诸叔向曰：'好恶不愆，民知所适，事无不济。'或以吾城叛，吾所甚恶也。人以城来，吾独何好焉？赏所甚恶，若所好何？若其弗赏，是失信也，何以庇民？力能则进，否则退，量力而行。吾不可以欲城而迩奸，所丧滋多。"使鼓人杀叛人而缮守备。围鼓三月，鼓人或请降，使其民见，曰："犹有食色，姑修而城。"军吏曰："获城而弗取，勤民而顿兵，

想要朝吴吗？然而下臣早知道他有别的念头。朝吴在蔡国，蔡国必然很快飞走。去掉朝吴，就是剪除它的翅膀。"

六月初九日，王太子寿死了。秋八月二十二日，王穆后去世。

晋国荀吴领兵进攻鲜虞，包围鼓国。鼓国有人请求带着城邑里面的人叛变，荀吴不答应。左右的随从说："军人不必辛劳而可以得到城邑，为什么不干？"荀吴说："我听到叔向说过：'喜好、厌恶都不过分，百姓知道行动的方向，事情就没有不成功的。'有人带着我们的城邑叛变，这是我们所极其厌恶的。那别人带着城邑前来，我们为什么要喜欢这样呢？奖赏我们极其厌恶的，对喜欢的又怎么办？如果不加奖赏，这就是失信，又用什么保护百姓呢？力量达得到就进攻，否则就撤退，量力而行。我们不可以想要得到城邑而接近奸邪，这样所丧失的会更多。"于是让鼓国人杀了叛徒而修缮防御设备。包围鼓国三个月，鼓国有人请求投降。穆子让鼓国人进见，说："看你们的脸色还能吃上饭菜，姑且去修缮你们的城墙。"军吏说："得到城邑而不占取，辛劳百姓而损毁武器，

何以事君？"穆子曰："吾以事君也。获一邑而教民怠，将焉用邑？邑以贾怠，不如完旧，贾怠无卒，弃旧不祥。鼓人能事其君，我亦能事吾君。率义不爽，好恶不愆，城可获而民知义所，有死命而无二心，不亦可乎！"鼓人告食竭力尽，而后取之。克鼓而反，不戮一人，以鼓子鸢鞮归。

冬，公如晋，平丘之会故也。

十二月，晋荀跞如周，葬穆后，籍谈为介。既葬，除丧，以文伯宴，樽以鲁壶。王曰："伯氏，诸侯皆有以镇抚室，晋独无有，何也？"文伯揖籍谈，对曰："诸侯之封也，皆受明器于王室，以镇抚其社稷，故能荐彝器于王。晋居深山，戎狄之与邻，而远于王室。王灵不及，拜戎不暇，其何以献器？"

用什么事奉国君？"穆子说："我用这样的做法来事奉国君。得到一个城邑而教百姓懈怠，又哪里用得着这个城邑？得到城邑而买来懈怠，不如保持一贯的勤快。买来懈怠，没有好结果。丢掉一贯的勤快，不吉祥。鼓国人能够事奉他们的国君，我也能够事奉我们的国君。喜好、厌恶都不过分，城邑可以得到而百姓懂得道义之所在，肯拼命而没有二心，不也是可以的吗？"鼓国人报告粮食吃完、力量用尽，然后吴占取了它。穆子攻下鼓国回国，不杀一个人，将鼓子鸢鞮带回国。

冬季，鲁昭公到晋国去，这是由于平丘那次盟会的缘故。

十二月，晋国的荀跞到成周去，参与安葬穆后，籍谈作为副使。安葬完毕，除去丧服。周天子和荀跞饮宴，用鲁国进贡的壶作为酒杯。周天子说："伯父，诸侯都有礼器进贡王室，唯独晋国没有，为什么？"荀跞向籍谈作揖，让他回答。籍谈回答说："诸侯受封的时候，都从王室接受了明德之器，来镇抚国家，所以能把彝器进献给天子。晋国处在深山，戎狄和我们相邻，而远离王室，天子的威福不能达到，顺服戎人还来不及，怎么能进献彝器？"周天子说："叔父，你忘了吧！叔父唐叔是成王的同胞兄

王曰："叔氏，而忘诸乎？叔父唐叔，成王之母弟也，其反无分乎？密须之鼓，与其大路，文所以大蒐也。阙巩之甲，武所以克商也。唐叔受之以处参虚，匡有戎狄。其后襄之二路，鏚钺，秬鬯，彤弓，虎贲，文公受之，以有南阳之田，抚征东夏，非分而何？夫有勋而不废，有绩而载，奉之以土田，抚之以彝器，旌之以车服，明之以文章，子孙不忘，所谓福也。福祚之不登，叔父焉在？且昔而高祖孙伯，司晋之典籍，以为大政，故曰籍氏。及辛有之二子董之晋，于是乎有董史。女，司典之后也，何故忘之？"籍谈不能对。宾出，王曰："籍父其无后乎！数典而忘其祖。"

籍谈归，以告叔向。叔向曰："王其不终乎！吾闻之：'所乐必卒焉。'

弟，难道反而没有分得赏赐吗？密须的名鼓和它的大辂车，是文王用来检阅军队的。阙巩的铠甲，是武王用来攻克商朝的。唐叔接受了，用来居住在晋国的地域上，境内有着戎人和狄人。这以后，襄王所赐的大辂、戎辂之车、斧钺、黑黍酿造的香酒、红色的弓、勇士，文公接受了，以此保有南阳的土田，安抚和征伐东边各国，这不是分得的赏赐还是什么？有了功勋而不废弃，有了功劳而记载在策书上。用土田来奉养他，用彝器来安抚他，用车服来表彰他，用旌旗来显耀他，子子孙孙不要忘记，这就是所谓福。这种福佑不记住，叔父的心哪里去了呢？而且从前你的高祖孙伯餍掌管晋国典籍，以主持国家大事，所以称为籍氏。等到辛有的第二个儿子董到了晋国，在这时就有了董氏的史官。你是司典的后氏，为什么忘了呢？"籍谈回答不出。客人退出去以后，周天子说："籍谈的后代恐怕不能享有禄位了吧！举出了典故却忘记了祖宗。"

籍谈回国后，把这些情况告诉叔向。叔向说："天子恐怕不得善终吧！我听说：'喜欢什么，必然就要死在这

今王乐忧，若卒以忧，不可谓终。王一岁而有三年之丧二焉，于是乎以丧宾宴，又求彝器，乐忧甚矣，且非礼也。彝器之来，嘉功之由，非由丧也。三年之丧，虽贵遂服，礼也。王虽弗遂，宴乐以早，亦非礼也。礼，王之大经也。一动而失二礼，无大经矣。言以考典，典以志经，忘经而多言举典，将焉用之？"

上面。'现在天子把忧虑当成欢乐，如果因为忧虑致死，就不能说是善终。天子一年中有了两次三年之丧，在这个时候和吊丧的宾客饮宴，又要求彝器，把忧虑当成欢乐也太过分了，而且不合于礼。彝器的到来，是由于嘉奖功勋，而不是由于丧事。对于三年的丧礼，虽然贵为天子，服丧仍得满期，这是礼。现在天子即使不能服丧满期，饮宴奏乐也太早了，也是不合于礼的。礼，是天子奉行的重要规范。一次举动失去了两种礼，这就丧失掉重要规范了。言语用来考核典籍，典籍用来记载规范。忘记了规范而言语很多。举出了典故，又有什么用？"

四十六、昭公十七年
（少暤氏以鸟命官）

十七年春，小邾穆公来朝，公与之燕。季平子赋《采叔》，穆公赋《菁菁者莪》。昭子曰："不有以国，其能久乎？"

夏六月甲戌朔，日有食之。祝史请所用币。昭子曰："日有食之，天子不举，伐鼓于社；诸侯用币于社，伐鼓于朝。礼也。"平子御之，曰："止也。唯正月朔，慝未作，日有食之，于是乎有伐鼓用币，礼也。其余则否。"大史曰："在此月也。日过分而未至，三辰有灾。于是乎百官降物，君不举，辟移时，乐奏鼓，祝用币，史用辞。故《夏书》曰：'辰不集于房，瞽奏鼓，啬夫驰，庶人走。'此月朔之谓也。当夏四月，是谓孟夏。"

十七年春季，小邾穆公来鲁国朝见，昭公和他一起饮宴。季平子赋了《采叔》，穆公赋了《菁菁者莪》。昭子说："没有治理国家的人才，国家能长存吗？"

夏六月初一日，发生了日食。掌管祭祀的官员请示应该使用的祭品，昭子说："发生日食，天子不进丰盛的菜肴，在土地神庙里击鼓。诸侯用祭品在土地神庙里祭祀，在朝廷上击鼓。这是礼制。"平子禁止这么办，说："不能那样做。只有周正六月初一，阴气没有发作，发生日食时，才击鼓用祭品，这是礼制。其他的时候就不这样。"太史说："就是在这个月。太阳过了春分而没有到夏至，日、月、星有了灾殃，在这时候百官穿上素服，国君不进丰盛的菜肴，离开正寝，躲过日食的时辰，乐工击鼓，祝使用祭品，史官用辞令来祈祷消灾去祸。所以《夏书》说：'日月交会不在正常的地位上，瞽师击鼓，啬夫驾车，百姓奔跑。'说的就是这个月初一的情况。正当夏正的四月，所以叫作孟夏。"

平子弗从。昭子退曰："夫子将有异志，不君君矣。"

秋，郯子来朝，公与之宴。昭子问焉，曰："少皞氏鸟名官，何故也？"郯子曰："吾祖也，我知之。昔者黄帝氏以云纪，故为云师而云名；炎帝氏以火纪，故为火师而火名；共工氏以水纪，故为水师而水名；大皞氏以龙纪，故为龙师而龙名。我高祖少皞挚之立也，凤鸟适至，故纪于鸟，为鸟师而鸟名。凤鸟氏，历正也。玄鸟氏，司分者也；伯赵氏，司至者也；青鸟氏，司启者也；丹鸟氏，司闭者也。祝鸠氏，司徒也；鴡鸠氏，司马也；鸤鸠氏，司空也；爽鸠氏，司寇也；鹘鸠氏，司事也。五鸠，鸠民者也。五雉，为五工正，利器用、正度量，夷民者也。九扈为九农正，扈民无淫者也。自

平子不听从。昭子退出，说："这个人将要有别的念头，他不把国君当成国君了。"

秋季，郯子来鲁国朝见，昭公和他一起饮宴。昭子询问他，说："少皞氏用鸟名作为官名，这是什么缘故？"郯子说："他是我的祖先，我知道。从前黄帝氏用云记事，所以设置各部门长官都用云字命名。炎帝氏用火记事，所以设置各部门长官都用火字命名。共工氏用水记事，所以设置各部门长官都用水字命名。太皞氏用龙记事，所以设置各部门长官都用龙来命名。我的高祖少皞挚即位的时候，凤鸟正好来到，所以就用鸟记事，设置各部门长官都用鸟来命名。凤鸟氏，就是掌管天文历法的官。玄鸟氏，就是掌管春分、秋分的官。伯赵氏，是掌管夏至、冬至的官。青鸟氏，是掌管立春、立夏的官。丹鸟氏，是掌管立秋、立冬的官。祝鸠氏，就是司徒；鴡鸠氏，就是司马；鸤鸠氏，就是司空；爽鸠氏，就是司寇；鹘鸠氏，就是司事。这五鸠，是鸠聚百姓的。五雉是五种管理手工业的官，是改善器物用具，统一尺度容量、让百姓得到平均的。九扈是九种管理农业的官，是制止百姓不让他们放纵的。自从颛顼以来，不能记述远古的事情，就从近古开始记述。做百姓

颛顼以来，不能纪远，乃纪于近，为民师而命以民事，则不能故也。”

仲尼闻之，见于郯子而学之。既而告人曰：“吾闻之：‘天子失官，学在四夷’，犹信。”

晋侯使屠蒯如周，请有事于洛与三塗。苌弘谓刘子曰：“客容猛，非祭也，其伐戎乎？陆浑氏甚睦于楚，必是故也。君其备之！”乃警戎备。九月丁卯，晋荀吴帅师涉自棘津，使祭史先用牲于洛。陆浑人弗知，师从之。庚午，遂灭陆浑，数之以其贰于楚也。陆浑子奔楚，其众奔甘鹿。周大获。宣子梦文公携荀吴而授之陆浑，故使穆子帅师，献俘于文宫。

冬，有星孛于大辰，西及汉。申须曰：“彗所以除旧布新也。天事恒象，今除于火，火出

的长者而用百姓的事情来命名，那已经是不能照过去办理了。”

孔子听到此事，进见郯子并向他学习古代官制。不久以后告诉别人说：“我听说，‘在天子那里失去了古代官制，官制的学问还保存在远方的小国’，这话还是可以相信的。”

晋顷公派屠蒯去周朝，请求祭祀洛水和三塗山。苌弘对刘子说：“客人的脸色凶猛，不是为了祭祀，恐怕是为了进攻戎人！陆浑氏和楚国很友好，一定是这个缘故。您还是防备一下吧。”于是就对戎人加强警备。九月二十四日，晋国的荀吴领兵从棘津徒步涉水，让祭史先用牲口祭祀洛水。陆浑人不知道，部队就跟着打过去。二十七日，就灭亡了陆浑，责备他们和楚国勾结。陆浑子逃亡到楚国，他的部下逃亡到甘鹿。周朝俘虏了大批陆浑人。韩宣子梦见晋文公拉着荀吴而把陆浑交付给他，所以让他领兵，在晋文公庙里奉献俘虏。

冬季，彗星在大火星旁边出现，光芒西达银河。申须说：“彗星是用来除旧布新的，天上发生的事常常象征凶吉，现在大火星将要不见，大火星再度出现

必布焉。诸侯其有火灾乎？"梓慎曰："往年吾见之，是其征也，火出而见。今兹火出而章，必火入而伏。其居火也久矣，其与不然乎？火出，于夏为三月，于商为四月，于周为五月。夏数得天。若火作，其四国当之，在宋、卫、陈、郑乎？宋，大辰之虚也；陈，大皞之虚也；郑，祝融之虚也，皆火房也。星孛天汉，汉，水祥也。卫，颛顼之虚也，故为帝丘，其星为大水，水，火之牡也。其以丙子若壬午作乎？水火所以合也。若火入而伏，必以壬午，不过其见之月。"郑裨灶言于子产曰："宋、卫、陈、郑将同日火，若我用瓘斝玉瓒，郑必不火。"子产弗与。

吴伐楚。阳匄为令尹，卜战，不吉。司马子鱼曰："我得上流，何故不吉。且楚故，司

必然散布灾殃，诸侯各国恐怕会有火灾吧！"梓慎说："去年我见到了慧星，这就是它的征兆了。大火星出现而见到它。现在它在大火星出现时更加明亮，必然会在大火星消失时潜伏。它和大火星在一起已经很久了，难道不是这样吗？大火星出现，在夏正是三月，在商正是四月，在周正是五月。夏代的历数和天象适应，如果发生火灾，恐怕有四个国家承担，在宋国、卫国、陈国、郑国吧！宋国是大火星的分野，郑国是祝融的分野，都是大火星所居住的地方。彗星到达银河，而银河就是水。卫国，是颛顼的分野，所以是帝丘，和它相配的星是大水。水，是火的阳姓配偶。恐怕会在丙子日或者壬午日发生火灾吧！水火会在那个时候配合。如果大火星消失而彗星随着潜伏，一定在壬午日发生火灾，不会超过它发现的那个月。"郑国的裨灶对子产说："宋、卫、陈、郑四国将要在同一天发生火灾。如果我们用瓘斝玉瓒祭神，郑国一定不发生火灾。"子产不肯给。

吴国攻打楚国，楚国的阳匄做令尹，占卜战争的结果，不吉利。司马子鱼说："我们地处上游，为什么不吉利？而且楚国的惯例是，由司马在占卜前报告占

马令龟，我请改卜。"
令曰："鲂也，以其属
死之，楚师继之，尚大
克之"。吉。战于长岸，
子鱼先死，楚师继之，
大败吴师，获其乘舟余
皇。使随人与后至者守
之，环而堑之，及泉，
盈其隧炭，陈以待命。

吴公子光请于其众，
曰："丧先王之乘舟，
岂唯光之罪，众亦有焉。
请藉取之，以救死。"
众许之。使长鬣者三人，
潜伏于舟侧，曰："我
呼余皇，则对，师夜从
之。"三呼，皆迭对。
楚人从而杀之，楚师乱，
吴人大败之，取余皇以
归。

卜的事情，我请求重新占卜。"报告说：
"鲂带领部属战死，楚国的大军跟上去，
希望大获全胜。"吉利。在长岸作战，
子鱼先战死，楚军跟着上去，大败吴军，
得到一条名叫余皇的船，派随国人和后
来到达的人看守，环绕这条船挖了深沟，
一直见到泉水，用炭填满，摆开阵势听
候命令。

吴国的公子光向大家请求说："丢
掉先王的船，难道只是光的罪过吗，大
家也是有罪的。请求靠大家的力量夺取
回来以救一死。"大家答应了。派遣身
高力壮的三个人偷偷地埋伏在船旁边，
说："我喊余皇，你们就回答。军队在
夜里跟上去。"喊了三次，埋伏的人都
交替回答。楚国人上去把他们杀了。楚
军混乱，吴军大败楚军，把余皇船夺回
去了。

四十七、昭公十八年
（原伯鲁不悦学）

十八年春，王二月乙卯，周毛得杀毛伯过而代之。苌弘曰："毛得必亡，是昆吾稔之日也，侈故之以。而毛得以济侈于王都，不亡何待！"

三月，曹平公卒。

夏五月，火始昏见。丙子，风。梓慎曰："是谓融风，火之始也。七日，其火作乎！"戊寅，风甚。壬午，大甚。宋、卫、陈、郑皆火。梓慎登大庭氏之库以望之，曰："宋、卫、陈、郑也。"数日，皆来告火。裨灶曰："不用吾言，郑又将火。"郑人请用之，子产不可。子大叔曰："宝，以保民也。若有火，国几亡。可以救亡，子何爱焉？"子产曰："天道远，人

十八年春季，周历二月十五日，周朝的毛得杀了毛伯过，取代了他。苌弘说："毛得必然逃亡。这一天正好是昆吾恶贯满盈的一天，这是由于骄横的缘故。而毛得在天子的都城以骄横成事，不逃亡，还等待什么？"

三月，曹平公死。

夏五月，大火星开始在黄昏出现。初七日，刮风。梓慎说："这叫作融风，是火灾的开始，七天以后，恐怕要发生火灾了吧！"初九日，风刮得厉害。十四日，风刮得更厉害。宋国、卫国、陈国、郑国都发生火灾。梓慎登上大庭氏的库房远望，说："这是在宋国、卫国、陈国、郑国。"几天以后，四国都来报告火灾。裨灶说："不采纳我的话，郑国还要发生火灾。"郑国人请求采纳他的话，子产不同意。子太叔说："宝物是用来保护百姓的。有了火灾，自家也差不多会灭亡。如果可以挽救灭亡，您爱惜它干什么？"子产说："天道悠远，人道切近，两不相关。如何由天道而知

道迩，非所及也，何以知之？灶焉知天道？是亦多言矣，岂不或信？"遂不与，亦不复火。

郑之未灾也，里析告子产曰："将有大祥，民震动，国几亡。吾身泯焉，弗良及也。国迁其可乎？"子产曰："虽可，吾不足以定迁矣。"及火，里析死矣，未葬，子产使舆三十人，迁其枢。火作，子产辞晋公子、公孙于东门。使司寇出新客，禁旧客勿出于宫。使子宽、子上巡群屏摄，至于大宫。使公孙登徙大龟。使祝史徙主祏于周庙，告于先君。使府人、库人各做其事。商成公做司宫，出旧宫人，置诸火所不及。司马、司寇列居火道，行火所焮。城下之人，伍列登城。明日，使野司寇各保其征。郊人助祝史除于国北，襄火于玄冥、回禄，祈于四鄘。书焚室而宽

人道？灶哪里懂得天道？这个人的话多了，难道不会偶尔说中？"于是就不给。后来也没有再发生火灾。

郑国还没有发生火灾以前，里析告诉子产说："将要发生大的变异，百姓震动，国家差不多会灭亡。那时我自己已经死了，赶不上了。迁都可以吗？"子产说："即使可以，我一个不能决定迁都的事。"等到发生火灾，里析已经死了，没有下葬，子产派三十个人搬走了他的棺材。火灾发生以后，子产在东门辞退了晋国的公子、公孙，派司寇把新来的客人送出去，禁止早已来的客人走出宾馆的大门。派子宽、子上巡察祭祀处所以及大宫。派公孙登迁走大龟，派祝史把宗庙里安放神主的石匣迁到周庙，向先君报告。派府人、库人各自戒备自己的管理范围以防火。派商成公命令司宫戒备，迁出先公的宫女，安置在火烧不到的地方。司马、司寇排列在火道上，到处救火。城下的人列队登城。第二天，派野司寇各自约束他们所征发的徒役不散开，郊区的人帮助祝史在国都北面清除地面，修筑祭坛，向水神、火神祈祷，又在四城祈祷。登记被烧的房屋，减免他们的赋税，发给他们造房的材料。号哭三天，停止开放国都中的

其征，与之材。三日哭，国不市。使行人告于诸侯。

宋、卫皆如是。陈不救火，许不吊灾，君子是以知陈、许之先亡也。

六月，鄅人藉稻。邾人袭鄅，鄅人将闭门。邾人羊罗摄其首焉，遂入之，尽俘以归。鄅子曰："余无归矣。"从帑于邾，邾庄公反鄅夫人，而舍其女。

秋，葬曹平公。往者见周原伯鲁焉，与之语，不说学。归以语闵子马。闵子马曰："周其乱乎？夫必多有是说，而后及其大人。大人患失而惑，又曰：'可以无学，无学不害。'不害而不学，则苟而可。于是乎下陵上替，能无乱乎？夫学，殖也，不学将落，原氏其亡乎？"

七月，郑子产为火

市场。派行人向诸侯报告。

宋国和卫国也都这样。陈国不救火，许国不慰问火灾，君子因此而知道陈国、许国将先被灭亡。

六月，鄅国国君巡视藉田，邾国军队袭击鄅国。鄅国人将要关闭城门。邾国人羊罗把关闭城门的人的脑袋砍下，用手提着，就因此进入鄅国，把百姓全都俘虏回去。鄅子说："我没有地方可以回去了。"跟随他的妻子儿女到了邾国。邾庄公归还了鄅君的夫人而留下了他的女儿。

秋季，安葬曹平公。去参加葬礼的人见到周朝的原伯鲁，跟他说话，发现他不爱学习。回去把情况告诉闵子马。闵子马说："周朝恐怕要发生动乱了吧！一定是先流传了这种说法，然后才影响到当权的人。大夫们担心丢掉官位而不明事理，又说：'可以不学习，不学习没有坏处。'认为没有坏处就不学习，得过且过，因此就下面凌驾于上，上面废弛，这样能不发生动乱吗？学习，如同种植一样，不学习就如草木枝叶要堕落一样，原氏大概要灭亡了吧！"

七月，郑国的子产因为火灾的缘故，

故，大为社祓禳于四方，振除火灾，礼也。乃简兵大蒐，将为蒐除。子大叔之庙在道南，其寝在道北，其庭小。过期三日，使除徒陈于道南庙北，曰："子产过女而命速除，乃毁于而乡。"子产朝，过而怒之，除者南毁。子产及冲，使从者止之曰："毁于北方。"

火之作也，子产授兵登陴。子大叔曰："晋无乃讨乎？"子产曰："吾闻之，小国忘守则危，况有灾乎？国之不可小，有备故也。"既，晋之边吏让郑曰："郑国有灾，晋君、大夫不敢宁居，卜筮走望，不爱牲玉。郑之有灾，寡君之忧也。今执事手间然授兵登陴，将以谁罪？边人恐惧不敢不告。"子产对曰："若吾子之言，敝邑之灾，君之忧也。敝邑失政，天降之灾，又惧谗慝之

大筑土地神庙，祭祀四方之神祈求消灾，救治火灾的损失，这是合于礼的。于是精选士兵举行盛大检阅，准备清除场地。子太叔的家庙在路的南边，住房在路的北边，庙寝庭院不大。超过期限三天，他让清除场地的人排列在路南庙北，说："如果子产经过你们这里，下命令赶快清除，就向你们面对的方向动手拆除。"子产上朝，经过这里而发怒，清除的人就往南毁庙。子产走到十字路口，让跟随的人制止他们，说："向北方拆除居室，不要拆庙。"

火灾发生的时候，子产颁发武器登上城墙。子太叔说："晋国恐怕要来讨伐吧？"子产说："我听说，小国忘记守御就危险，何况有火灾呢？国家不能被轻视，因为有防备。"不久，晋国的边防官吏责备郑国说："郑国有了火灾，晋国的国君、大夫不敢安居，占卜占筮、奔走四处，遍祭名山大川，不敢爱惜牺牲玉帛。郑国有火灾，是寡君的忧虑。现在执事大肆地颁发武器登上城墙，打算拿谁来治罪？边境上的人害怕，不敢不报告。"子产回答说："像您所说的那样，敝邑的火灾，是君王的忧虑。敝邑的政事不顺，上天降下火灾，又害怕邪恶的人乘机打敝邑的主意，以引诱贪婪的人，再次对敝邑不利，以加重君王

间谍之，以启贪人，荐为弊邑不利，以重君之忧。幸而不亡，犹可说也。不幸而亡，君虽忧之，亦无及也。郑有他竟，望走在晋。既事晋矣，其敢有二心？"

的忧虑。幸亏没有灭亡，还可以解释。如果不幸而被灭亡，君王虽然为敝邑忧虑，恐怕也是来不及了。郑国如果遭到别国的攻击，只有希望投奔晋国，郑国已经事奉了晋国，哪里敢有二心？"

楚左尹王子胜言于楚子曰："许于郑，仇敌也，而居楚地，以不礼于郑。晋、郑方睦，郑若伐许，而晋助之，楚丧地矣。君盍迁许？许不专于楚。郑方有令政。许曰：'余旧国也。'郑曰：'余俘邑也。'叶在楚国，方城外之蔽也。土不可易，国不可小，许不可俘，仇不可启，君其图之。"楚子说。冬，楚子使王子胜迁许于析，实白羽。

楚国的左尹王子胜对楚平王说："许国对于郑国来说，是仇敌，而住在楚国的土地上，由此对郑国无礼。晋国和郑国正在友好，如果郑国进攻许国，而晋国帮助他们，楚国就丧失土地了。君王何不把许国迁走？许国不为楚国专有，郑国正在推行好的政令。许国说：'那里是我们原来的都城。'郑国说：'那里是我们战胜而得的城邑。'叶地在楚国，是方城山外边的屏障。土地不能轻视，国家不能小看，许国不能俘虏，仇恨不能挑起，君王还是考虑一下吧！"楚王很高兴。冬季，楚平王派王子胜把许国迁移到析地，就是原来的白羽。

四十八、昭公二十年
（伍子胥入吴）

二十年春，王二月己丑，日南至。梓慎望氛曰："今兹宋有乱，国几亡，三年而后弭。蔡有大丧。"叔孙昭子曰："然则戴、桓也！汰侈无礼已甚，乱所在也。"

费无极言于楚子曰："建与伍奢将以方城之外叛。自以为犹宋、郑也，齐、晋又交辅之，将以害楚。其事集矣。"王信之，问伍奢。伍奢对曰："君一过多矣，何言于谗？"王执伍奢。使城父司马奋扬杀大子，未至，而使遣之。三月，大子建奔宋。王召奋扬，奋扬使城父人执己以至。王曰："言出于余口，入于尔耳，谁告建也？"对曰："臣告之。君王命臣曰：'事建如事余。'

二十年春季，周历二月初一日，冬至。梓慎观察云气，说："今年宋国有动乱，国家几乎灭亡，三年以后才平定。蔡国有大的丧事。"叔孙昭子说："这说的就是戴、桓两族了。他们奢侈、无礼到了极点，动乱会发生在他们那里。"

费无极对楚平王说："太子建和伍奢打算领着方城山外的人背叛，自以为如同宋国、郑国一样，齐国、晋国又一起辅助他们，将会危害楚国，这事情快成功了。"楚平王相信了这些话，质问伍奢。伍奢回答说："君王有一次过错已经很严重了，为什么还听信诬陷的话？"楚平王逮捕了伍奢，派城父司马奋扬去杀太子。奋扬还没有到达时，派人通知太子逃走。三月，太子建逃亡到宋国。楚平王召回奋扬，奋扬让城父大夫逮捕自己回到郢都。楚平王说："话从我的嘴里说出去，进到你的耳朵里，是谁告诉建的？"奋扬回答说："下臣告诉他的。君王命令我说：'事奉建要像事奉我一样。'下臣不才，不能苟且

臣不佞，不能苟贰。奉初以还，不忍后命，故遣之。既而悔之，亦无及已。"王曰："而敢来，何也？"对曰："使而失命，召而不来，是再奸也。逃无所入。"王曰："归。"从政如他日。

无极曰："奢之子材，若在吴，必忧楚国，盍以免其父召之。彼仁，必来。不然，将为患。"王使召之，曰："来，吾免而父。"棠君尚谓其弟员曰："尔适吴，我将归死。吾知不逮，我能死，尔能报。闻免父之命，不可以莫之奔也；亲戚为戮，不可以莫之报也。奔死免父，孝也；度功而行，仁也；择任而往，知也；知死不辟，勇也。父不可弃，名不可废，尔其勉之，相从为愈。"伍尚归。奢闻员不来，曰："楚君、大夫其旰食乎！"楚人皆杀之。

而有二心。奉了起初的命令去对待太子，就不忍心执行您后来的命令。所以要他逃走了。不久我后悔，也来不及了。"楚平王说："你敢回来，为什么？"奋扬回答说："被派遣而没有完成使命，召见我又不回来，这是再次违背命令，逃走也没有地方可去。"楚平王说："回城父去吧！"奋扬还像过去一样做官。

费无极说："伍奢的儿子有才能，如果在吴国，一定会使楚国担忧，何不用赦免他们父亲的办法召回他们。他们仁爱，一定回来。不这样，他们将要成为祸患。"楚平王派人召回他们，说："回来，我就赦免你们的父亲。"棠邑大夫伍尚对他的兄弟员说："你去吴国吧，我打算回去死。我的才智不如你，我能够死，你能够报仇。听到赦免父亲的命令，不能不奔走回去。亲人被杀戮，不能不报仇。奔走回去使父亲赦免，这是孝。估计功效而后行动，这是仁。选择任务而前去，这是智。明知要死而不躲避，这是勇。父亲不能丢掉，名誉不能废弃，你还是努力吧！相互不要勉强为好。"伍奢听说伍员不来，说："楚国的国君、大夫恐怕不能准时吃饭了。"楚国人把伍奢、伍尚都杀了。

员如吴，言伐楚之
利于州于。公子光曰：
"是宗为戮而欲反其仇，
不可从也。"员曰："彼
将有他志。余姑为之求
士，而鄙以待之。"乃
见专设诸焉，而耕于鄙。

宋元公无信多私，
而恶华、向。华定、华
亥与向宁谋曰："亡愈
于死，先诸？"华亥伪
有疾，以诱群公子。公
子问之，则执之。夏六
月丙申，杀公子寅、公
子御戎、公子朱、公子固、
公孙援、公孙丁，拘向胜、
向行于其廪。公如华氏
请焉，弗许，遂劫之。
癸卯，取大子栾与母弟
辰、公子地以为质。公
亦取华亥之子无慼、向
宁之子罗、华定之子启，
与华氏盟，以为质。

卫公孟絷狎齐豹，
夺之司寇与鄄，有役则
反之，无则取之。公孟
恶北宫喜、褚师圃，欲
去之。公子朝通于襄夫

伍员去到吴国，向州于说明攻打楚
国的利益。公子光说："他们家族被杀
戮而想要报私仇，不能听他的。"伍员
说："公子光将要有别的念头，我姑且
为他寻求勇士，处在郊外等着他。"于
是就推荐了专设诸，自己在边境上种地。

宋元公不讲信用，私心很多，而讨
厌华氏、向氏。华定、华亥和向宁策划说：
"逃亡比死强，先下手吗？"华亥假装
有病，以引诱公子们。凡是公子去探病，
就扣押起来。夏六月初九，杀死公子寅、
公子御戎、公子朱、公子固、公孙援、
公孙丁，把向胜、向行囚禁在谷仓里。
宋元公到华亥氏那里去请求，华氏不答
应，反而要乘机劫持元公。十六日，将
太子栾和他的同母兄弟辰、公子地作为
人质。元公也抓了华亥的儿子无慼、向
宁的儿子罗、华定的儿子启，和华氏结
盟，把他们作为人质。

卫国的公孟絷轻慢齐豹，剥夺了他
的司寇官职和鄄地，有事就让他回去，
没事就占取过来。公孟絷讨厌北宫喜、
褚师圃，想要去掉他们。公子朝和襄夫
人宣姜私通，害怕，想乘机发动祸乱。

人宣姜，惧，而欲以作乱。故齐豹、北宫喜、褚师圃、公子朝作乱。

初，齐豹见宗鲁于公孟，为骖乘焉。将作乱，而谓之曰："公孟之不善，子所知也。勿与乘，吾将杀之。"对曰："吾由子事公孟，子假吾名焉，故不吾远也。虽其不善，吾亦知之。抑以利故，不能去，是吾过也。今闻难而逃，是僭子也。子行事乎，吾将死之，以周事子，而归死于公孟，其可也。"

丙辰，卫侯在平寿，公孟有事于盖获之门外，齐子氏帷于门外而伏甲焉。使祝蛙置戈于车薪以当门，使一乘从公孟以出。使华齐御公孟，宗鲁骖乘。及闳中，齐氏用戈击公孟，宗鲁以背蔽之，断肱，以中公孟之肩，皆杀之。

公闻乱，乘，驱自阅门入，庆比御公，公

所以齐豹、北宫喜、褚师圃、公子朝发动了祸乱。

当初，齐豹把宗鲁推荐给公孟絷，做了骖乘。齐豹将要发动祸乱，对宗鲁说："公孟这个人不好，这是您所知道的，不要和他一起乘车，我将要杀死他。"宗鲁回答说："我由于您而事奉公孟絷，您为我吹嘘，所以公孟絷才亲近我。虽然他不好，我也知道，但是由于对自己有利，不能离去，这是我的过错。现在听到有祸难而逃走，这是使您的话不可相信。您办您的事吧！我将为此而死，以事奉您到底。我回去死在公孟絷那里，也许是可以的。"

六月二十九日，卫灵公正在平寿，公孟絷在盖获之门外祭祀，齐子氏在门外设置帷帐，在里边埋伏甲士。派祝蛙把戈藏在车上的柴火里，挡着城门，派一辆车跟着公孟絷出来。派华齐驾御公孟的坐车，宗鲁做骖乘。到达曲门中时，齐氏用戈敲击公孟，宗鲁用背部遮护他，折断了胳臂，戈击中了公孟的肩膀。齐氏把他们一起杀死了。

卫灵公听到动乱的消息，坐上车子，驱车从阅门进入国都。庆比驾车，公南

南楚骖乘，使华寅乘贰车。及公宫，鸿驷魋驷乘于公，公载宝以出。褚师子申遇公于马路之衢，遂从。过齐氏，使华寅肉袒，执盖以当其阙。齐氏射公，中南楚之背，公遂出。寅闭郭门，逾而从公。公如死鸟，析朱鉏宵从窦出，徒行从公。

齐侯使公孙青聘于卫。既出，闻卫乱，使请所聘。公曰："犹在竟内，则卫君也。"乃将事焉。遂从诸死鸟，请将事。辞曰："亡人不佞，失守社稷，越在草莽，吾子无所辱君命。"宾曰："寡君命下臣于朝，曰：'阿下执事。'臣不敢贰。"主人曰："君若惠顾先君之好，昭临敝邑，镇抚其社稷，则有宗祧在。"乃止。卫侯固请见之，不获命，以其良马见，为未致使故也。卫侯以为乘马。

楚做骖乘，派华寅乘坐副车。到达灵公的宫室，鸿驷魋又坐上卫灵公的车子。灵公装载了宝物而出来，褚师子申在马路的十字路口遇到灵公，就跟上去。经过齐氏那里，让华寅光着上身，拿着车盖遮蔽空当。齐氏用箭射卫灵公，射中南楚的脊背，卫灵公就逃出国都。华寅关闭城门，跳出城墙跟随卫侯。卫灵公去到死鸟。析朱鉏夜里从城墙的排水沟里逃出，徒步跟随卫灵公。

齐景公派公孙青到卫国聘问。已经走出国境，听到卫国发生了动乱，派人请示关于聘问的事情。齐景公说："卫侯还在国境之内，就还是卫国的国君。"于是就奉命行事，跟着到了死鸟。公孙青请求按照命令行聘礼。卫灵公辞谢说："逃亡的人没有才能，失守了国家，坠落在杂草丛中，没有地方可以让您执行君王的命令。"客人说："寡君在朝廷上命令下臣说：'卑微地去亲附执事。'下臣不敢违命。"主人说："君王如果记得先君的友好，光照敝邑，镇定安抚我们的国家，那么有宗庙在那里。"公孙青就停止了聘问。卫灵公坚决请求见他。公孙青不得已，只好用他的好马作为进见的礼物，这是由于没有执行使命的缘故。卫灵公把公孙青馈送的马作为

宾将撤，主人辞曰："亡人之忧，不可以及吾子。草莽之中，不足以辱从者。敢辞。"宾曰："寡君之下臣，君之牧圉也。若不获扞外役，是不有寡君也。臣惧不免于戾，请以除死。"亲执铎，终夕与于燎。

齐氏之宰渠子召北宫子。北宫氏之宰不与闻，谋杀渠子，遂伐齐氏，灭之。丁巳晦，公入，与北宫喜盟于彭水之上。秋七月戊午朔，遂盟国人。八月辛亥，公子朝、褚师圃、子玉霄、子高鲂出奔晋。闰月戊辰，杀宣姜。卫侯赐北宫喜谥曰贞子，赐析朱鉏谥曰成子，而以齐氏之墓予之。

卫侯告宁于齐，且言子石。齐侯将饮酒，遍赐大夫曰："二三子之教也。"苑何忌辞，曰："与于青之赏，必及于其罚。在《康诰》曰：'父

驾车的马。客人准备在夜里设置警戒，主人辞谢说："逃亡人的忧虑不能落到您身上，杂草丛中的人，不足以劳动您。谨敢辞谢。"客人说："寡君的下臣，就是君王牧牛放马的人。如果得不到在外面警戒的差役，就是心目中没有寡君了。下臣害怕不能免于罪过，请求以此免死。"就亲自拿着大铃，整晚和卫国的巡夜人在一起。

齐氏的家臣头子渠子召见北宫喜。北宫喜的家臣头子不让他知道密谋的事，策划杀死了渠子，并乘机攻打齐氏，消灭了他们。六月三十日，卫灵公进入国都，和北宫喜在彭水边上盟誓。秋七月初一，和国内的人们盟誓。八月二十五日，公子朝、褚师圃、子玉霄、子高鲂逃亡到晋国。闰八月十二日，杀死宣姜。卫灵公赐给北宫喜的谥号叫贞子，赐给析朱鉏的谥号叫成子，而且把齐氏的墓地给了他们。

卫灵公向齐国报告国内安定，同时述说公孙青的懂礼。齐景公将要喝酒，把酒普遍赏赐给大夫们，说："这是诸位的教导。"苑何忌辞谢不喝，说："参与了对公孙青的赏赐，必然涉及对他的责罚。在《康诰》上说，'父子兄弟，

子兄弟，罪不相及。'
况在群臣？臣敢贪君赐
以干先王？"

琴张闻宗鲁死，将
往吊之。仲尼曰："齐
豹之盗，而孟絷之贼，
女何吊焉？君子不食奸，
不受乱，不为利疚于回，
不以回待人，不盖不义，
不犯非礼。"

宋华、向之乱，公
子城、公孙忌、乐舍、
司马强、向宜、向郑、
楚建、郳甲出奔郑。其
徒与华氏战于鬼阎，败
子城。子城适晋。

华亥与其妻必盟而
食所质公子者而后食。
公与夫人每日必适华氏，
食公子而后归。华亥患
之，欲归公子。向宁曰：
"唯不信，故质其子。
若又归之，死无日矣。"
公请于华费遂，将攻华
氏。对曰："臣不敢爱死，
无乃求去忧而滋长乎！
臣是以惧，敢不听命？"
公曰："子死亡有命，

"罪过互不相干'，何况在群臣之间？下
臣岂敢贪受君王的赏赐以干犯先王？"

琴张听说宗鲁死了，打算去吊唁。
孔子说："齐豹所以成为坏人，孟絷所
以被害，都是由于他的缘故，你为什么
要去吊唁呢？君子不吃坏人的俸禄，不
接受动乱，不为了利而受到邪恶的腐蚀，
不用邪恶对待别人，不掩盖不义的行为，
不做出非礼的事情。"

宋国华氏、向氏的作乱，公子城、
公子忌、乐舍、司马强、向宜、向郑、
楚建、郳甲逃亡到郑国。他们的党羽和
华氏在鬼阎作战，子城被打败。子城去
到晋国。

华亥和他的妻子一定要盥洗干净，
伺候作为人质的公子吃完饭以后才吃
饭。宋元公和夫人每天一定到华氏那里，
让公子吃完以后才回去。华亥担心这种
情况，想要让公子回去。向宁说："正
因为元公缺乏信用，所以把他的儿子作
为人质。如果又让他回去，死亡很快就
来到了。"宋元公向华费遂请求，准备
攻打华氏。华费遂回答说："下臣不敢
爱惜一死，但恐怕是想去掉忧虑反而滋
长忧虑吧！下臣因此害怕，怎敢不听命
令？"宋元公说："孩子们死了是命中

余不忍其詢。"冬十月，公杀华、向之质而攻之。戊辰，华、向奔陈，华登奔吴。向宁欲杀大子，华亥曰："干君而出，又杀其子，其谁纳我？且归之有庸。"使少司寇鵹以归，曰："子之齿长矣，不能事人，以三公子为质，必免。"公子既入，华鵹将自门行。公遽见之，执其手曰："余知而无罪也，入，复而所。"

齐侯疥，遂痁，期而不瘳，诸侯之宾问疾者多在。梁丘据与裔款言于公曰："吾事鬼神丰，于先君有加矣。今君疾病，为诸侯忧，是祝史之罪也。诸侯不知，其谓我不敬。君盍诛于祝固、史嚚以辞宾？"公说，告晏子。晏子曰："日宋之盟，屈建问范会之德于赵武。赵武曰：'夫子之家事治，言于晋国，竭情无私。其祝史祭祀，

注定，我不能忍受他们受侮辱。"冬十月，宋元公杀了华氏、向氏的人质而攻打这两家。十三日，华氏、向氏逃亡到陈国，华登逃亡到吴国。向宁想要杀死太子。华亥说："触犯了国君而出逃，又杀死他的儿子，还有谁接纳我们？而且放他们回去有功劳。"派少司寇鵹带着公子们回去，说："您的年岁大了，不能再事奉别人。用三个公子作为证明，一定可以免罪。"公子们进入国都，华鵹将要从公门出去，宋元公急忙接见他，拉着他的手，说："我知道你没有罪，进来，恢复你的官职。"

齐景公生了疥疮，还有疟疾，一年没有痊愈。诸侯派来问候的客人大多在齐国。梁丘据和裔款对齐景公说："我们事奉鬼神很丰厚，比先君已经有所增加了。现在君王病得很厉害，成为诸侯的忧虑，这是祝、史的罪过。诸侯不了解，恐怕会认为我们不敬鬼神，君王何不诛戮祝固、史嚚以辞谢客人？"齐景公很高兴，告诉晏子。晏子说："从前在宋国盟会，屈建向赵武询问范会的德行。赵武说：'他老人家家族中的事务井然有序，在晋国说话，竭尽自己的心意而没有个人打算。他的祝、史祭祀时，向鬼神陈说实际情况不内愧。他的家族

陈信不愧。其家事无猜，其祝史不祈。'建以语康王，康王曰：'神人无怨，宜夫子之光辅五君，以为诸侯主也。'"公曰："据与款谓寡人能事鬼神，故欲诛于祝史。子称是语，何故？"对曰："若有德之君，外内不废，上下无怨，动无违事，其祝史荐信，无愧心矣。是以鬼神用飨，国受其福，祝史与焉。其所以蕃祉老寿者，为信君使也，其言忠信于鬼神。其适遇淫君，外内颇邪，上下怨疾，动作辟违，从欲厌私。高台深池，撞钟舞女，斩刈民力，输掠其聚，以成其违，不恤后人。暴虐淫从，肆行非度，无所还忌，不思谤讟，不惮鬼神，神怒民痛，无悛于心。其祝史荐信，是言罪也。其盖失数美，是矫诬也。进退无辞，则虚以求媚。是以鬼神

中没有可猜疑的事情，所以他的祝、史也不向鬼神祈求。'屈建把这些话告诉康王。康王说：'神和人都没有怨恨，他老人家辅助五位国君而作为诸侯的主人就是很相宜的了。'"齐景公说："据和款认为寡人能够事奉鬼神，所以要诛戮祝、史，您讲出这些话，是什么缘故？"晏子回答说："有德行的君主，国家和宫里的事情都没有荒废，上下没有怨恨，举动没有违背礼仪的事，他的祝、史向鬼神陈述实际情况，就没有惭愧之心。所以鬼神享用祭品，国家受到鬼神所降的福禄，祝、史也有一份。他们之所以繁衍有福、健康长寿，是因为他们是诚实的国君的使者，他们的话对鬼神忠诚信实。他们如果恰好碰上放纵的国君，里外偏颇邪恶，上下怨恨嫉妒，举动邪僻背理，放纵欲望满足私心，高台深池，奏乐歌舞，砍伐民力，掠夺百姓的积蓄，以这些行为铸成过错，而不体恤后代。暴虐放纵，随意行动没有法度，无所顾忌，不考虑怨谤，不害怕鬼神。神发怒而百姓痛快，国君心里还不肯改悔。他的祝、史陈说实际情况，这是报告国君的罪过。祝、史掩盖过错、专谈好事，这是虚诈欺骗，真假都不能陈述，只好陈述不相干的空话来向鬼神讨好，所以鬼神不享用他们国家的祭品，还让它发

不飨其国以祸之，祝史与焉。所以夭昏孤疾者，为暴君使也。其言僭嫚于鬼神。"公曰："然则若之何？"对曰："不可为也：山林之木，衡鹿守之；泽之萑蒲，舟鲛守之；薮之薪蒸，虞候守之。海之盐蜃，祈望守之。县鄙之人，入从其政。偪介之关，暴征其私。承嗣大夫，强易其贿。布常无艺，征敛无度；宫室日更，淫乐不违。内宠之妾，肆夺于市；外宠之臣，僭令于鄙。私欲养求，不给则应。民人苦病，夫妇皆诅。祝有益也，诅亦有损。聊、摄以东，姑、尤以西，其为人也多矣。虽其善祝，岂能胜亿兆人之诅？君若欲诛于祝史，修德而后可。"公说，使有司宽政，毁关，去禁，薄敛，已责。

十二月，齐侯田于沛，招虞人以弓，不进。

生祸难，祝、史也有一份。祝、史之所以夭折患病，是由于他们是暴虐的国君的使者，他们的话对鬼神欺诈轻侮。"齐景公说："那么怎么办？"晏子回答说："没法办了。山林中的树木，衡鹿看守它。洼地里的芦苇，舟鲛看守它。草野中的柴火，虞候看守它。大海中的盐蛤，祈望看守它。偏僻地方的乡巴佬，进来管理政事。邻近国都的关卡，横征暴敛。世袭的大夫，强买货物。发布政令没有准则，征收赋税没有节制，宫室每天轮换着住，荒淫作乐不肯离开。里边的宠妾，在市场上肆意掠夺，外边的宠臣，在边境上假传旨意。奉养自己、追求玩好这些私欲，下边不能满足就立即治罪。百姓痛苦困乏。丈夫妻子都在诅咒。祝祷有好处，诅咒也有害处。聊地、摄地以东，姑水、尤水以西，人口多得很呢。虽然祝、史善于祝祷，难道能胜过亿兆人的诅咒吗？君王如果要诛戮祝、史，只有修养德行，然后才可以。"齐景公很高兴，让官吏放宽政令，毁掉关卡，废除禁令，减轻赋税，免除对公家的积欠。

十二月，齐景公在沛地打猎，用弓召唤虞人，虞人没有来。齐景公派人扣

公使执之，辞曰："昔我先君之田也，旃以招大夫，弓以招士，皮冠以招虞人。臣不见皮冠，故不敢进。"乃舍之。仲尼曰："守道不如守官。"君子韪之。

齐侯至自田，晏子侍于遄台，子犹驰而造焉。公曰："唯据与我和夫！"晏子对曰："据亦同也，焉得为和？"公曰："和与同异乎？"对曰："异。和如羹焉，水火醯醢盐梅以烹鱼肉，燀之以薪，宰夫和之，齐之以味，济其不及，以泄其过。君子食之，以平其心。君臣亦然。君所谓可而有否焉，臣献其否以成其可。君所谓否而有可焉，臣献其可以去其否。是以政平而不干，民无争心。故《诗》曰：'亦有和羹，既戒既平。鬷嘏无言，时靡有争。'先王之济五味，和五声也，以平

押了他，虞人辩解说："从前我们先君打猎的时候，用红旗召唤大夫，用弓召唤士，用皮冠召唤虞人。下臣没有见到皮冠，所以不敢进见。"齐景公于是就释放了虞人。孔子说："守着道义，不如守着官位。"君子认为说得对。

齐景公从打猎的地方回来，晏子在遄台侍候，梁丘据驱车来到。齐景公说："唯有据跟我和协啊！"晏子回答说："据与您也只不过相同而已，哪里说得上和协？"齐景公说："和协跟相同不一样吗？"晏子回答说："不一样。和协好像做羹汤，用水、火、醋、酱、盐、梅来烹调鱼和肉，用柴火烧煮，厨工加以调和，使味道适中，味道太淡就增加调料，味道太浓就加水冲淡。君子喝汤，内心平静。君臣之间也是这样。国君所认为行而其中有不行的，臣下指出它不行的部分，而使行的更加完备；国君所认为不行，而其中有行的，臣下指出它的行的部分而去掉它不行的部分。因此政事平和而不违背礼仪，百姓没有争夺之心。所以《诗》说：'有着调和的羹汤，已经告诫厨工把味道调得匀净。神灵来享而无所指责，上下也都没有竞争。'先王调匀五味、谐和五声，是用来平静他的内心，完成政事的。声音也像味道

其心，成其政也。声亦如味，一气，二体，三类，四物，五声，六律，七音，八风，九歌，以相成也。清浊，小大，短长，疾徐，哀乐，刚柔，迟速，高下，出入，周疏，以相济也。君子听之，以平其心。心平，德和。故《诗》曰：'德音不瑕。'今据不然。君所谓可，据亦曰可；君所谓否，据亦曰否。若以水济水，谁能食之？若琴瑟之专一，谁能听之？同之不可也如是。"

饮酒乐。公曰："古而无死，其乐若何？"晏子对曰："古而无死，则古之乐也，君何得焉？昔爽鸠氏始居此地，季萴因之，有逢伯陵因之，蒲姑氏因之，而后大公因之。古者无死，爽鸠氏之乐，非君所愿也。"

郑子产有疾，谓子大叔曰："我死，子必为政。唯有德者能以宽

一样，是由一气、二体、三类、四物、五声、六律、七音、八风、九歌组成的。是由清浊、大小、短长、缓急、哀乐、刚柔、快慢、高低、出入、疏密调节的。君子听了，内心平静。内心平静，德行就和协。所以《诗》说'德音没有缺失'。现在据不是这样。国君认为行的，据也认为行。国君认为不行的，据也认为不行。如同用清水去调剂清水，谁愿吃它呢？如同琴瑟老弹一个音调，谁愿听它呢？不应该相同的道理就像这样。"

喝酒喝得很高兴。齐景公说："自古以来如果没有死亡，欢乐会怎么样啊！"晏子回答说："从古以来如果没有死亡，现在的欢乐就是古代人的欢乐了，君王能得到什么呢？从前，爽鸠氏最开始居住在这里，季萴沿袭下来，有逢伯陵沿袭下来，蒲姑氏沿袭下来，然后太公沿袭下来。从古以来如果没有死亡，那是爽鸠氏的欢乐，可不是君王所希望的啊。"

郑国的子产有病，对子太叔说："我死以后，您必定执政。只有有德行的人能够用宽大来使百姓服从，其次就莫如

服民，其次莫如猛。夫火烈，民望而畏之，故鲜死焉。水懦弱，民狎而玩之，则多死焉。故宽难。"疾数月而卒。大叔为政，不忍猛而宽。郑国多盗，取人于萑苻之泽。大叔悔之，曰："吾早从夫子，不及此。"兴徒兵以攻萑苻之盗，尽杀之，盗少止。

仲尼曰："善哉！政宽则民慢，慢则纠之以猛。猛则民残，残则施之以宽。宽以济猛，猛以济宽，政是以和。《诗》曰：'民亦劳止，汔可小康。惠此中国，以绥四方。'施之以宽也。'毋从诡随，以谨无良。式遏寇虐，惨不畏明。'纠之以猛也。'柔远能迩，以定我王。'平之以和也。又曰：'不竞不絿，不刚不柔。布政优优，百禄是遒。'和之至也。"及子产卒，仲尼闻之，出涕曰："古之遗爱也。"

严厉。火猛烈，百姓看着就害怕，所以很少有人死于火。水懦弱，百姓轻慢并玩弄它，很多人就死在水中。所以宽大不容易。"子产病了几个月，死去了。子太叔执政，不忍心严厉而奉行宽大政策。郑国盗贼很多，聚集在芦苇塘里。太叔后悔，说："我早点听从他老人家的话，就不至于到这一步。"太叔发动徒兵攻打芦苇塘里的盗贼，全部杀死他们，盗贼稍稍收敛。

孔子说："好啊！政事宽大百姓就怠慢，怠慢就用严厉来纠正。严厉，百姓就受到伤害，伤害，就实施宽大。用宽大调节严厉，用严厉调节宽大，政事因此调和。《诗》说，'百姓已很辛劳，差不多可以稍稍安康。赐恩给中原各国，用以安定四方'，这是实施宽大。'不要放纵随声附和的人，以此约束不良之人。应当制止侵夺残暴的人，他们从来不怕法度'，这是用严厉来纠正。'安抚边远，柔服近地，用来安定我王'，这是用和平来使国家平静。又说，'不急不缓，不刚不柔。施政从容不迫，百种福禄降临'，这是和谐的顶点。"等到子产死去，孔子听到这消息，流着眼泪，说。"他的仁爱，是古人流传下来的遗风啊。"

四十九、昭公二十六年
（晏婴论礼可以为国）

二十六年春，王正月庚申，齐侯取郓。葬宋元公，如先君，礼也。

三月，公至自齐，处于郓，言鲁地也。

夏，齐侯将纳公，命无受鲁货。申丰从女贾，以币锦二两，缚一如瑱，适齐师。谓子犹之人高龁："能货子犹，为高氏后，粟五千庾。"高龁以锦示子犹，子犹欲之。龁曰："鲁人买之，百两一布，以道之不通，先入币财。"子犹受之，言于齐侯曰："群臣不尽力于鲁君者，非不能事君也。然据有异焉。宋元公为鲁君如晋，卒于曲棘。叔孙昭子求纳其君，无疾而死。不知天之弃鲁耶，抑鲁君有罪于鬼神，故及此也?

二十六年春季，周历正月初五日，齐景公占取郓地。安葬宋元公，像安葬先君一样，这是符合礼的。

三月，昭公从齐国回来，住在郓地，这是说已经到了鲁国境内。

夏季，齐景公准备送昭公回国，命令不要接受鲁国的财礼。申丰跟着女贾，用两匹锦缎作为财礼，捆紧在一起像一块圭，到齐军中去，对子犹的家臣高龁说："如果你能收买子犹，我们让你当高氏的继承人，给你五千庾粮食。"高龁把锦给子犹看，子犹想要。高龁说："鲁国人买了很多，一百四一堆，由于道路不畅通，先把这点礼品送来。"子犹收下了礼物，对齐景公说："臣下们对鲁国国君不肯尽力，不是不能奉行君命，然而据却感到奇怪。宋元公为了鲁国国君去到晋国，死在曲棘。叔孙昭子请求让他的国君复位，无病而死。不知道是上天抛弃鲁国呢，还是鲁国国君得罪了鬼神，所以才到这地步呢? 君王如果在

君若待于曲棘，使群臣从鲁君以卜焉。若可，师有济也。君而继之，兹无敌矣。若其无成，君无辱焉。"齐侯从之，使公子鉏帅师从公。

成大夫公孙朝谓平子曰："有都以卫国也，请我受师。"许之。请纳质，弗许，曰："信女，足矣。"告于齐师曰："孟氏，鲁之敝室也。用成已甚，弗能忍也，请息肩于齐。"齐师围成。成人伐齐师之饮马于淄者，曰："将以厌众。"鲁成备而后告曰："不胜众。"

师及齐师战于炊鼻。齐子渊捷从泄声子，射之，中楯瓦。繇胸汏輈，匕入者三寸。声子射其马，斩鞅，殪。改驾，人以为鬷戾也而助之。子车曰："齐人也。"将击子车，子车射之，殪。其御曰："又之。"子车曰："众可惧也，

曲棘等待，派臣下们跟从鲁国国君对鲁作战以为试探。如果行，军事有了成功，君王就继续前去，这就不会有抵抗的人了。如果没有成功，就不必麻烦君王了。"齐景公听从了他的话，派公子鉏带兵跟从昭公。

成大夫公孙朝对平子说："城市是用来保卫国家的，请让我们来抵御齐军。"平子答应了。公孙朝请求奉上人质，平子不答应，说："相信你，这就够了。"公孙朝告诉齐军说："孟氏是鲁国的破落户。他们剥削成地太过分了，我们不能忍受，请求降服于齐国以便休息。"齐军就包围成地。成地的军队进攻在淄水饮马的齐军，说："这是给大家做做样子的。"鲁国准备充分以后告诉齐国人说："我们拗不过大家。"

鲁军和齐军在炊鼻作战，齐国的子渊捷碰上泄声子，用箭射泄声子，射中盾脊，箭从横木穿过车辕，箭头射进盾脊三寸。泄声子用箭射子渊捷的马，射断马颈上的皮带，马倒地死去。子渊捷改乘别的战车，鲁国人误认为他是鬷戾，就上去帮他，子渊捷说："我是齐国人。"鲁国人将要攻击子渊捷，子渊捷一箭射去，射死了鲁国人。子渊捷的赶车人说："再射。"子渊捷说：

而不可怒也。"子囊带从野泄，叱之。泄曰："军无私怒，报乃私也，将亢子。"又叱之，亦叱之。冉竖射陈武子，中手，失弓而骂。以告平子，曰："有君子白皙，鬒须眉，甚口。"平子曰："必子强也，无乃亢诸？"对曰："谓之君子，何敢亢之？"林雍羞为颜鸣右，下。苑何忌取其耳，颜鸣去之。苑子之御曰："视下。"顾。苑子刜林雍，断其足。而乘于他车以归，颜鸣三入齐师，呼曰："林雍乘！"

四月，单子如晋告急。五月戊午，刘人败王城之师于尸氏。戊辰，王城人、刘人战于施谷，刘师败绩。

秋，盟于鄟陵，谋纳公也。

七月己巳，刘子以王出。庚午，次于渠。

"可以让大队人马害怕，而不能激怒他们。"子囊带碰上声子，叱骂他。声子说："作战的时候不能有个人的愤怒，我如果回骂就是为我个人了，我将要抵挡您一阵。"子渊捷还是叱骂声子，声子也就回骂他。冉竖用箭射陈武子，射中了手，弓落到地上而破口大骂。冉竖报告平子，说："有一个君子皮肤白、胡子眉毛黑而密，很会骂人。"平子说："一定是子强，不是抵挡了他吧？"冉竖回答说："既称他为君子，怎么敢抵挡他？"林雍不愿意做颜鸣的车右，下车，苑何忌割了他的耳朵，颜鸣要把他带走。苑何忌的赶车人说："朝下看！"就看到林雍的脚。苑何忌砍斫林雍，砍断了他的一只脚，林雍用一只脚跳上别的战车逃回来，颜鸣三次冲进齐军，大喊说："林雍来坐车！"

四月，单子至晋国去报告紧急情况。五月初五日，刘国人在尸氏打败了王城的军队。十五日，王城人、刘国人在施谷作战，刘军大败。

秋季，鲁昭公和齐景公、莒子、邾子、杞伯在鄟陵结盟，这是为了谋划送昭公回国。

七月十七日，刘子带了周天子出去。城的军队放火烧了刘子的城邑。二十四

王城人焚刘。丙子，王宿于褚氏。丁丑，王次于萑谷。庚辰，王入于胥靡。辛巳，王次于滑。晋知跞、赵鞅帅师纳王，使汝宽守阙塞。

九月，楚平王卒。令尹子常欲立子西，曰："大子壬弱，其母非适也，王子建实聘之。子西长而好善。立长则顺，建善则治。王顺国治，可不务乎？"子西怒曰："是乱国而恶君王也。国有外援，不可渎也。王有适嗣，不可乱也。败亲、速仇、乱嗣，不祥，我受其名。赂吾以天下，吾滋不从也。楚国何为？必杀令尹！"令尹惧，乃立昭王。

冬十月丙申，王起师于滑。辛丑，在郊，遂次于尸。十一月辛酉，晋师克巩。召伯盈逐王子朝，王子朝及召氏之族、毛伯得、尹氏固、南宫嚚奉周之典籍以奔

日，周天子住在褚氏。二十五日，周天子住在萑谷。二十八日，周天子进入胥靡。二十九日，周天子住在滑地。晋国的知跞、赵鞅领兵接纳周天子，派女宽镇守阙塞。

九月，楚平王死了，令尹子常想要立子西，说："太子壬年纪小，他的母亲不是正妻，而是王子建所聘的，子西年纪大，喜好善良，立年长的顺于情理，建立善良的国家就得治，君王顺理，国家太平，能不努力去做吗？"子西发怒说："这是搞乱国家，宣扬君王的丑事。国家有外援，不能轻慢。君王有嫡出的继承人，不能混乱。败坏亲人，召来仇敌、混乱继承人，不吉利。我会蒙受恶名。即使用天下来贿赂我，我也是不能听从的，楚国对我有什么用？一定要杀死令尹！"令尹害怕，就立了楚昭王。

冬十月十六日，周天子在滑地起兵。二十一日，在郊地，就住在尸地。十一月十一日，晋军攻下巩地，召伯盈赶走了王子朝。王子朝和召氏的族人、毛伯得、尹氏固、南宫嚚保护着周朝的典籍逃亡到了楚国，阴忌叛逃莒地。召伯盈在尸地迎接周天子，和刘子、单子结盟：于是就驻扎在圉泽，住在堤上。二十三

楚。阴忌奔莒以叛。召伯逆王于尸，及刘子、单子盟。遂军圉泽，次于堤上。癸酉，王入于成周。甲戌，盟于襄宫。晋师使成公般戍周而还。十二月癸未，王入于庄宫。

王子朝使告于诸侯曰："昔武王克殷，成王靖四方，康王息民，并建母弟，以蕃屏周。亦曰：'吾无专享文、武之功，且为后人之迷败倾覆，而溺入于难，则振救之。'至于夷王，王愆于厥身，诸侯莫不并走其望，以祈王身。至于厉王，王心戾虐，万民弗忍，居王于彘。诸侯释位，以间王政。宣王有志，而后效官。至于幽王，天不吊周，王昏不若，用愆厥位。携王奸命，诸侯替之，而建王嗣，用迁郏鄏。则是兄弟之能用力于王室也。至于惠王，天不

日，周天子进入成周。二十四日，在襄王的庙里盟誓。晋军派成公般在成周戍守，就回去了。十二月初四日，周天子进入庄宫。

王子朝派人报告诸侯："从前武王战胜殷朝，成王安定四方，康王与民休息，一起分封同母兄弟，以此作为周朝的屏障，还说：'我不能独自承受文王、武王的功业，而且为了后代，一旦他荒淫败坏而陷入危难，就可以拯救他。'到了夷王，恶疾缠身，诸侯无不遍祭境内的名山大川，为夷王的健康做祈祷。到了厉王，他的内心乖张暴虐，老百姓不能忍受，就让他住到彘地去。诸侯各自离开他们的职位，来参与王朝的政事。宣王知识开通，然后诸侯把王位奉还给了他。到了幽王，上天不保佑周朝，天子昏乱不顺，因此失去王位。携王触犯天命，诸侯废弃了他，立了继承人，因此迁都到郏鄏。这就是由于兄弟们能够为王室出力。到了惠王，上天不使周朝安定，使颓生出祸心，波及叔带。惠王、襄王避难，离开了国都。这时候就有晋国、郑国都来驱走不正派的人，以安定王室。这就是由于兄弟们能够遵先王的

靖周，生颓祸心，施于叔带，惠、襄辟难，越去王都。则有晋、郑，咸黜不端，以绥定王家。则是兄弟之能率先王之命也。在定王六年，秦人降妖，曰：'周其有頵王，亦克能脩其职。诸侯服享，二世共职。王室其有间王位，诸侯不图，而受其乱灾。'至于灵王，生而有。王甚神圣，无恶于诸侯。灵王、景王，克终其世。今王室乱，单旗、刘狄，剥乱天下，壹行不若。谓：'先王何常之有？唯余心所命，其谁敢请之？'帅群不吊之人，以行乱于王室。侵欲无厌，规求无度，贯渎鬼神，慢弃刑法，倍奸齐盟，傲很威仪，矫诬先王。晋为不道，是摄是赞，思肆其罔极。兹不穀震荡播越，窜在荆蛮，未有攸底。若我一二兄弟甥舅，奖顺天法，无助狡猾，

命令。在定王六年的时候，秦国人中降下妖孽，说：'周朝会有一个长胡子的天子，也能够完成自己的职分。使诸侯顺服而享有国家，两代谨守自己的职分。王室中有人觊觎王位，诸侯不为王室图谋，因而受到了动乱灾祸。'到了灵王，生下来就有胡子，他十分神奇聪明，对诸侯没有做什么不好的事。灵王、景王都能善始善终。现在王室动乱，单旗、刘狄搅乱天下，专门倒行逆施，说：'先王登位根据什么常规？我心里想立谁就立谁，有谁敢来讨伐？'他们带了一些不好的人，在王室中制造混乱。他们侵吞没有满足，贪求没有限度，惯于亵渎鬼神，轻慢抛弃刑法，违背、触犯盟约，蔑视礼制，诬蔑先王。晋国无道，对他们加以赞助，想要放纵他们永无满足的欲望。现在我动荡流离，逃窜到荆蛮，还没有归宿。如果我们一两位兄弟甥舅顺从上天的法度，不帮助狡猾之徒，以服从先王的命令，不招来上天的惩罚，除去我的忧虑，为我谋划，这就是我的愿望了。谨敢完全披露腹心和先王的命令，希望诸侯认真地考虑一下。从前先王的命令说：'王后没有嫡子，就选立年长的，年纪相当根据德行，德行相当根据占卜。'天子不立偏爱的孩子，公卿没有私心，这是古代的制度。穆后和

以从先王之命，毋速天罚，赦图不穀，则所愿也。敢尽布其腹心，及先王之经，实深图之。昔先王之命曰：'王后无适，则择立长。年钧以德，德钧以卜。'王不立爱，公卿无私，古之制也。穆后及大子寿早夭即世，单、刘赞私立少，以间先王，亦唯伯仲叔季图之！"

闵马父闻子朝之辞，曰："文辞以行礼也。子朝干景之命，远晋之大，以专其志，无礼甚矣，文辞何为？"

齐有彗星，齐侯使禳之。晏子曰："无益也，只取诬焉。天道不谄，不贰其命，若之何禳之？且天之有彗也，以除秽也。君无秽德，又何禳焉？若德之秽，禳之何损？《诗》曰：'惟此文王，小心翼翼，昭事上帝，聿怀多福。厥德不回，以受方国。'君无违德，

太子寿早年去世，单氏、刘氏偏私立了年幼的，来违犯先王的命令。请所有长于我或小于我的诸侯考虑一下。"

闵马父听到王子朝的辞令，说："文辞是用来实行礼的。子朝违背了周景王的命令，疏远晋国这个大国，一心一意想做天子，太不讲礼了，文辞有什么用处？"

齐国出现彗星，齐景公派人祭祀消灾。晏子说："没有益处的，只能招来欺骗。天道不可怀疑，不能使它有所差错，怎么能去祭祷？而且上天有彗星，是用来清除污秽的。君王没有污秽的德行，又祭祷什么？如果德行污秽，祭祷又能减轻什么？《诗》说：'这个文王，小心翼翼。隆重地事奉天帝，求取各种福禄，他的德行不违背天命，接受四方之国的拥戴。'君王没有违德的事，四方的国家将会来到，哪里怕有彗星？《诗》说：'我没有什么借鉴，要有就是夏后和商，他们

方国将至，何患于彗？《诗》曰：'我无所监，夏后及商。用乱之故，民卒流亡。'若德回乱，民将流亡，祝史之为，无能补也。"公说，乃止。

齐侯与晏子坐于路寝，公叹曰："美哉室！其谁有此乎？"晏子曰："敢问何谓也？"公曰："吾以为在德。"对曰："如君之言，其陈氏乎！陈氏虽无大德，而有施于民。豆区釜钟之数，其取之公也簿，其施之民也厚。公厚敛焉，陈氏厚施焉，民归之矣。《诗》曰：'虽无德与女，式歌且舞。'陈氏之施，民歌舞之矣。后世若少惰，陈氏而不亡，则国其国也已。"公曰："善哉！是可若何？"对曰："唯礼可以已之。在礼，家施不及国，民不迁，农不移，工贾不变，士不滥，官不滔，大夫不收公利。"公曰："善哉！

由于政事混乱，百姓终于流亡。'如果德行违背天命而引发混乱，百姓将要流亡，祝史的所作所为也于事无补。"齐景公很高兴，就停止了祭祷。

齐景公和晏子在路寝里坐着，齐景公赞叹说："多么漂亮的房子啊！谁会据有这里呢？"晏子说："请问，这是什么意思？"齐景公说："我认为在于有德行的人。"晏子说："像君王所说的，恐怕在于陈氏吧！陈氏虽然没有大的德行，然而对百姓有施舍：豆、区、釜、钟这几种量器的容积，从公田征税时就用小的，向百姓施舍时就用大的。您征税多，陈氏施舍多，百姓归向于他了。《诗》说：'虽然没有德行给予你，也应当且歌且舞。'陈氏的施舍，百姓已经为之歌舞了。您的后代如果稍稍怠惰，陈氏又如果不灭亡，他的封地就会变成国家了。"齐景公说："对啊！这可怎么办？"晏子回答说："只有礼可以制止这个，如果合礼，家族的施舍不能扩大到国内，百姓不迁移，农夫不挪动，工人、商人不改行，士不失职，官吏不怠慢，大夫不占取公家的利益。"齐景公说："对呀！我不能做到了。我从今以后开始知道礼能够用来治理国家了。"晏子回答说："礼可以治理国家，由来

我不能矣。吾今而后知礼之可以为国也。"对曰:"礼之可以为国也久矣。与天地并。君令臣共,父慈子孝,兄爱弟敬,夫和妻柔,姑慈妇听,礼也。君令而不违,臣共而不贰,父慈而教,子孝而箴;兄爱而友,弟敬而顺;夫和而义,妻柔而正;姑慈而从,妇听而婉:礼之善物也。"公曰:"善哉!寡人今而后闻此礼之上也。"对曰:"先王所禀于天地,以为其民也,是以先王上之。"

很久了,和天地相等。国君发令,臣下恭敬,父亲慈爱,儿子孝顺,哥哥仁爱,弟弟恭敬,丈夫和蔼,妻子温柔,婆婆慈爱,媳妇顺从,这是合于礼的。国君发令而没有错失,臣下恭敬而没有二心,父亲慈爱而教育儿子,儿子孝顺而规劝父亲,哥哥仁爱而友善,弟弟恭敬而顺服,丈夫和蔼而知义,妻子温柔而正直,婆婆慈爱而肯听从规劝,媳妇顺从而能委婉陈词,这又是礼中的好事情。"齐景公说:"对呀!我从今以后知道礼应当加以崇尚了。"晏子回答说:"先王从天地那里接受了礼以治理百姓,所以先王尊崇礼。"

五十、昭公二十八年
（阎没女宽谏魏献子）

二十八年春，公如晋，将如乾侯。子家子曰："有求于人，而即其安，人孰矜之？其造于竟。"弗听。使请逆于晋。晋人曰："天祸鲁国，君淹恤在外。君亦不使一个辱在寡人，而即安于甥舅，其亦使逆君？"使公复于竟而后逆之。

晋祁胜与邬臧通室，祁盈将执之，访于司马叔游。叔游曰："《郑书》有之：'恶直丑正，实蕃有徒。'无道立矣，子惧不免。《诗》曰：'民之多辟，无自立辟。'姑已，若何？"盈曰："祁氏私有讨，国何有焉？"遂执之。祁胜赂荀跞，荀跞为之言于晋侯，晋侯执祁盈。祁盈之臣曰：

二十八年春季，鲁昭公去晋国，将要到乾侯去。子家子说："有求于别人，而又跑去安安稳稳地住着，还有谁来同情您，还是到我国和晋国的边境上等着好。"昭公不听，派人请求晋国来人迎接。晋国人说："上天降祸鲁国，君王淹留在外，也不派个人来屈尊问候寡人，而是跑去安安稳稳地住在甥舅的国家里。难道还要派人到齐国迎接君王？"让昭公回到鲁国和齐国的边境上，然后派人迎接。

晋国的祁胜和邬臧互相和对方妻子通奸。祁盈准备逮捕他们，去问司马叔游。叔游说："《郑书》有这样的话：'嫉害正直，这样的人多的是。'无道的人在位，您恐怕不能免于祸患。《诗》说：'百姓的邪恶很多，自己不要再陷入邪恶了。'暂时不执行怎么样？"祁盈说："对祁氏私家的讨伐，和国家有什么关系？"于是就逮捕了他们。祁胜贿赂荀跞，荀跞为他在晋顷公面前说话。晋顷公逮捕了祁盈，祁盈的家臣说："同样是一起被杀，不如让我们主子听到祁胜

"钧将皆死，憗使吾君闻胜与臧之死以为快。"乃杀之。夏六月，晋杀祁盈及杨食我。食我，祁盈之党也，而助乱，故杀之。遂灭祁氏、羊舌氏。

初，叔向欲娶于申公巫臣氏，其母欲娶其党。叔向曰："吾母多而庶鲜，吾憗舅氏矣。"其母曰："子灵之妻杀三夫，一君、一子，而亡一国、两卿矣。可无憗乎？吾闻之：'甚美必有甚恶。'是郑穆少妃姚子之子，子貉之妹也。子貉早死，无后，而天钟美于是，将必以是大有败也。昔有仍氏生女，黰黑而甚美，光可以鉴，名曰玄妻。乐正后夔取之，生伯封，实有豕心，贪惏无餍，忿类无期，谓之封豕。有穷后羿灭之，夔是以不祀。且三代之亡，共子之废，皆是物也。女

和邬臧的死讯，我们也可以痛快一下。"就杀了这两个人。夏六月，晋顷公杀了祁盈和杨食我。杨食我是祁盈的党羽，并且帮着祁盈作乱，所以杀了他，于是就灭亡了祁氏、羊舌氏。

起初，叔向想要娶申公巫臣的女儿做妻子，他的母亲要他娶她的亲族。叔向说："我的母亲多而庶兄弟少，舅家女儿不易生子，我把要这作为鉴戒。"他的母亲说："巫臣的妻子杀死三个丈夫，一个国君，一个儿子，灭亡一个国家，使两个卿逃亡了，你能够不警戒吗？我听说：'很美丽必然有很丑恶的一面。'那个人是郑穆公少妃姚子的女儿，子貉的妹妹。子貉早死，没有后代，而上天把美丽集中在她身上，必然是要用她来大大地败坏事情。从前有仍氏生了一个女儿，头发稠密乌黑，十分漂亮，头发的光泽可以照见人影，名叫作'玄妻'。乐正后夔娶了她，生下伯封，心地和猪一样，贪婪没有满足，暴躁乖戾没有限度，人们叫他大猪。有穷后羿灭了他，夔因此而不能得到祭祀。而且夏、商、周三代的被灭亡，公子申生的被废，都是美色为害。你娶她做什么呢？有了特别美丽的女人，就完全可以使人改变。

何以为哉？夫有尤物，足以移人，苟非德义，则必有祸。"叔向惧，不敢取。平公强使取之，生伯石。伯石始生，子容之母走谒诸姑，曰："长叔姒生男。"姑视之，及堂，闻其声而还，曰："是豺狼之声也。狼子野心，非是，莫丧羊舌氏矣。"遂弗视。

秋，晋韩宣子卒，魏献子为政。分祁氏之田以为七县，分羊舌氏之田以为三县。司马弥牟为邬大夫，贾辛为祁大夫，司马乌为平陵大夫，魏戊为梗阳大夫，知徐吾为涂水大夫，韩固为马首大夫，孟丙为盂大夫，乐霄为铜鞮大夫，赵朝为平阳大夫，僚安为杨氏大夫。谓贾辛、司马乌为有力于王室，故举之。谓知徐吾、赵朝、韩固、魏戊，余子之不失职，能守

如果不是极有道德正义的人娶了她，就必然有祸。"叔向害怕，不敢娶了。晋平公强迫叔向娶了她，生了伯石。伯石刚生下来，子容的母亲便跑去告诉婆婆，说："大弟媳妇生了个男孩。"叔向的母亲走去看，走到堂前，听到孩子的哭声就往回走，说："这是豺狼的声音。豺狼似的男子，必然有野心。如果不是这个人，就没有人会毁掉羊舌氏了。"于是就不去看他。

秋季，晋国的韩宣子死了，魏献子执政。把祁氏的土田分割为七个县，把羊舌氏的土田分割为三个县。司马弥牟做邬大夫，贾辛做祁大夫，司马乌做平陵大夫，魏戊做梗阳大夫，知徐吾做涂水大夫，韩固做马首大夫，孟丙做盂大夫，乐霄做铜鞮大夫，赵朝做平阳大夫，僚安做杨氏大夫。魏献子认为贾辛、司马乌曾经给王室出过力，所以举拔他们。认为知徐吾、赵朝、韩固、魏戊是卿的庶子中不失职，能够保守家业的人。另外四个人都先接受县的职务，然后进见魏献子，都是由于贤能而加以举拔的。

业者也。其四人者，皆受县而后见于魏子，以贤举也。

魏子谓成鱄："吾与戊也县，人其以我为党乎？"对曰："何也？戊之为人也，远不忘君，近不偪同，居利思义，在约思纯，有守心而无淫行。虽与之县，不亦可乎？昔武王克商，光有天下。其兄弟之国者十有五人，姬姓之国者四十人，皆举亲也。夫举无他，唯善所在，亲疏一也。《诗》曰：'唯此文王，帝度其心。莫其德音，其德克明。克明克类，克长克君。王此大国，克顺克比。比于文王，其德靡悔。既受帝祉，施于孙子。'心能制义曰度，德正应和曰莫，照临四方曰明，勤施无私曰类，教诲不倦曰长，赏庆刑威曰君，慈和遍服曰顺，择善而从之曰比，经纬天地曰

魏献子对成鱄说："我把一个县给了戊，别人会以为我偏袒他吗？"成鱄回答说："哪里会呢？"戊的为人，远不忘国君，近不逼同事，处在有利的地位上想着道义，处在贫困之中想着保持操守，有兢兢业业之心而没有过度的行动，即使给了他一个县，不也是可以的吗！从前武王战胜商朝，广有天下，他的兄弟领有封国的有十五人，姬姓领有封国的有四十人，都是举拔的亲属。举拔没有别的条件，只要是善的所在，亲密、疏远都是一样的。《诗》说：'只有这位文王，上帝审度了他的内心，认定了他的美德名声。他的德行在于是非明辨，是非明辨就能为善，就能为人师长做人君主，成为这个大国的君主，能使四方顺服。与文王一样，他的德行，从没有悔恨。既承受了上帝的福佑，还要延及到他的子子孙孙。'内心能制约于道义叫作'度'，德行端正反应和谐叫作'莫'，光照四方叫作'明'，勤于施舍没有私心叫作'类'，教导别人不知疲倦叫作'长'，严明赏罚显示威严叫作'君'，慈祥和顺使别人归服叫作'顺'，选择好的跟从叫作'比'，

文。九德不愆，作事无悔，故袭天禄，子孙赖之。主之举也，近文德矣，所及其远哉！"

贾辛将适其县，见于魏子。魏子曰："辛来！昔叔向适郑，鬷蔑恶，欲观叔向，从使之收器者而往，立于堂下，一言而善。叔向将饮酒，闻之，曰：'必鬷明也。'下，执其手以上，曰：'昔贾大夫恶，娶妻而美，三年不言不笑，御以如皋，射雉，获之。其妻始笑而言。贾大夫曰："才之不可以已，我不能射，女遂不言不笑夫！"今子少不扬，子若无言，吾几失子矣。言不可以已也如是。'遂知故在。今女有力于王室，吾是以举女。行乎！敬之哉！毋堕乃力！"

仲尼闻魏子之举也，以为义，曰："近不失亲，远不失举，可谓义

用天地作经纬叫作'文'。这九种德行不出过错，做事情就没有悔恨，所以承袭上天的福禄，以利于子子孙孙。现在您的举拔已经接近文王的德行了，影响会很深远的啊！"

贾辛将要到他的县里去，进见魏献子。魏献子说："辛，过来！从前叔向到郑国去，鬷蔑长得丑，想要观察叔向，就跟着收拾器皿的人前去，而站在堂下，说了一句话，说得很好。叔向正要喝酒，听到了鬷蔑的话，说：'这一定是鬷蔑。'走下堂来，拉着他的手上堂，说：'从前贾大夫长得丑，娶了个妻子却很美，三年不说不笑。贾大夫为她驾着车子去到沼泽地，射野鸡，射中了，她才笑着说话。贾大夫说："本事是不能没有的，我要是不能射箭，你就不说不笑了啊！"现在您的外貌不扬，您如果再不说话，我就几乎错过和您见面的机会了。话不能不说，就像这样。'两个人就像老朋友一样。现在你为王室出了力，我因此举拔你。动身吧！保持着恭敬，不要损毁了你的功劳。"

孔子听到魏献子举拔的事，认为合于道义，说："举拔近的而不失去亲族，举拔远的而不失去应当举拔的人，可以

矣。"又闻其命贾辛也，以为忠："《诗》曰：'永言配命，自求多福'，忠也。魏子之举也义，其命也忠，其长有后于晋国乎！"

冬，梗阳人有狱，魏戊不能断，以狱上。其大宗赂以女乐，魏子将受之。魏戊谓阎没、女宽曰："主以不贿闻于诸侯，若受梗阳人，贿莫甚焉。吾子必谏。"皆许诺。退朝，待于庭。馈入，召之。比置，三叹。既食，使坐。魏子曰："吾闻诸伯叔，谚曰：'唯食忘忧。'吾子置食之间三叹，何也？"同辞而对曰："或赐二小人酒，不夕食。馈之始至，恐其不足，是以叹。中置，自咎曰：'岂将军食之，而有不足？'是以再叹。及馈之毕，愿以小人之腹为君子之心，属厌而已。"献子辞梗阳人。

说是合于道义了。"又听说他命令贾辛的话，认为这体现了忠诚，说："《诗》说，'要永远符合于天命，要自己求取各种福禄'，这是忠诚。魏子举拔合于道义，他的命令又体现了忠诚，恐怕他的后代会在晋国长享禄位吧！"

冬季，梗阳人有诉讼，魏戊不能判断，把案件上报给魏献子。诉讼一方的大宗把女乐送给魏献子，魏献子准备接受。魏戊对阎没、女宽说："主人以不接受贿赂闻名于诸侯，如果收下梗阳人的女乐，就没有比这再大的贿赂了。您二位一定要劝谏。"两个人都答应了。退朝以后，二人在庭院里等待。送饭菜进来，魏献子叫他们吃饭。等到摆上饭菜，两个人三次叹气。吃完了，让他们坐下。魏献子说："我听我伯父、叔父说过：'吃饭的时候要忘记忧愁。'您二位在摆上饭菜的时候三次叹气，为什么？"两个人异口同声地说："有人把酒赐给我们两个小人，昨天没有吃晚饭。饭菜刚送到，我们恐怕不够吃，所以叹气。上菜上了一半，就责备自己说：'难道将军会让我们吃饭不够吃？'因此再次叹气。等到饭菜上完，我们愿意把小人的肚子作为君子的内心，刚刚满足就行了。"魏献子就辞谢了梗阳人的贿赂。

五十一、昭公二十九年 （蔡墨论龙）

二十九年春，公至自乾侯，处于郓。齐侯使高张来唁公，称主君。子家子曰："齐卑君矣，君只辱焉。"公如乾侯。

三月己卯，京师杀召伯盈、尹氏固及原伯鲁之子。尹固之复也，有妇人遇之周郊，尤之，曰："处则劝人为祸，行则数日而反，是夫也，其过三岁乎？"

夏五月庚寅，王子赵车入于鄻以叛，阴不佞败之。

平子每岁贾马，具从者之衣屦，而归之于乾侯。公执归马者，卖之，乃不归马。卫侯来献其乘马曰启服，堑而死，公将为之椟。子家子曰："从者病矣，请以食之。"乃以帏裹之。

二十九年春季，昭公从乾侯来，住在郓地。齐景公派高张来慰问昭公，称他为主君。子家子说："齐国轻视君王了，君王只是自取耻辱。"昭公就去了乾侯。

二月十三日，京城里杀了召伯盈、尹氏固和原伯鲁的儿子。尹氏固回去复位的时候，有个女人在成周郊外碰上他，责备他，说："待着就怂恿别人惹祸，出去了几天就又回来，这个人啊，难道能活过三年吗？"

夏五月二十五日，王子赵车跑到鄻地而叛变，阴不佞打败了他。

季平子每年都会买马，准备好随从人员的衣服鞋子，送到乾侯去。昭公逮捕了送马的人，卖掉了马。于是平子就不再送马去了。卫灵公前来奉献他自己驾车的马，名叫启服，掉进坑里死了。昭公打算把马装进棺材埋起来，子家子说："随从的人生病了，请让他们把马吃了吧。"于是就用破帷幕包着死马埋了。

公赐公衍羔裘，使献龙辅于齐侯，遂入羔裘。齐侯喜，与之阳谷。公衍、公为之生也，其母偕出。公衍先生，公为之母曰："相与偕出，请相与偕告。"三日，公为生，其母先以告，公为为兄。公私喜于阳谷而思于鲁，曰："务人为此祸也。且后生而为兄，其诬也久矣。"乃黜之，而以公衍为大子。

秋，龙见于绛郊。魏献子问于蔡墨曰："吾闻之，虫莫知于龙，以其不生得也。谓之知，信乎？"对曰："人实不知，非龙实知。古者畜龙，故国有豢龙氏，有御龙氏。"献子曰："是二氏者，吾亦闻之，而知其故，是何谓也？"对曰："昔有飂叔安，有裔子曰董父，实甚好龙，能求其耆欲以饮食

昭公把羔羊皮赐给公衍，派他把有龙纹的美玉献给齐景公，把羔羊皮也一起奉献。齐景公很高兴，给了他阳谷。公衍、公为出生的时候，他们的母亲一起出去住在产房里。公衍先出生，公为的母亲说："我们一起出来，就一起去报喜。"过了三天，公为出生了。公为的母亲先去报告，公为就做了哥哥。昭公心里对得到阳谷很高兴，而又想起鲁国的这段往事，说："公为惹起了这场祸事。而且出生在后而做哥哥，这欺骗得也很久了。"就废了公为，而把公衍立为太子。

秋季，龙出现在绛地郊外。魏献子问蔡墨说："我听说，虫类没有比龙再聪明的了，因为它不能被人活捉。认为它聪明，是这样吗？"蔡墨说："实在是人不聪明，不是龙聪明，古代有人养龙，所以国内有豢龙氏、御龙氏。"献子说："这两家，我也听说过，但不知道他们的来历，这是说的什么呢？"蔡墨回答说："过去有飂国的国君叔安，有一个后代叫董父，很喜欢龙，能够了解龙的嗜好、要求来喂养它们，龙去他那里的很多，于是他就驯服、饲养龙，用来伺候帝舜。帝舜赐他姓叫董，氏叫

之，龙多归之。乃扰畜龙，以服事帝舜。帝赐之姓曰董，氏曰豢龙。封诸鬷川，鬷夷氏其后也。故帝舜氏世有畜龙。及有夏孔甲，扰于有帝，帝赐之乘龙，河、汉各二，各有雌雄，孔甲不能食，而未获豢龙氏。有陶唐氏既衰，其后有刘累，学扰龙于豢龙氏，以事孔甲，能饮食之。夏后嘉之，赐氏曰御龙，以更豕韦之后。龙一雌死，潜醢以食夏后。夏后飧之，既而使求之。惧而迁于鲁县，范氏其后也。"献子曰："今何故无之？"对曰："夫物，物有其官，官修其方，朝夕思之。一日失职，则死及之。失官不食。官宿其业，其物乃至。若泯弃之，物乃坻伏，郁湮不育。故有五行之官，是谓五官。实列受氏姓，封为上公，祀为贵神。社稷五祀，是尊是奉。木正

豢龙，封他在鬷川，夷氏就是他的后代。所以帝舜氏世世代代有养龙的。到了夏代国君孔甲，顺服天帝，天帝赐给他驾车的龙，黄河、汉水各两条，各有一雌一雄。孔甲不能饲养，而且又没有找到豢龙氏。有陶唐氏已经衰落，后来又有刘累向豢龙氏学习驯龙，以此事奉孔甲，能够饲养这几条龙。孔甲嘉奖他，赐氏叫御龙氏，用他代替豕韦的后代。一条雌龙死了，刘累偷偷地剁成肉酱给孔甲吃，孔甲吃了，后来又让刘累再找来吃。刘累害怕而迁移到鲁县，范氏就是他的后代。"献子说："现在为什么没有了？"蔡墨回答说："事物都有管理它的官吏，官吏修治管理方法，早晚都考虑这些事。一旦失职，就要丢掉性命。丢了官就不能吃公家的俸禄。官员老是从事这方面的工作，所管的事物才会来到。如果丢弃它们，事物就自己潜伏，抑郁不能成长。因此有职掌五行的官员，这叫作五官，一代一代继承姓氏，封爵上公，祭祀贵神。在土地神、五谷神和五行之神的祭祀中，对他们进行尊敬崇奉。木官之长叫句芒，火官之长叫祝融，金官之长叫蓐收，水官之长叫玄冥，土官之长叫后土。龙，属于水生的生物，水官废弃了，所以龙不能被人活捉。否则，《周易》《乾》卦初九《爻辞》说'潜伏的

曰句芒，火正曰祝融，金正曰蓐收，水正曰玄冥，土正曰后土。龙，水物也。水官弃矣，故龙不生得。不然，《周易》有之，在《乾》之《姤》，曰：'潜龙勿用。'其《同人》曰：'见龙在田。'其《大有》曰：'飞龙在天。'其《夬》曰：'亢龙有悔。'其《坤》曰：'见群龙无首，吉。'《坤》之《剥》曰：'龙战于野。'若不朝夕见，谁能物之？"献子曰："社稷五祀，谁氏之五官也？"对曰："少皞氏有四叔，曰重、曰该、曰修、曰熙，实能金、木及水。使重为句芒，该为蓐收，修及熙为玄冥，世不失职，遂济穷桑，此其三祀也。颛顼氏有子曰犁，为祝融；共工氏有子曰句龙，为后土，此其二祀也。后土为社；稷，田正也。有烈山氏之子曰柱为稷，自夏以上祀之。周弃亦

龙不被使用'；九二《爻辞》说，'活着的龙在土田里'；九五《爻辞》说'飞舞的龙在天上'；上九《爻辞》说'伸直身子的龙有所悔恨'；用九《爻辞》说：'见到群龙没有首领，吉利'；《坤》卦变成《剥》卦说'龙在野外战斗'。如果不是早晚都能见到，谁能够说出它们的状态？"献子说："土地神、五谷神庙里的五种祭祀，是哪一代帝王的五官？"蔡墨回答说："少皞氏有四个叔父，叫重、叫该、叫修、叫熙，能够管理金、木和水。派重做句芒，该做蓐收，修和熙做玄冥。世世代代不失职守，帮助穷桑氏成功，这是其中的三种祭祀。颛顼氏有个儿子叫犁，做了祝融，共工氏有个儿子叫句龙，做了后土，这是其中的两种祭祀。后土做了土地神。五谷神，是管理土田的官员之长。有烈山氏的儿子叫柱，做了谷神，夏朝以上都祭祀他。周朝的弃也做了五谷神，从商朝以来祭祀他。"

为稷，自商以来祀之。”

冬，晋赵鞅、荀寅帅师城汝滨，遂赋晋国一鼓铁，以铸刑鼎，著范宣子所为刑书焉。

仲尼曰："晋其亡乎！失其度矣。夫晋国将守唐叔之所受法度，以经纬其民，卿大夫以序守之。民是以能尊其贵，贵是以能守其业。贵贱不愆，所谓度也。文公是以作执秩之官，为被庐之法，以为盟主。今弃是度也，而为刑鼎，民在鼎矣，何以尊贵？贵何业之守？贵贱无序，何以为国？且夫宣子之刑，夷之蒐也，晋国之乱制也，若之何以为法？蔡史墨曰："范氏、中行氏其亡乎！中行寅为下卿，而干上令，擅作刑器，以为国法，是法奸也。又加范氏焉，易之，亡也。其及赵氏，赵孟与焉。然不得已，若德，可以免。"

冬季，晋国的赵鞅、荀寅带兵在汝水岸边筑城，于是向晋国的百姓征收了四百八十斤铁，用来铸造刑鼎，在鼎上铸着范宣子所制定的刑书。

孔子说："晋国恐怕要灭亡了吧！它失掉了它的法度了。晋国应该以唐叔传下来的法度作为百姓的准则，卿大夫按照他们的位次来维护它，百姓才能尊敬贵人，贵人因此能保守他们的家业。贵贱的差别没有错乱，这就是所谓的法度。文公因此设立执掌官职位次的官员，在被庐制定法律，以此成为盟主。现在废弃这个法令，而铸造了刑鼎，百姓都能看到鼎上的条文，还用什么来尊敬贵人？贵人还有什么家业可以保守？贵贱没有次序，还怎么治理国家？而且范宣子的刑书是在夷地检阅时制定的，是违犯晋国旧礼的乱法，怎么能把它当成法律呢？"蔡史墨说："范氏、中行氏恐怕要灭亡了吧！中行寅是下卿，但违反上面的命令，擅自铸造刑鼎，以此为国家的法律，这是法令的罪人。又加上范氏改变被庐制定的法律，这就要灭亡了。恐怕还要牵涉到赵氏，因为赵孟也参与了。但赵孟出于不得已，如果修养德行，可以免于祸患。"

五十二、定公四年
（申包胥如秦乞师）

四年春三月，刘文公合诸侯于召陵，谋伐楚也。

晋荀寅求货于蔡侯，弗得。言于范献子曰："国家方危，诸侯方贰，将以袭敌，不亦难乎！水潦方降，疾疟方起，中山不服，弃盟取怨，无损于楚，而失中山，不如辞蔡侯。吾自方城以来，楚未可以得志，只取勤焉。"乃辞蔡侯。

晋人假羽旄于郑，郑人与之。明日，或旆以会。晋于是乎失诸侯。

将会，卫子行敬子言于灵公曰："会同难，啧有烦言，莫之治也。其使祝佗从！"公曰："善。"乃使子鱼。子鱼辞，曰："臣展四体，

四年春三月，刘文公在召陵会合诸侯，这是为了策划攻打楚国。

晋国的荀寅向蔡侯求取财货，没有得到，就对范献子说："国家正处于危急，诸侯怀有二心。打算在这种情况下袭击敌人，不是很困难吗？大雨正在下着，疟疾正在流行，中山不臣服，抛弃盟约而招来怨恨，对楚国没有什么损害，反而失去了中山，不如辞谢蔡侯。我们自从方城那次战役以来，到现在还不见得能在楚国得志，出兵只是白费力气。"于是就辞谢了蔡侯。

晋国人向郑国借用装饰旌旗的羽毛，郑国人给了他们。第二天，晋国人把羽毛装饰在旗杆顶上去参加会，晋国就因此失掉了诸侯的拥护。

将要举行会见，卫国的子行敬子对卫灵公说："朝会难得达到预期的目的，有分歧又争论不休，这就不好办了。是不是让祝佗跟随，参与会见呢？"卫灵公说："好。"就派祝佗跟着去了。祝

以率旧职，犹惧不给而烦刑书，若又共二，徼大罪也。且夫祝，社稷之常隶也。社稷不动，祝不出竟，官之制也。君以军行，祓社衅鼓，祝奉以从，于是乎出竟。若嘉好之事，君行师从，卿行旅从，臣无事焉。"公曰："行也。"

及皋鼬，将长蔡于卫。卫侯使祝佗私于苌弘曰："闻诸道路，不知信否。若闻蔡将先卫，信乎？"苌弘曰："信。蔡叔，康叔之兄也，先卫，不亦可乎？"子鱼曰："以先王观之，则尚德也。昔武王克商，成王定之，选建明德，以蕃屏周。故周公相王室，以尹天下，于周为睦。分鲁公以大路，大旂，夏后氏之璜，封父之繁弱，殷民六族，条氏、徐氏、萧氏、索氏、长勺氏、尾勺氏。使帅其宗氏，

佗辞谢，说："下臣竭力从事工作，以继承先人的职位，尚且怕完不成任务而得到罪过，如果又从事第二种职务，就会获得大罪了。况且太祝是土地神和五谷神经常使唤的小臣。土地神和五谷神不出动，神灵不出动，太祝不出国境，这是规定的制度。君王率领军队出征，祭祀神庙杀牲衅鼓，太祝这才走出国境。如果是朝会一类的好事，国君出去有一师人马跟随，卿出去有一旅人马跟随，下臣是不能参与的。"卫灵公说："去吧！"

到达皋鼬，打算把蔡国安排在卫国前面歃血。卫灵公派祝佗私下对苌弘说："在道路上听到，不知是否确实，听说把蔡国安排在卫国之前歃血，真的吗？"苌弘说："确实。蔡叔，是康叔的哥哥，把位次排在卫国之前，不也是可以的吗？"祝佗说："用先王的标准来看，是尊重德行。从前武王战胜商朝，成王平定天下，选择有明德的人分封，把他们作为保卫周朝的藩篱屏障。所以周公辅佐王室，以治理天下，诸侯也和周朝和睦相处。分赐给鲁公大路、大旂，夏后氏的璜玉，封父的良弓，还有殷朝的六个家族：条氏、徐氏、萧氏、索氏、长勺氏、尾勺氏，让他们率领本宗族，集合其余的小宗族，统治六族的奴隶，来服从周公的法度，由此归附周朝听取

辑其分族，将其类丑，以法则周公，用即命于周。是使之职事于鲁，以昭周公之明德。分之土田陪敦，祝、宗、卜、史，备物、典策，官司、彝器。因商奄之民，命以《伯禽》，而封于少皞之虚。分康叔以大路、少帛、綪茷、旃旌、大吕，殷民七族，陶氏、施氏、繁氏、锜氏、樊氏、饥氏、终葵氏；封畛土略，自武父以南，及圃田之北竟，取于有阎之土，以共王职。取于相土之东都，以会王之东蒐。聘季授土，陶叔授民，命以《康诰》，而封于殷虚。皆启以商政，疆以周索。分唐叔以大路，密须之鼓，阙巩，沽洗，怀姓九宗，职官五正。命以《唐诰》，而封于夏虚，启以夏政，疆以戎索。三者皆叔也，而有令德，故昭之以分物。不然，文、武、成康、之伯犹多，

命令。这是让他在鲁国执行职务，以宣扬周公的明德。分赐给鲁国的附庸小国，太祝、宗人、太卜、太史，服用器物、典籍简册、百官、彝器。安抚商奄的百姓，用《伯禽》来告诫他们，而封在少皞的故城。分赐给康叔大路、少白、綪茷、旃旌、大吕，还有殷朝的七个家族：陶氏、施氏、繁氏、锜氏、樊氏、饥氏、终葵氏，封疆边界，从武父以南到达圃田北界，从有阎氏那里取得了土地，以担负王室任命的职务。取得了相土的东都，以协助天子在东方巡视。聘季授予土地，陶叔授予百姓，用《康诰》来告诫他，而封在殷朝的故城。鲁公和康叔都沿用商朝的政事，而按照周朝的制度来划定疆土。分赐给唐叔大路、密须的鼓、阙巩的甲、沽洗，还有怀姓的九个宗族，五正的职官，用《唐诰》来告诫他，而封在夏朝的故城。唐叔沿用夏朝的政事，用戎人的制度来划定疆土。这三个人都是天子的兄弟而有美好的德行，所以分赐东西来为他们宣扬德行。不这样，文王、武王、成王、康王的兄长还有很多，而没有得到这些分赐，就因为不是崇尚年龄。管叔、蔡叔引诱商人，策划侵犯王室。天子因此杀了管叔而放逐蔡叔，给了蔡叔七辆车子，七十个奴隶。蔡叔的儿子蔡仲改恶从善，周公举拔他，作

而不获是分也，唯不尚年也。管蔡启商，惎间王室。王于是乎杀管叔而蔡蔡叔，以车七乘，徒七十人。其子蔡仲，改行帅德，周公举之，以为己卿士。见诸王而命之以蔡，其命书云：'王曰：胡！无若尔考之违王命也。'若之何其使蔡先卫也？武王之母弟八人，周公为大宰，康叔为司寇，聃季为司空，五叔无官，岂尚年哉！曹，文之昭也；晋，武之穆也。曹为伯甸，非尚年也。今将尚之，是反先王也。晋文公为践土之盟，卫成公不在，夷叔，其母弟也，犹先蔡。其载书云：'王若曰，晋重、鲁申、卫武、蔡甲午、郑捷、齐潘、宋王臣、莒期。'藏在周府，可覆视也。吾子欲覆文、武之略，而不正其德，将如之何？"苌弘说，告刘子，与范献子谋之，

为自己的卿士。让他拜见天子，天子命令他做了蔡侯。任命书说：'天子说：胡，不要像你父亲那样违背天子的命令！'怎么能让蔡国在卫国之前歃血呢？武王的同母兄弟八个人，周公做太宰，康叔做司寇，聃季做司空，五个叔父没有官职，难道是崇尚年龄吗？曹国，是文王的后代。晋国，是武王的后代。曹国以伯爵作为甸服，并不是由于尊崇年龄。现在要尊崇它，这就是违反先王的遗制。晋文公召集践土的盟会，卫成公不在场，夷叔，是他的同母兄弟，尚且列在蔡国之前。盟书说：'天子说：晋国的重、鲁国的申、卫国的武、蔡国的甲午、郑国的捷、齐国的潘、宋国的王臣、莒国的期。'藏在成周的府库里，这是可以查看的。您想要恢复文王、武王的法度，而不端正自己的德行，要怎么办呢？"苌弘很高兴，告诉了刘子，和范献子商量之后，就在结盟时让卫侯在蔡侯之前歃血。

乃长卫侯于盟。

反自召陵，郑子大叔未至而卒。晋赵简子为之临，甚哀，曰："黄父之会，夫子语我九言，曰：'无始乱，无怙富，无恃宠，无违同，无敖礼，无骄能，无复怒，无谋非德，无犯非义。'"

沈人不会于召陵，晋人使蔡伐之。夏，蔡灭沈。

秋，楚为沈故，围蔡。伍员为吴行人以谋楚。楚之杀郤宛也，伯氏之族出。伯州犁之孙嚭为吴大宰以谋楚。楚自昭王即位，无岁不有吴师。蔡侯因之，以其子乾与其大夫之子为质于吴。

冬，蔡侯、吴子、唐侯伐楚。舍舟于淮汭，自豫章与楚夹汉。左司马戌谓子常曰："子沿公汉而与之上下，我悉方城外以毁其舟，还塞

郑国的子太叔从召陵回国，没有回到国内就死了。晋国的赵简子吊丧号哭，很悲哀，说："黄父那次会见，他老人家对我说了九句话，说：'不要发动祸乱，不要凭借富有，不要仗恃宠信，不要违背共同的意愿，不要傲视有礼的人，不要自负有才能，不要为同一事情再次发怒，不要谋划不合道德的事，不要触犯不合正义的事。'"

沈国人不参加在召陵的会见，晋国人让蔡国人进攻沈国。夏季，蔡国灭亡了沈国。

秋季，楚国由于沈国被灭亡的缘故，包围了蔡国。伍员作为吴国的外交官，策划对付楚国。当楚国杀死郤宛的时候，伯氏的族人逃往国外。伯州犁的孙子伯嚭担任了吴国的宰相，也在策划对付楚国。楚国自从昭王即位以后，没有一年不和吴国交战，蔡昭侯仗着这个，把他的儿子乾和一个大夫的儿子放在吴国作为人质。

冬季，蔡昭侯、吴王阖庐、唐成公联合发兵进攻楚国。他们把船停在淮河边上，从豫章进发，和楚军隔着汉水对峙。楚国司马沈尹戌对子常说："您沿着汉水和他们上下周旋，我带领方城山之外的全部人马来毁掉他们的船只，回

大隧、直辕、冥阨，子
济汉而伐之，我自后击
之，必大败之。"既谋
而行。武城黑谓子常曰：
"吴用木也，我用革也，
不可久也。不如速战。"
史皇谓子常："楚人恶
而好司马，若司马毁吴
舟于淮，塞城口而入，
是独克吴也。子必速战，
不然不免。"乃济汉而陈，
自小别至于大别。三战，
子常知不可，欲奔。史
皇曰："安求其事，难
而逃之，将何所入？子
必死之，初罪必尽说。"

十一月庚午，二师
陈于柏举。阖庐之弟夫
概王，晨请于阖庐曰：
"楚瓦不仁，其臣莫有
死志，先伐之，其卒必奔。
而后大师继之，必克。"
弗许。夫概王曰："所
谓'臣义而行，不待命'
者，其此之谓也。今日
我死，楚可入也。"以
其属五千，先击子常之

来时再堵塞大隧、直辕、冥阨。这时，
您渡过汉水进攻，我从后面夹击，必定
把他们打得大败。"商量完就出发了。
楚国武城黑对子常说："吴国人用木头
制的战车，我们用皮革蒙的战车，天雨
不能持久，不如速战速决。"史皇对子
常说："楚国人讨厌您而喜欢司马。如
果沈司马在淮河边上毁掉了吴国的船，
堵塞了城口回来，这是他一个人战胜了
吴军。您一定要速战速决。不这样，就
不能免于祸难。"于是子常就渡过汉水
摆开阵势，从小别山直到大别山。打
了三仗，子常知道不行，想逃走。史
皇说："平平安安，您争着当权；国
家有了祸难就逃避，您打算到哪里去？
您一定要拼命打这一仗，以前的罪过
必然可以全部免除。"

十一月十八日，吴、楚吴两军在伯
举摆开阵势。吴王阖庐的兄弟夫概王早
晨请求阖庐说："楚国的令尹子常不仁，
他的部下没有死战的决心。我们抢先进
攻，他们的士兵必定奔逃，然后大部队
跟上去，必然得胜。"阖庐不答应。夫
概王说："所谓'臣下合于道义就去做，
不必等待命令'，说的就是这个吧！今
天我拼命作战，便可以攻进楚国去了。"
于是，夫概王带着他的部下五千人，抢
先攻打子常的队伍。子常的士兵奔逃，

卒。子常之卒奔，楚师乱，吴师大败之。子常奔郑。史皇以其乘广死。

吴从楚师，及清发，将击之。夫概王曰："困兽犹斗，况人乎？若知不免而致死，必败我。若使先济者知免，后者慕之，蔑有斗心矣。半济而后可击也。"从之。又败之。楚人为食，吴人及之，奔。食而从之，败诸雍澨。五战及郢。己卯，楚子取其妹季芈畀我以出，涉睢。鍼尹固与王同舟，王使执燧象以奔吴师。庚辰，吴入郢，以班处宫。子山处令尹之宫，夫概王欲攻之，惧而去之，夫概王入之。

左司马戌及息而还，败吴师于雍澨，伤。初，司马臣阖庐，故耻为禽焉。谓其臣曰："谁能免吾首？"吴句卑曰："臣

楚军乱了阵脚，吴军大败楚军。子常逃亡到郑国。史皇带着子常的兵车战死。

吴军追赶楚军，到达清发，准备发动攻击。夫概王说："被困的野兽还要争斗，何况人呢？如果楚军明知不免于死亡而同我们拼命，必然会打败我们。如果让先渡过河的楚军感到可以逃脱，后边的人也全羡慕他们，楚军就没有斗志了。他们渡过一半才可以攻击。"吴军听了他的话，又一次打败楚军。楚军做饭时，吴军又赶到了，楚军奔逃。吴军吃完楚军做的饭，又继续追击，在雍澨打败了楚军。经过五次战斗，吴军到达楚国的郢都。十一月二十八日，楚王带了他妹妹季芈畀我逃出郢都，徒步渡过睢水。鍼尹固和楚王同船，楚昭王让鍼尹固驱赶尾巴上点火的大象冲入吴军。二十九日，吴军进入郢都，按照上下次序分别住在楚国宫室里。吴王阖庐的儿子子山住进了令尹府，夫概王想要攻打他，子山害怕，离开了，夫概王就住进了令尹府。

左司马沈尹戌到达息地就往回退兵，在雍澨打败吴军，负了伤。当初，左司马曾经做过阖庐的臣下，所以把被吴军俘虏看成羞耻，对他的部下说："谁能让吴国人得不到我的脑袋？"吴句卑

贱可乎？"司马曰："我实失子，可哉！"三战皆伤，曰："吾不用也已。"句卑布裳，到而裹之，藏其身而以其首免。

楚子涉睢，济江，入于云中。王寝，盗攻之，以戈击王。王孙由于以背受之。中肩。王奔郧，钟建负季芈以从，由于徐苏而从。郧公辛之弟怀将弑王，曰："平王杀吾父，我杀其子，不亦可乎？"辛曰："君讨臣，谁敢仇之？君命，天也，若死天命，将谁仇？《诗》曰：'柔亦不茹，刚亦不吐，不侮矜寡，不畏强御。'唯仁者能之。违强陵弱，非勇也。乘人之约，非仁也。灭宗废祀，非孝也。动无令名，非知也。必犯是，余将杀女。"斗辛与其弟巢以王奔随。吴人从之，谓随人曰："周之子孙在汉川者，

说："下臣卑贱，可以担当这任务吗？"司马说："我过去竟然没重视您，您行啊！"司马三次战斗都负了伤，说："我不行了。"句卑展开裙子，割下沈司马的脑袋包裹起来，藏好尸体，便带着他的头逃走了。

楚昭王渡过睢水，渡过长江，进入云梦泽。楚昭王睡觉时，强盗袭击了他，用戈刺击楚昭王。王孙由于用背去挡，被击中了肩膀。楚昭王逃到郧地，钟建背着季芈跟随着。王孙由于慢慢苏醒过来以后，也跟了上去。郧公辛的弟弟怀准备杀死楚昭王，说："平王杀了我父亲，我杀死他的儿子，不也是可以的吗？"辛说："国君讨伐臣下，谁敢仇恨他？国君的命令是上天的意志。如果死于天意，您打算仇恨谁？《诗》说，'软的不吞下，硬的不吐掉。不欺鳏寡，不畏强暴'，只有仁爱的人才能做到。逃避强大，欺凌弱小，这不是勇；乘人之危，这不是仁；灭亡宗族，废弃祭祀，这不是孝；举动没有正当的名义，这不是聪明。你要是一定要这样做，我就先杀死你。"斗辛就和他的弟弟巢护卫着楚昭王逃亡到随国。吴国人追赶楚昭王，吴王派人对随国国君说："周朝封在汉水一带的子孙，全都都楚国灭了。上天的意志，降罚于楚国，而您又把楚君藏匿

楚实尽之。天诱其衷，致罚于楚，而君又窜之。周室何罪？君若顾报周室，施及寡人，以奖天衷，君之惠也。汉阳之田，君实有之。"楚子在公宫之北，吴人在其南。子期似王，逃王，而己为王，曰："以我与之，王必免。"随人卜与之，不吉。乃辞吴曰："以随之辟小而密迩于楚，楚实存之，世有盟誓，至于今未改。若难而弃之，何以事君？执事之患，不唯一人。若鸠楚竟，敢不听命。"吴人乃退。鬷金初宦于子期氏，实与随人要言。王使见，辞，曰："不敢以约为利。"王割子期之心，以与随人盟。

初，伍员与申包胥友。其亡也，谓申包胥曰："我必复楚国。"申包胥曰："勉之！子能复之，我必能兴之。"及昭王在随，申包胥如

起来。周室有什么罪？您如果报答周室的恩惠。波及寡人，完成天意，这是您的恩惠。汉水北边的土地，您就可以享有。"楚王住在随国宫殿的北面，吴军在随国宫殿的南面。子期长得像楚昭王，他逃到楚昭王那里，穿上楚昭王的服饰，说："把我交给吴军，君王一定可以免祸。"随国人为交出子期占卜吉凶，不吉利，就辞谢吴国说："随国偏僻狭小，而紧挨着楚国，是楚国保存了我们。随、楚世世代代都有盟誓，到今天也没有改变。如果有了危难而抛弃他们，又怎么能事奉君王？执事所担心的并不在于昭王这一个人，如果对楚国境内加以安抚，我国岂敢不听您的命令？"吴军就撤退了。鬷金当初在子期氏那里做家臣，曾经和随国人有过约定，不要把楚昭王交给吴国人。楚昭王让他进见，他辞谢说："我不敢因为君王处于困难而谋求私利。"楚昭王割破子期的胸口取血，以和随国人盟誓。

当初，伍员和申包胥是朋友。伍员逃亡的时候，对申包胥说："我一定要颠覆楚国。"申包胥说："尽力干吧！您能颠覆楚国，我一家能复兴楚国。"等到楚昭王在随国避难，申包胥就到秦国去请求出兵，说："吴国就是大猪、

秦乞师，曰："吴为封豕、长蛇，以荐食上国，虐始于楚。寡君失守社稷，越在草莽。使下臣告急，曰：'夷德无厌，若邻于君，疆场之患也。逮吴之未定，君其取分焉。若楚之遂亡，君之土也。若以君灵抚之，世以事君。'"秦伯使辞焉，曰："寡人闻命矣。子姑就馆，将图而告。"对曰："寡君越在草莽，未获所伏。下臣何敢即安？"立，依于庭墙而哭，日夜不绝声，勺饮不入口七日。秦哀公为之赋《无衣》，九顿首而坐，秦师乃出。

长蛇，一再吞食中原国家，为害从楚国开始。寡君失守国家，远在杂草丛林之中，使下臣报告急难，说："夷人的本性贪得无厌，如果吴国成为君王的邻国，这是边境的祸患。乘着吴国没有安定下来，如果可仰仗君王的威福派兵镇抚楚国，楚国将世世代代事奉君王。'"秦哀公辞谢申包胥，说："我知道您的意见了，您姑且到宾馆休息，我们要商量一下再答复您。"申包胥回答说："寡君逃亡到杂草丛林之中，还没有安身的地方，下臣哪敢去休息呢？"申包胥靠着院墙，站着嚎啕大哭，日夜哭声不断，七天不喝一口水。秦哀公大为感动，赋了《无衣》这首诗。申包胥叩头九次，然后坐下。秦军于是出兵助楚。

五十三、哀公元年
（伍员谏许越平）

元年春，楚子围蔡，报柏举也。里而栽，广丈，高倍。夫屯昼夜九日，如子西之素。蔡人男女以辨，使疆于江、汝之间而还。蔡于是乎请迁于吴。

吴王夫差败越于夫椒，报槜李也。遂入越。越子以甲楯五千，保于会稽。使大夫种因吴大宰嚭以行成，吴子将许之。伍员曰："不可。臣闻之：'树德莫如滋，去疾莫如尽。'昔有过浇杀斟灌以伐斟鄩，灭夏后相。后缗方娠，逃出自窦，归于有仍，生少康焉，为仍牧正。惎浇，能戒之。浇使椒求之，逃奔有虞，为之庖正，以除其害。虞思于是妻

元年春季，楚昭王领兵包围蔡国国都，这是为了报复柏举那次战役。离城一里构筑堡垒，宽一丈，高加倍。役夫屯驻九昼夜，和子西的预定计划一样。蔡国人把男女奴隶分别排列捆绑，作为礼物出降。楚昭王让蔡人迁移到长江、汝水之间就回去了。蔡国因此向吴国请求迁移到吴国去。

吴王夫差在夫椒打败越军，是为了报复槜李之战，乘势进入越国。越王带着披甲持盾的士兵五千人踞守在会稽山，派大夫种通过吴国太宰嚭向吴国求和。吴王打算答应。伍员说："不行。下臣听说：'建树德行最好不断培植，除去毒害最好扫除干净。'从前有过国的国君浇杀了斟灌而攻打斟鄩，灭了夏后相。后缗正怀着孕，从城墙的小洞里逃出去，回到娘家有仍国，生了少康。少康后来在有仍做了管理畜牧的牧正，对浇满怀仇恨而能警惕戒备。浇派椒寻找少康，少康逃奔到有虞国，做了那里掌管庖厨的庖正官，才逃避了浇的杀害。虞思因此把两个女儿嫁给了他，封他在纶邑，

之以二姚，而邑诸纶。有田一成，有众一旅，能布其德，而兆其谋，以收夏众，抚其官职。使女艾谍浇，使季杼诱豷，遂灭过、戈，复禹之绩。祀夏配天，不失旧物。今吴不如过，而越大于少康，或将丰之，不亦难乎？句践能亲而务施，施不失人，亲不弃劳。与我同壤而世为仇雠，于是乎克而弗取，将又存之，违天而长寇仇，后虽悔之，不可食已。姬之衰也，日可俟也。介在蛮夷，而长寇仇，以是求伯，必不行矣。"弗听。退而告人曰："越十年生聚，而十年教训，二十年之外，吴其为沼乎！"三月，越及吴平。吴入越，不书，吴不告庆，越不告败也。

夏四月，齐侯、卫侯救邯郸，围五鹿。

拥有方圆十里的土地，有五百人的兵力。少康能广施恩德，并开始实施复国计划。他收集夏朝的余部，安抚他的官员，派遣女艾到浇那里去做间谍，派季杼去引诱浇的弟弟豷。这样就灭亡了过国、戈国，复兴了禹的功业。少康奉祀夏朝的祖先，同时祭祀天帝，维护了原有的天下。现在吴国不如过国，而越国大于少康，上天也许将会使越国壮大，如果允许讲和，不也会使我国为难吗？句践能亲近别人而致力于施舍，对应该施舍的人就加以施舍，对有功劳的人从不抛弃而加以亲近。越国和我国土地相连，而又世世代代是仇敌。在这种情况下，如果我们战胜越国而不灭亡它，又打算让它存在下去，这是违背上天而去助长仇敌，以后即使懊悔，也会吃不消。姬姓的衰微，指日可待。我国介于蛮夷之间，却还去助长仇敌的发展，这样来求取霸业，必然是行不通的。"吴王夫差不听。伍员退下去告诉别人说："越国用十年时间繁衍积聚，用十年时间教育训练，二十年以后，吴国的宫殿恐怕要成为池沼了。"三月，越国和吴国讲和。吴国进入越国，《春秋》不加记载，这是由于吴国没有报告胜利，越国没有报告失败。

夏四月，齐景公、卫灵公救援邯郸，包围五鹿。

吴之人楚也，使召陈怀公。怀公朝国人而问焉，曰："欲与楚者右，欲与吴者左。陈人从田，无田从党。"逢滑当公而进，曰："臣闻国之兴也以福，其亡也以祸。今吴未有福，楚未有祸。楚未可弃，吴未可从。而晋，盟主也，若以晋辞吴，若何？"公曰："国胜君亡，非祸而何？"对曰："国之有是多矣，何必不复。小国犹复，况大国乎？臣闻国之兴也，视民如伤，是其福也。其亡也，以民为土芥，是其祸也。楚虽无德，亦不艾杀其民。吴日敝于兵，暴骨如莽，而未见德焉。天其或者正训楚也！祸之适吴，其何日之有？"陈侯从之。及夫差克越，乃修先君之怨。秋八月，吴侵陈，修旧怨也。

吴国进入楚国的时候，派人召见陈怀公。怀公向国内的人们征求意见，说："想要亲附楚国的站到右边。想要亲附吴国的站到左边。有土田的陈国人，根据土田的所在而分立左右，没有土田的和亲族站在一起。"逢滑正对着怀公走上前去，说："下臣听说，国家的兴起由于福德，灭亡出于祸殃。现在吴国还没有福德，楚国还没有祸殃，楚国还不能抛弃，吴国还不能跟从。晋国是盟主，用晋国作为借口辞谢吴国，怎么样？"怀公说："国家被别国战胜，国君逃亡，这不是祸殃是什么？"逢滑回答说："国家有这种情况的太多了，为什么一定不能恢复？小国尚且能恢复，何况大国呢？下臣听说，国家兴盛时，看待百姓如同受伤者而不加惊动，这是它的福德。国家衰亡时，把百姓作为粪土草芥，这是它的祸殃。楚国虽无德行，但也没有斩杀它的百姓。吴国因战争而凋敝，尸骨暴露多得像杂草，也没有见到什么德行。上天恐怕正是在给楚国一次教训，吴国遭到祸殃，也不会太久了。"陈怀公听从了。夫差攻下越国，吴国要重新清算先君时代结下的怨恨。秋八月，吴国侵袭陈国，这就是为了重新清算过去的怨恨。

齐侯、卫侯会于乾侯，救范氏也，师及齐师、卫孔圉、鲜虞人伐晋，取棘蒲。

吴师在陈，楚大夫皆惧，曰："阖庐惟能用其民，以败我于柏举。今闻其嗣又甚焉，将若之何？"子西曰："二三子恤不相睦，无患吴矣。昔阖庐食不二味，居不重席，室不崇坛，器不彤镂，宫室不观，舟车不饰，衣服财用，择不取费。在国，天有灾疠，亲巡孤寡，而共其乏困。在军，熟食者分，而后敢食。其所尝者，卒乘与焉。勤恤其民而与之劳逸，是以民不罢劳，死知不旷。吾先大夫子常易之，所以败我也。今闻夫差次有台榭陂池焉，宿有妃嫱嫔御焉。一日之行，所欲必成，玩好必从。珍异是聚，观乐是务，视民如仇，而用之日新。夫先自败

齐景公、卫灵公在乾侯会见，这是为了救援范氏。鲁军和齐军、卫国的孔圉、鲜虞人进攻晋国，占取了棘蒲。

吴军驻在陈国，楚国的大夫们都害怕，说："吴王阖庐善于使用他的百姓作战，在柏举把我们打败了。现在听说他的继承人比他还要厉害，我们拿他怎么办？"子西说："您几位只应当忧虑自己不相和睦，不用害怕吴国的侵袭。从前阖庐吃饭不吃两道菜，坐不用两层席子，房子不造在高坛上，器用不加红漆和雕刻，宫室之中不造亭台楼阁，车船不用装饰，衣服和用具取其实用而不尚华丽。在国内，上天降下天灾瘟疫，他就亲自巡视，安抚孤寡和资助贫困的人。在军队中，煮熟的食物必须等士兵都得到了，自己才食用，他吃的山珍海味，士兵们都有一份。吴王阖庐勤勤恳恳地体恤百姓而与之同甘共苦，因此百姓不疲劳，死了也知道不是白白死去。我们的先大夫子常反其道而行之，所以吴国就打败了我国。现在听说夫差住宿有楼台池沼，睡觉有嫔妃宫女，即使是一天在外头，想要的东西也一定要到手；玩赏爱好的东西，一定要随身带走；积聚珍奇一心玩乐，把百姓看得如同仇人，没完没了地驱使他们。这样做只不过是

也已。安能败我?"

冬十一月,晋赵鞅
伐朝歌。

先自取失败而已,哪里能打败我国呢?"

冬十一月,晋国的赵鞅进攻朝歌。

五十四、哀公六年（楚昭王不祭河）

六年春，晋伐鲜虞，治范氏之乱也。

吴伐陈，复修旧怨也。楚子曰："吾先君与陈有盟，不可以不救。"乃救陈，师于城父。

齐陈乞伪事高、国者，每朝必骖乘焉。所从必言诸大夫，曰："彼皆偃蹇，将弃子之命。皆曰：'高、国得君，必逼我，盍去诸？'固将谋子，子早图之。图之，莫如尽灭之。需，事之下也。"及朝，则曰："彼虎狼也，见我在子之侧，杀我无日矣。请就之位。"又谓诸大夫曰："二子者祸矣！恃得君而欲谋二三子，曰：'国之多难，贵宠之由，尽去之而后君定。'既成谋矣，盍及其未作也，先诸？

六年春季，晋国进攻鲜虞，这是为惩治鲜虞帮助范氏作乱。

吴国攻打陈国，这是重提旧怨。楚昭王说："我们先君和陈国有过盟约，不能不去救援。"于是就救援陈国，驻军在城父。

齐国的陈乞伪装出事奉高氏、国氏的样子，每逢上朝，一定和他们同坐一辆车。每次跟从，一定要说到大夫们，说："他们都很骄傲，打算抛弃您的命令。他们都说'高氏、国氏受到国君的宠信，必然要逼迫我们，何不除去他们？'他们想要打您的主意，您要早点考虑对策。最好是全部灭亡他们。犹豫等待是下策。"到了朝廷上，就说："他们都是虎狼，见到我在您的旁边，很快就要杀死我了，请让我靠到他们那边去。"到了大夫们那里，陈乞又对大夫们说："这两位要发动祸乱了，仗着国君的宠信而要打您几位的主意，说：'国家的患难多，这是由贵宠造成的，全部去掉他们，国君才能安定。'现在已经定下计划了，何不乘他们没有发动而抢在他们前头先

作而后悔，亦无及也。"
大夫从之。

夏六月戊辰，陈乞、
鲍牧及诸大夫，以甲入
于公宫。昭子闻之，与
惠子乘如公，战于庄，败。
国人追之，国夏奔莒，
遂及高张、晏圉、弦施
来奔。

秋七月，楚子在城
父，将救陈。卜战，不
吉；卜退，不吉。王曰：
"然则死也！再败楚师，
不如死。弃盟逃仇，亦
不如死。死一也，其死
仇乎！"命公子申为王，
不可；则命公子结，亦
不可；则命公子启，五
辞而后许。将战，王有
疾。庚寅，昭王攻大冥，
卒于城父。子闾退，曰：
"君王舍其子而让，群
臣敢忘君乎？从君之命，
顺也。立君之子，亦顺也。
二顺不可失也。"与子
西、子期谋，潜师闭涂，
逆越女之子章，立之而
后还。

下手呢？等他们发动了再后悔，就来不
及了。"大夫们听从了。

夏六月二十三日，陈乞、鲍牧和
大夫们率领甲士进入公宫。高张听到
了，和国夏坐车到齐侯那里去，在庄
街作战，被打败。国内的人们追赶他
们，国夏逃亡到莒国，就和高张、晏圉、
弦施一起逃亡前来。

秋七月，楚昭王驻在城父，准备救
援陈国。占卜战争的吉凶，不吉利。占
卜退兵的吉凶，不吉利。楚昭王说："那
么只有死了。如果再次让楚军失败，不
如死。抛弃盟约、逃避仇敌，也不如死。
同是一死，还是死在仇敌手里吧！"命
令公子申继承王位，公子申不同意，就
命令公子结，公子结也不同意，又命令
公子启，公子启辞谢五次后同意。将要
作战，楚昭王得了病。十六日，楚昭王
进攻大冥，死在城父。子闾退兵，说：
"君王舍弃他的儿子而让位，臣下们岂
敢忘记君王呢？服从君主的命令，这是
顺乎情理的；立君王的儿子，也是顺乎
情理的。两种顺乎情理都不能丢掉。"
他和子西、子期商量，秘密转移军队，
封锁有关的通路，迎接越国女子的儿子
章做了国君，然后退兵回国。

是岁也，有云如众赤鸟，夹日以飞，三日。楚子使问诸周大史。周大史曰："其当王身乎！若禜之，可移于令尹、司马。"王曰："除腹心之疾，而置诸股肱，何益？不穀不有大过，天其夭诸？有罪受罚，又焉移之？"遂弗禜。

初，昭王有疾。卜曰："河为祟。"王弗祭。大夫请祭诸郊，王曰："三代命祀，祭不越望。江、汉、雎、漳，楚之望也。祸福之至，不是过也。不穀虽不德，河非所获罪也。"遂弗祭。孔子曰："楚昭王知大道矣！其不失国也，宜哉！《夏书》曰：'惟彼陶唐，帅彼天常，有此冀方。今失其行，乱其纪纲，乃灭而亡。'又曰：'允出兹在兹。'由己率常可矣。"

八月，齐邴意兹来奔。

这一年，有云彩好像一群红色的鸟，夹在太阳两边飞翔了三天。楚昭王派人询问成周的太史。成周的太史说："恐怕要应在君王的身上吧！如果禳祭，可以移到令尹、司马身上。"楚昭王说："把腹心的疾病去掉，而放在大腿胳臂上，有什么好处？我没有重大的过错，上天能让我夭折吗？有罪受到处罚，又能移到哪里去呢？"于是就不去禳祭。

当初，楚昭王有病，占卜的人说："黄河之神在作怪。"楚昭王不去祭祀。大夫们请求在郊外祭祀。楚昭王说："三代时祭祀制度规定，祭祀不能超越本国的山川。长江、汉水、雎水、漳水，是楚国的大川。祸福的来到，不会超过这些地方。我即使没有德行，也不会得罪黄河之神。"于是就不去祭祀。孔子说："楚昭王理解大道理。他能不丢掉国家，就是相宜的了！《夏书》说：'那位古代的君王陶唐，遵循天道纲常，据有这中土下方。现在走到邪道上，搅乱了治国的大纲，于是就被灭亡。'又说：'付出了什么，就会收获什么。'自己遵从天道，这就可以了。"

八月，齐国的邴意兹逃亡到鲁国来。

陈僖子使召公子阳生。阳生驾而见南郭且于，曰："尝献马于季孙，不入于上乘，故又献此，请与子乘之。"出莱门而告之故。阚止知之，先待诸外。公子曰："事未可知，反，与壬也处。"戒之，遂行。逮夜，至于齐，国人知之。僖子使子士之母养之，与馈者皆入。

冬十月丁卯，立之。将盟，鲍子醉而往。其臣差车鲍点曰："此谁之命也？"陈子曰："受命于鲍子。"遂诬鲍子曰："子之命也。"鲍子曰："女忘君之为孺子牛而折其齿乎？而背之也！"悼公稽首，曰："吾子奉义而行者也。若我可，不必亡一大夫。若我不可，不必亡一公子。义则进，否则退，敢不唯子是从？废兴无以乱，则所愿也。"鲍子曰："谁非君之子？"乃受盟。

陈僖子派人召见公子阳生。阳生套上车去见南郭且于，说："我曾经把马奉献给季孙，但没有能列入他的上等乘马之中，所以又奉献这几匹，请和您一起坐上车试试。"出了莱门然后把原因告诉南郭且于。阚止知道了，先在城外等着。公子阳生说："事情是好是坏还不能知道，回去吧，和壬在一起。"告诫了阚止，就动身了。等到夜里，到达齐国，国内的人们知道他到了。陈僖子让子士的母亲照料阳生，又让阳生跟着送食物的人一起进入公宫。

冬十月二十四日，立阳生为国君。将要盟誓，鲍子喝醉了前去。他管车的家臣鲍点说："这是谁的命令？"陈僖子说："接受鲍子的命令。"于是就诬赖鲍子说："这是您的命令！"鲍子说："您忘记先君为荼做牛而折掉牙齿吗？现在又要违背先君吗？"齐悼公叩头，说："您是按照道义办事情的。如果我行，不必杀死一个大夫。如果我不行，也不必杀死一个公子。合于道义就前进，不合就后退，岂敢不唯您是从？废一个，立一个，都不要因此发生动乱，这就是我的愿望。"鲍子说："诸公子有谁不是先君的儿子呢？"于是就接受了盟约。悼公让胡姬带着安孺子去了赖地，把鬻姒送到别处，杀死王甲，拘捕江说，把

使胡姬以安孺子如赖。
去鬻姒，杀王甲，拘江说，
囚王豹于句渎之丘。

　　公使朱毛告于陈子，
曰："微子则不及此。
然君异于器，不可以二。
器二不匮，君二多难，
敢布诸大夫。"僖子不
对而泣，曰："君举不
信群臣乎？以齐国之困，
困又有忧。少君不可以
访，是以求长君，庶亦
能容群臣乎！不然，夫
孺子何罪？"毛覆命，
公悔之。毛曰："君大
访于陈子，而图其小可
也。"使毛迁孺子于骀，
不至，杀诸野幕之下，
葬诸殳冒淳。

王豹囚禁在句渎之丘。

　　齐悼公派朱毛告诉陈僖子，说："没
有您，我不能到这一步。然而国君和器
物不一样，不能有两个。器物有两件就
不愁缺少，有两个国君祸难就多了，谨
敢向您陈述。"陈僖子不回答而哭泣，
说："国君对臣下们都不相信吗？因为
齐国贫困，贫困而又有忧患，不能请示
年幼的国君，因此才找来年长的，大约
能够对臣下们加以容忍吧！荼有什么罪
过？"朱毛向悼公复命，悼公后悔失言。
朱毛说："您大事征求陈子的意见，小
事情自己拿主意就行了。"悼公派朱毛
把荼迁移到骀地。还没有到达，便把他
杀死在野外的帐篷里，葬在殳冒淳。

五十五、哀公十六年（楚白公之乱）

十六年春，瞒成、褚师比出奔宋。

卫侯使鄢武子告于周曰："蒯聩得罪于君父君母，逋窜于晋。晋以王室之故，不弃兄弟，置诸河上。天诱其衷，获嗣守封焉。使下臣胧敢告执事。"王使单平公对曰："胧以嘉命来告余一人。往谓叔父，余嘉乃成世，复尔禄次。敬之哉！方天之休，弗敬弗休，悔其可追？"

夏四月己丑，孔丘卒。公诔之曰："旻天不吊，不憖遗一老。俾屏余一人以在位，茕茕余在疚。呜呼哀哉！尼父。无自律。"

子赣曰："君其不没于鲁乎！夫子之言曰：'礼失则昏，名失则愆。'

十六年春季，瞒成、褚师比逃亡到宋国。

卫庄公派鄢武子向周室报告，说："蒯聩得罪了君父、君母，逃窜到晋国。晋国由于王室的缘故，不抛弃兄弟，把蒯聩安置在黄河边上。上天开恩，蒯聩得以继承保有封地，派下臣胧谨向执事报告。"周天子派单平公回答说："胧把好消息带来告诉我，回去对叔父说：'我赞许你继承先世，恢复你的禄位。要恭敬啊！这样才能得到上天赐福。不恭敬上天就不能赐福，后悔哪里来得及？'"

夏四月十一日，孔丘死了。哀公致悼词说："上天不肯暂时留下这一位国老，让他捍卫我一人居于君位，使我孤零零地忧愁成病。呜呼哀哉！尼父，我失去了律己的榜样。"

子赣说："国君恐怕不能在鲁国善终吧！夫子的话说：'礼仪丧失就要昏

失志为昏，失所为愆。生不能用，死而诔之，非礼也。称一人，非名也。君两失之。”

六月，卫侯饮孔悝酒于平阳，重酬之，大夫皆有纳焉。醉而送之，夜半而遣之。载伯姬于平阳而行，及西门，使贰车反祏于西圃。子伯季子初为孔氏臣，新登于公，请追之，遇载祏者，杀而乘其车。许公为反祏，遇之，曰：“与不仁人争明，无不胜。”必使先射，射三发，皆远许为。许为射之，殪。或以其车从，得祏于囊中。孔悝出奔宋。

楚大子建之遇谗也，自城父奔宋。又辟华氏之乱于郑，郑人甚善之。又适晋，与晋人谋袭郑，乃求复焉。郑人复之如初。晋人使谍于子木，请行而期焉。子木暴虐于其私邑，邑人诉之。郑人省之，得晋谍焉。

暗，名分丧失就有过错。’失去意志是昏暗，失去身份是过错。活着不能任用，死了又致悼词，这不合于礼，自称‘一人’，这不合于名分。国君两样都丧失了。”

六月，卫庄公在平阳招待孔悝喝酒，对大夫都有所赠送。喝醉了送走他，半夜把他打发走。孔悝用车子装上伯姬动身去平阳，到达西门，派副车回到西圃宗庙中去取神主匣子。子伯季子起初是孔氏的家臣，近来晋升为卫庄公的大夫，请求追赶孔悝，路上碰到载神主匣子的人，就杀了他而坐上他的车子。许公为回去迎接神主匣子，遇到子伯季子，许公为说：“和不仁的人争高下，没有不胜的。”他便一定要让子伯季子先射，射了三箭，箭都离许公为远远的。许公为射他，只一箭就把他射死了。有人坐着子伯季子的车子跟上去，在袋子里得到了神主匣子。孔悝逃亡到宋国。

楚国太子建遭到诬陷的时候，从城父逃亡到宋国，又去郑国躲避宋国华氏之乱。郑国人待他很好。又去到晋国，和晋国人策划袭击郑国，就要求再回到郑国去。郑国人待他像以前一样。晋国人派间谍和太子建联系，事情完了准备回晋国，同时约定袭击郑国的日期。太子建在他的封邑里大肆暴虐，封邑的人

遂杀子木。其子曰胜，在吴。子西欲召之，叶公曰："吾闻胜也诈而乱，无乃害乎？"子西曰："吾闻胜也信而勇，不为不利，舍诸边竟，使卫藩焉。"叶公曰："周仁之谓信，率义之谓勇。吾闻胜也好复言，而求死士，殆有私乎？复言，非信也。期死，非勇也。子必悔之。"弗从。召之使处吴竟，为白公。请伐郑，子西曰："楚未节也。不然，吾不忘也。"他日，又请，许之。未起师，晋人伐郑，楚救之，与之盟。胜怒，曰："郑人在此，仇不远矣。"

胜自厉剑，子期之子平见之，曰："王孙何自厉也？"曰："胜以直闻，不告女，庸为直乎？将以杀尔父。"平以告子西。子西曰："胜如卵，余翼而长之。

告发他。郑国人来查问，发现了晋国的间谍，于是就杀死了太子建。太子建的儿子名叫胜，在吴国，子西想找他来。叶公说："我听说胜这个人狡诈而好作乱，不免有祸害吧！"子西说："我听说胜这个人诚实而勇敢，不做没有利的事情。把他安置在边境上，让他保卫边疆吧。"叶公说："符合仁爱叫作诚信，遵循道义叫作勇敢。我听说胜这个人务求实践诺言，而又遍求不怕死的人，大概是有私心吧！不管什么话都要实践，这不是诚信，不管什么事情都不怕死，这不是勇敢。您一定会后悔的。"子西不听，把胜召回来，让他住在和吴国接壤的地方，号为白公。胜请求进攻郑国，子西说："楚国一切政事还没纳入正常轨道。如不这样，我是不会忘记的。"过了些时候，胜又请求，子西同意了。还没有出兵，晋国攻打郑国，楚国却救援郑国，并和郑国结盟。白公胜发怒，说："郑国人在这里，仇人不在远处了。"

白公胜亲自磨剑，子期的儿子平见到，说："您为什么亲自磨剑呢？"他说："胜是以爽直著称的，不告诉您，哪里能算得上直爽呢？我要杀死你父亲。"平把这些话报告子西。子西说："胜就像鸟蛋，我覆翼而使他长大。在楚国，只要我死了，令尹、司马之位，不归于

楚国第，我死，令尹、司马，非胜而谁？"胜闻之，曰："令尹之狂也！得死，乃非我。"子西不悛。胜谓石乞曰："王与二卿士，皆五百人当之，则可矣。"乞曰："不可得也。"曰："市南有熊宜僚者，若得之，可以当五百人矣。"乃从白公而见之，与之言，说。告之故，辞。承之以剑，不动。胜曰："不为利谄，不为威惕，不泄人言以求媚者，去之。"

吴人伐慎，白公败之。请以战备献，许之。遂作乱。秋七月，杀子西、子期于朝，而劫惠王。子西以袂掩面而死。子期曰："昔者吾以力事君，不可以弗终。"抉豫章以杀人而后死。石乞曰："焚库弑王，不然不济。"白公曰："不可。弑王，不祥，焚库，无聚，将何以守矣？"乞曰："有楚国而治其民，以敬事

胜还归于谁？"胜听了子西的话，说："令尹真狂妄啊！他要得到好死，我就不是我。"子西还是没有觉察。胜对石乞说："君王和两位卿士，一共用五百人对付，就行了。"石乞说："这五百个人是找不到的。"又说："市场的南边有个叫熊宜僚的，如果找到他，可以抵五百个人。"石乞就跟白公胜一起去见宜僚，白公胜和他谈话，很高兴。石乞就把要办的事告诉宜僚，宜僚拒绝。把剑架在宜僚脖子上，他也一动不动。白公胜说："这是不为利诱、不怕威胁、不泄漏别人的话去讨好别人的人，离开这里吧。"

吴国人攻打慎地，白公胜打败了他们。白公胜请求奉献战利品，楚惠王同意了，白公胜就乘机发动叛乱。秋七月，在朝廷上杀了子西、子期，并且劫持楚惠王。子西用袖子遮着脸而死去。子期说："过去我用勇力事奉君王，不能有始无终。"拔起一株樟树打死了敌人然后死去。石乞说："楚烧府库，杀死君王。不这样，事情不能成功。"白公胜说："不行，杀死君王不吉祥，烧掉府库没有积蓄，将要用什么来保有楚国？"石乞说："有了楚国而治理百姓，用恭敬事奉神灵，

神，可以得祥，且有聚矣，何患？"弗从。

叶公在蔡，方城之外皆曰："可以入矣。"子高曰："吾闻之，以险侥幸者，其求无餍，偏重必离。"闻其杀齐管修也而后入。

白公欲以子闾为王，子闾不可，遂劫以兵。子闾曰："王孙若安靖楚国，匡正王室，而后庇焉，启之愿也，敢不听从。若将专利以倾王室，不顾楚国，有死不能。"遂杀之，而以王如高府，石乞尹门，圉公阳穴宫，负王以如昭夫人之宫。

叶公亦至，及北门，或遇之，曰："君胡不胄？国人望君如望慈父母焉。盗贼之矢若伤君，是绝民望也。若之何不胄？"乃胄而进。又遇一人曰："君胡胄？国人望君如望岁焉，日日以几。若见君面，是得艾也。民

就能得到吉祥，而且还有积蓄，怕什么？"白公胜不肯听从。

叶公住在蔡地，方城山外边的人都说："可以进兵国都了。"叶公说："我听说，用冒险而侥幸成功的人，他的欲望不会满足，办事不公平，百姓必然离心。"叶公听到白公胜杀了齐国的管修，然后才进入郢都。

白公胜想要让子闾做楚王，子闾不答应，就用武力劫持他。子闾说："您如果安定楚国，整顿王室，然后对启加以庇护，这是启的愿望，岂敢不听从？如果要专谋私利来倾覆王室，置国家于不顾，那么启宁死不从。"白公胜就杀了子闾，带着惠王去到高府。石乞守门，圉公阳在宫墙上挖开一个窟窿，背上惠王到了昭夫人的宫中。

叶公也在这时候来到，到达北门，有人碰上他，说："您为什么不戴上头盔？国内的人们盼望您好像盼望慈爱的父母，盗贼的箭如果射伤您，这就断绝了百姓的盼望。为什么不戴上头盔？"叶公就戴上头盔而进入，又遇到一个人说："您为什么戴上头盔？国内的人们盼望您好像盼望一年的收成，天天盼望，见到您的面，就能安心了。百姓知道不

知不死，其亦夫有奋心，犹将旌君以徇于国，而反掩面以绝民望，不亦甚乎？”乃免冑而进。遇箴尹固，帅其属将与白公。子高曰："微二子者，楚不国矣。弃德从贼，其可保乎？"乃从叶公。使与国人以攻白公。白公奔山而缢，其徒微之。生拘石乞而问白公之死焉，对曰："余知其死所，而长者使余勿言。"曰："不言将烹。"乞曰："此事克则为卿，不克则烹，固其所也，何害？"乃烹石乞。王孙燕奔頯黄氏。诸梁兼二事，国宁，乃使宁为令尹，使宽为司马，而老于叶。

卫侯占梦，嬖人求酒于大叔僖子，不得，与卜人比而告公曰："君有大臣在西南隅，弗去，惧害。"乃逐大叔遗。遗奔晋。卫侯谓浑良夫曰："吾继先君而不得

至于再有生命危险，人人有奋战之心，还打算把您的名字写在旗帜上，在都城里巡行，但是您又把脸遮起来，断绝百姓的盼望，不也太过分了吗？"叶公就脱下头盔而进入。遇到箴尹固率领他的部下，准备去帮助白公胜。叶公说："如果没有子西他们两位，楚国就不能成为国家了，抛弃德行跟从盗贼，难道能够有保障吗？"箴尹固就跟随叶公。叶公派他和国内的人们攻打白公胜。白公胜逃到山上自己吊死了，他的部下把尸体藏起来。叶公活捉石乞而追问白公胜的尸体在哪里。石乞回答说："我知道他尸体所藏的地方，但是白公让我别说。"叶公说："不说就烹了你。"石乞说："这件事成功就是做卿，不成功就被烹，这本来是应有的结果，有什么妨碍？"于是就烹了石乞。王孙燕逃亡到頯黄氏。叶公身兼令尹、司马二职，国家安定以后，就让宁做令尹，宽做司马，自己在叶地退休养老。

卫庄公占卜他做的梦，他的宠臣向太叔僖子要酒，没有得到，就和卜人勾结，而告诉卫庄公说："您有大臣在西南角上，不去掉他，恐怕有危害。"于是就驱逐太叔遗。太叔遗逃亡到晋国。卫庄公对浑良夫说："我继承了先君而没有得到他的宝器，怎么办？"浑良夫

其器，若之何？"良夫代执火者而言，曰："疾与亡君，皆君之子也。召之而择材焉可也，若不材，器可得也。"竖告大子。大子使五人舆豭从己，劫公而强盟之，且请杀良夫。公曰："其盟免三死。"曰："请三之后，有罪杀之。"公曰："诺哉！"

让执烛的侍者出去，自己代他执烛，然后说："疾和逃亡在外的国君，都是您的儿子，可以召他来量才选择。如果没有才能就废掉他，宝器就可以得到了。"小跟班密告太子。太子派五个人用车子装上公猪跟着自己，劫持卫庄公强迫和自己盟誓，而且请求杀死浑良夫。卫庄公说："和他盟誓时说过要赦免三次死罪。"太子说："请在三次以后再就杀死他。"卫庄公说："好吧！"

五十六、哀公二十七年（赵襄子即韩魏丧知伯）

二十七年春，越子使舌庸来聘，且言邾田，封于骀上。

二月，盟于平阳，三子皆从。康子病之，言及子赣，曰："若在此，吾不及此夫！"武伯曰："然。何不召？"曰："固将召之。"文子曰："他日请念。"

夏四月己亥，季康子卒。公吊焉，降礼。

晋荀瑶帅师伐郑，次于桐丘。郑驷弘请救于齐。齐师将兴，陈成子属孤子三日朝。设乘车两马，系五邑焉。召颜涿聚之子晋，曰："隙之役，而父死焉。以国之多难，未女恤也。今君命女以是邑也，服车而朝，毋废前劳。"乃救郑。及留舒，违谷七

二十七年春季，越王派舌庸来鲁国聘问，并且商谈邾国土田的事，协议以骀上作为鲁、邾两国的边界。

二月，在平阳结盟，季康子等三位都跟随前去。季康子对结盟感到不舒服，谈到子赣，说："如果他在这里，我不会到这地步的！"孟武伯说："对。为什么不召他来？"季康子说："本来是要召他的。"叔孙文子说："过些时候请仍然记着他。"

夏四月二十五日，季康子死。哀公去吊丧，礼节降等。

晋国的知伯领兵进攻郑国，驻扎在桐丘。郑国的驷弘到齐国请求救援，齐军准备出发。陈成子集合为国战死者的儿子在三天内朝见国君。设置了一辆车两匹马，把册书放在五个口袋里。召见颜涿聚的儿子晋，说："隙地那一役，你的父亲死在那里。由于国家多难，没有能抚恤你，现在国君命令把这个城邑给你。穿着朝服驾着车子去朝见国君，不要废弃你父亲的辛劳。"于是就出兵救援郑国。到达留舒，离开谷地七里，

里，谷人不知。乃濮，雨，不涉。子思曰："大国在敝邑之宇下，是以告急。今师不行，恐无及也。"成子衣制，杖戈，立于阪上，马不出者，助之鞭之。知伯闻之，乃还，曰："我卜伐郑，不卜敌齐。"使谓成子曰："大夫陈子，陈之自出。陈之不祀，郑之罪也。故寡君使瑶察陈衷焉。谓大夫其恤陈乎？若利本之颠，瑶何有焉？"成子怒曰："多陵人者皆不在，知伯其能久乎？"

中行文子告成子曰："有自晋师告寅者，将为轻车千乘，以厌齐师之门，则可尽也。"成子曰："寡君命恒曰：'无及寡，无畏众。'虽过千乘，敢辟之乎？将以子之命告寡君。"文子曰："吾乃今知所以亡。君子之谋也，始、衷、终皆举之，而后入

谷地人竟没有发觉。到达濮地，天下雨，军队不肯渡河。子思说："大国的人马就在敝邑的屋檐底下，因此告急。现在军队不走，恐怕要来不及了。"陈成子披着雨衣挂着戈，站在山坡上，马不肯出来的，就拉着它走，或用鞭子抽打它。知伯听说，就收兵回去，说："我占卜过进攻郑国，没有占卜和齐国作战。"派人对陈成子说："大夫陈子，您这一族是从陈国分支出来的。陈国的断绝祭祀是郑国的罪过，所以寡君派我来调查陈国被灭亡的内情。还要询问您是否为陈国忧虑。如果您认为树干的倒覆有利，那和我有什么关系？"陈成子发怒说："经常欺压别人的人，都没有好结果，知伯难道能够长久吗？"

中行文子告诉陈成子说："有一个从晋军中来的人告诉我说，晋军准备出动轻车一千辆，迫击齐军的营门，就可以全部歼灭齐军。"陈成子说："寡君命令我说：'不要追赶零星的士卒，不要害怕大批的敌人。'即使敌军超过一千辆战车，难道敢避开他们吗？我将把您的话报告寡君。"中行文子说："我到今天才知道自己为什么逃亡在外了。君子谋划一件事，对开始、发展、结果都要考虑到，然后向上报告。现在这三

焉。今我三不知而入之，不亦难乎？"

公患三桓之侈也，欲以诸侯去之。三桓亦患公之妄也，故君臣多间。公游于陵阪，遇孟武伯于孟氏之衢，曰："请有问于子，余及死乎？"对曰："臣无由知之。"三问，卒辞不对。公欲以越伐鲁，而去三桓。秋八月甲戌，公如公孙有陉氏，因孙于邾，乃遂如越。国人施公孙有山氏。

悼之四年，晋荀瑶帅师围郑。未至，郑驷弘曰："知伯愎而好胜，早下之，则可行也。"乃先保南里以待之。知伯入南里，门于桔柣之门。郑人俘酅魁垒，赂之以知政，闭其口而死。将门，知伯谓赵孟："入之。"对曰："主在此。"知伯曰："恶而无勇，何以为子？"对曰："以能忍耻，庶无害赵宗

方面我都不知道，就向上报告，不也是很难了吗？"

哀公担忧三桓的威胁，想利用诸侯除掉他们；三桓也担忧哀公的狂妄昏乱，所以君臣之间嫌隙很多。哀公在陵坂游玩，在孟氏之衢碰上孟武伯，说："请问您，我能有好死吗？"孟武伯回答说："我没法知道。"问了三次，始终辞谢不回答。哀公想利用越国攻打鲁国而除掉三桓。秋八月初一日，哀公到了公孙有陉氏那里，由此又避居于邾国，后来就乘机去了越国。国内的人们拘捕了公孙有山氏。

悼公四年，晋国的知伯领兵包围郑国，还没有到，郑国的驷弘说："知伯执拗而好胜，我们及早向他表示软弱无能，他就可以退走了。"于是就先守在南里以等候晋军。知伯攻进南里，又包围了桔柣之门。郑国人停虏了酅魁垒，用卿的地位来引诱他投降，不答应，就把他的嘴塞住而杀了他。晋军将要攻打城门，知伯对赵孟说："攻进去！"赵孟说："主人在这里。"知伯说："你貌丑而缺乏勇气，为什么成了继承人？"赵孟回答说："因为我能够忍受耻辱，也许对赵氏宗族没有害处吧！"知伯不

乎！"知伯不悛，赵襄子由是惎知伯，遂丧之。知伯贪而愎，故韩、魏反而丧之。

肯改悔，赵孟因此而忌恨知伯，知伯就想要灭亡赵襄子。知伯贪婪而执拗，所以韩、魏倒过来与赵氏合谋灭亡了他。